"十二五"职业教育国家规划教材

经全国职业教育教材审定委员会审定

21 世纪高等职业教育文秘类精品教材——任务驱动与项目导向系列

办公室工作实务

（第 4 版）

黄 海 主 编

吴志凌　卿建英　副主编

电子工业出版社

Publishing House of Electronics Industry

北京·BEIJING

内 容 简 介

本书旨在加强高职高专文秘专业学生办公室工作技能培养。编者以新型高职教学理念与教学方法为指导，创设具体、真切的办公室秘书工作适用情境，以具体业务操办流程为线索，重点突破秘书尤其是基层秘书在办公职能活动中涉及的工作项目和内容，让学生在完成具体项目任务的过程中掌握相关理论知识，并发展职业能力。

本书既可作为高等职业院校、高等专科学校、成人高校及应用型本科院校的文秘专业的教学用书，也可作为社会从业人员的业务参考书和培训教材。

图书在版编目（CIP）数据

办公室工作实务 / 黄海主编. —4 版. —北京：电子工业出版社，2020.11
ISBN 978-7-121-37726-6

Ⅰ. ①办… Ⅱ. ①黄… Ⅲ. ①办公室工作－高等职业教育－教材 Ⅳ. ①C931.4

中国版本图书馆 CIP 数据核字（2019）第 237669 号

责任编辑：贾瑞敏
印　　刷：大厂回族自治县聚鑫印刷有限责任公司
装　　订：大厂回族自治县聚鑫印刷有限责任公司
出版发行：电子工业出版社
　　　　　北京市海淀区万寿路 173 信箱　邮编　100036
开　　本：787×1 092　1/16　印张：14.5　字数：371.2 千字
版　　次：2009 年 1 月第 1 版
　　　　　2020 年 11 月第 4 版
印　　次：2024 年 8 月第 9 次印刷
定　　价：48.00 元

凡所购买电子工业出版社图书有缺损问题，请向购买书店调换。若书店售缺，请与本社发行部联系，联系及邮购电话：（010）88254888，88258888。

质量投诉请发邮件至 zlts@phei.com.cn，盗版侵权举报请发邮件至 dbqq@phei.com.cn。

本书咨询联系方式：（010）88254019，jrm@phei.com.cn。

前　　言

以 2014 年全国职业教育工作会议精神和《国务院关于加快发展现代职业教育的决定》为指导，高职院校文秘专业教师紧紧把握现代职业教育抓住根本、提升质量和追求卓越的新要求，在高职文秘专业课程体系改革和特色教材建设工作中，取得了许多令人振奋的工作成果。坚持以理论知识为支撑、以技术技能培训为核心、以过程化实训为手段、以综合素质提升为目标，来构建高职文秘专业新的课程和教材体系，已成为广大高职文秘教育工作者的共识。

《办公室工作实务》（第 4 版）编者遵循高等职业教育的人才培养目标，以"工学结合"的高职教学理念和教学方法为指导，在教材编写过程中改变以知识传授为主要特征的传统学科课程模式，努力探索以任务驱动法带动相关知识教学的新思路。对于高职学生而言，课堂应该是解决问题的场所，特别是针对"办公室工作实务"这门应用性很强的专业课程，它的培养目标是提高学生的专业动手能力，培养解决办公室工作中实际存在的问题的能力，因此，课程教学的课堂应该是开放性、讲求操作性的，课堂的主体是学生而不是教师，教师只是引导者，应该把动脑、动手的权利还给学生。基于此，本教材设计的每堂课都会提出一个需要解决的问题的项目任务，并围绕工作任务组织课堂教学内容，让学生在完成具体项目任务的过程中逐步掌握相关理论知识，并着重发展职业能力。教师的作用重在引导和组织，而不是填鸭式的灌输。在工作实务内容的选择上，本教材不拘泥于传统的思维定式，打破求多、求全型教材编写习惯，重点突破秘书尤其是基层秘书在办公职能活动中涉及的工作项目和内容，强化办公操作技能及程序的说明；在体例编排上突出了情景案例导入、项目任务提出、项目任务分析、相关知识支撑、工作技巧贯穿、知识链接补充和技能训练巩固等特色。以工作任务带动相关知识的教学，能为高职文秘专业秘书课程教学提供一种切合实际、比较有效的秘书工作技能的可操作性解决方案，以期训练学生熟练掌握办公室秘书工作的核心技能和方法。

本教材自出版发行以来，深受广大师生欢迎，也得到了许多同人的关心和指导，提出了很多宝贵的意见，在此表示衷心的感谢。为适应高职教育的发展形势和专业教学的需要，本教材在第 4 版修订时，对每个模块中某些知识点、教学案例以及实践训练题进行了与时俱进的调整；尤其是模块 5 按照新版公文处理条例（《党政机关公文处理条例》）进行了较大的修订；为适应新形势发展的需要，对一些课外拓展阅读资料进行了更新调整；为便于实践教学，全书统一了虚拟企业背景和项目案例，更有利于教师教学和学生操作。

使用本教材时，建议教师以班为单位设立虚拟商业企业作为办公室工作项目实践训练展开的场景，把学生带入真实企业运作环境中去。在具体项目案例情境中组织技能训练，以使学生找到解决实际问题、培养相关能力的路径。在实施过程中，教师要引导学生适时进行角色转换，努力培养学生秘书职业角色意识。

为方便教学，使主教材尽量精简，编者将各模块单元训练参考答案、更多的办公室工作项目内容、必要的附录都安排在与主教材配套的网络课程资源中，读者可登录华信教育资源网（www.hxedu.com.cn）免费下载，教学时可互相参照。

本书由黄海任主编，并提出编写思路、修改及统稿；由吴志凌、卿建英任副主编。具体编写分工如下：黄海（模块1、2），卿建英（模块3、5），吴志凌（模块5、7），陈子林（模块4、8），卢如华（模块6、9）。

在编写过程中，得到了湖南通程商业集团公司的大力支持，在此谨对艾恋颖等资深行业人士表示诚挚的谢意。编者参考了诸多文献及网站资料，由于篇幅关系，均以参考文献形式在书末统一列出，未能在书中一一注明的，编者在此深表歉意，并向这些作者表示诚挚的感谢！

由于编者水平有限，书中难免会存在不足之处，恳请各位专家学者不吝赐教。

编　者

目　录

背景描述：

宏达商业集团公司（虚拟）是一个大型商务连锁企业，总部设在湖南省长沙市。该公司旗下拥有宏达商城、宏达商业贸易公司等 10 家分公司（具体见"公司结构图"），业务遍及全国各地，经营项目以百货连锁、酒店服务、房地产及商业贸易为主，兼及旅游、商业物流、电子通信和玩具等产品的生产、设计与研发。

公司结构图：

```
总公司：          宏达商业集团公司（虚拟）
分公司：
       宏  宏  宏  宏  宏  宏  宏  宏  宏  宏
       达  达  达  达  达  达  达  达  达  达
       商  商  房  商  大  商  科  电  玩  新
       城  业  地  务  酒  业  庆  子  具  健
           贸  产  信  店  物  实  通  实  旅
           易  开  息      流  业  信  业  游
           公  发  公      公  公  公  公  公
           司  司  司      司  司  司  司  司
```

书中主人公：

罗世雄：男，50 岁，宏达商业集团公司总经理。

王　维：男，49 岁，宏达商业集团公司副总经理。

张德成：男，40 岁，宏达商业集团公司销售部主管。

赵华成：男，40 岁，宏达商业集团公司总经理办公室（简称总经办）主任。

李路明：男，30 岁，宏达商业集团公司总经办经理助理，资深秘书。

左　景：男，22 岁，大学毕业不久，刚刚踏上工作岗位的宏达商业集团公司总经办秘书。

刘琴兰：女，21 岁，宏达商业集团公司总经办文秘专业实习学生。

王　琳：女，24 岁，宏达商业集团公司总经办秘书。

贾　珊：女，23 岁，宏达商业集团公司总经办秘书。

肖力民：男，46 岁，宏达商业贸易公司总经理。

刘子文：男，36 岁，宏达商业贸易公司办公室行政经理。

王庆和：男，39 岁，宏达商业贸易公司营销部经理。

孙　梅：女，24 岁，宏达商业贸易公司办公室行政助理。

王　丹：女，23 岁，宏达商业贸易公司办公室秘书。

钱　涛：男，40岁，宏达商城总经理。

赵剑龙：男，45岁，宏达商城副总经理。

李　强：男，25岁，宏达商城总经理助理。

马韵璇：女，26岁，宏达商城秘书。

汪　华：男，24岁，宏达科庆实业公司秘书。

夏　冰：女，23岁，宏达科庆实业公司秘书。

陈　媛：女，22岁，宏达科庆实业公司秘书新人。

邓　苹：女，35岁，宏达科庆实业公司行政部主管。

汪　明：男，44岁，宏达房地产开发公司总经理。

萧文科：男，40岁，宏达房地产开发公司销售部经理。

何秀文：女，22岁，宏达房地产开发公司秘书。

李　成：男，46岁，宏达玩具实业公司经理。

余浩民：男，30岁，宏达玩具实业公司经理助理。

何　莉：女，24岁，宏达玩具实业公司秘书。

王　刚：男，40岁，宏达电子通信公司总经理。

高　明：男，30岁，宏达电子通信公司总经办主任。

李　涵：男，25岁，宏达电子通信公司总经办秘书。

李　虎：男，40岁，宏达新健旅游公司总经理。

王　俐：女，27岁，宏达新健旅游公司秘书。

张　璐：女，25岁，宏达商务信息公司秘书。

肖　强：男，48岁，宏达商业物流公司总经理。

刘　东：男，27岁，宏达商业物流公司秘书。

刘　红：女，26岁，宏达大酒店行政部秘书。

学习目标

知识目标	能力目标	素质目标
● 了解办公室工作的性质、作用和职能 ● 理解办公室工作的原则性与灵活性 ● 认识办公室秘书应具备的职业素养	● 培养办公室秘书的工作悟性 ● 完善办公室秘书的能力结构	● 培养并逐步具备管理者的宏观视野和全局意识 ● 培养正确的秘书职业观

第1单元　单位组织的有效运作离不开办公室工作

情景案例

　　左景被宏达商业集团公司录用为秘书，试用期间，只能在办公室打杂，有时工作稍有差错，就会受到部门主管的指责。那一段时间，他情绪非常低落。公司总经理助理李路明平时对他十分关心，总是在工作上给予他帮助。当李路明发现左景的情绪有波动时，就主动找他谈心，了解到左景的专业是计算机专业，来公司应聘的职位是公司网络管理员，录用后却被安排在公司办公室，这使左景十分失落。来到办公室也没人给他安排具体工作，主任要他先熟悉、熟悉情况再说。工作了一些日子，每天除了按部就班地打水、扫地、接电话，也没多少事情可干，这让左景感到茫然和苦闷，他感到自己过去的那些理想和抱负都将要在这个看似清闲无用的工作岗位上消磨殆尽了。

　　听了左景的抱怨，想到自己过去初涉职场时也有类似的思想情绪问题，李路明觉得有必要同左景做一次深谈，帮助他认清一些思想观念问题，使他对办公室工作有一个正确的认识。

项目任务

　　如果你是公司总经理助理李路明，对于如何认识办公室工作，应该同左景谈些什么？

📖 任务分析

左景的问题是许多初涉职场的大学毕业生都可能遇到的问题。左景在学校学的是计算机专业，用人单位却把他安排在公司办公室，专业不对口，对办公室工作没有明确的认识，加之工作中处处不适应，必然使他深感迷茫和彷徨，从而产生强烈的失落感。解决左景的问题，一方面要靠左景本人的自我调整；另一方面工作单位的老员工也应该施以援手，关心鼓励，使左景提高对办公室工作的认识，并端正对办公室工作的态度。

应该使左景认识到：办公室是单位的中枢性机构，它对上传下达、联系左右、沟通内外发挥着重要的作用，单位组织的有效运作是离不开办公室工作的。办公室工作的特性决定了办公室秘书从事的就是繁杂的工作，特别对于刚刚走上工作岗位的新员工，一般都要从基层做起，从打杂开始，要做好吃苦耐劳的思想准备。个人的价值，首先体现在自己所做的每一个细微的工作中，踏踏实实地做好每一件事情，坚持不懈，把握机会，人生的理想才能得以实现。

把左景安排在办公室，也是因为他学的是计算机专业。领导的安排，自然有其深意，因为公司办公室急需一位具备计算机专业知识的管理人才，把他充实到秘书队伍中来，就是要使办公室人才结构更加优化。但左景首先必须要了解办公室，熟悉办公室工作，以后才有可能把自己所学的专业知识更好地用于办公室工作，因此，左景应该重新认识自己的工作岗位，从而端正态度，树立信心，尽快融入单位的大集体中去。

📖 相关知识

1. 办公室工作的特点

「从煮咖啡、洗杯子谈起」

办公室，既表示办公空间的概念，也表示特定的工作实体，它普遍存在于我国党政机关、企事业单位和社会团体中，是为处理各单位的综合性事务而设置的办事机构。作为一个单位的综合管理机构，办公室工作具有明显的综合性、辅助性、服务性和专业性的特点。

（1）综合性。办公室工作的综合性主要体现在如下几个方面：工作内容的繁杂、工作方法的多样、多知识和多技能结构人员的组合、运用资源的综合等。办公室工作是为领导的决策和管理服务的，办公室不像业务部门那样各司其职、各负其责，分管某个方面的工作，凡属单位组织运作的一切事务，办公室都有责任担负起来。因此，办公室秘书就需要站在全局的立场上，用综合的眼光来观察和思考问题，用不同的工作方法和手段解决问题。

（2）辅助性。辅助性是办公室工作的基本属性。辅助是指在主导的领导、指挥下从旁协助主导完成其规定的任务，实现预定的目标。从管理系统来看，领导处于主导地位，属于决策管理中心，办公室处于附属地位，是直接协助决策管理中心的辅助机构。办公室秘书应认识自己的助手地位、工作的辅助性质，利用自己身处单位组织中枢部门的优势，协助领导做好辅助管理工作。

（3）服务性。在单位组织中，办公室是一个服务部门。办公室工作就是为领导的管理提供服务，为同级、上下级单位服务，为单位组织内外的群众服务。因此，办公室秘书应摆正自己在单位组织中的角色位置，树立服务意识，才能自觉地做好办公室的各项工作。

（4）专业性。专业性是指在某一领域或行业所特有的专门知识和专业技能。办公室工作的内容，如文书收发管理、档案管理、办公设备的操作等，就具有明显的专业性和技术性。随着时代的发展，科技的进步，办公自动化的逐步实现，办公室工作只有向专业化转变和发展，才能适应时代发展的要求。

「某房地产企业组织结构图」

> ♥ 小技法
>
> ### "杂家"与"专家"
>
> 在单位各职能部门之间，办公室是综合部门，秘书工作是综合性工作。但是，就秘书的专项实务而言，大量的日常工作需要秘书具有专门的技能。也就是说，秘书不仅要熟悉单位运作各方面的运转机制，而且要精通本职专项实务所必备的工作技能，这就体现出秘书的专业性。因此，办公室秘书既要成为能综合处理各项事务的杂家，也要成为能出色完成秘书工作任务的专家。

2．办公室的地位和作用

办公室的工作特性，决定了它在单位组织运行中的重要地位和作用。在单位组织中，办公室的重要作用不仅是保障政令畅通，它还要在保障单位组织顺利、有效运转的同时承担更多的责任，发挥更重要的作用。

「某企业组织结构图」

（1）枢纽地位。在单位组织的运转中，办公室作为一个把握全局的管理者和具体事务的处理者，作为连接决策者和执行者之间的关键环节，处于极其重要的枢纽地位。

（2）助手作用。协助领导处理各项相关事务，按照领导的要求，根据领导的思路，完成领导交代的任务，以减轻领导的负担，提高领导的工作效能，办公室发挥着不可替代的助手作用。

（3）参谋作用。为单位领导中枢出谋划策，拟定、论证可供领导抉择的决策方案，办公室起着举足轻重的参谋作用。

（4）耳目作用。作为单位组织的信息集散地，为领导迅速、及时、全面地搜集、提供、反馈和传递信息，办公室发挥着相当关键的耳目作用。

（5）门面作用。作为领导机关对内、对外的窗口，代表单位领导与社会各界进行接触，办公室往往又起着不可忽视的门面作用。

3．办公室的工作职能

办公室的工作职能包括事务处理、参谋咨询、沟通协调、宣传公关等方面。但办公室工作职能的最终着眼点是辅助领导处理信息、协调关系、管理事务，以确保单位组织高效能地运转。

具体而言，办公室的工作职能如表1.1所示。

表1.1 办公室工作职能一览表

工作职能	释义	内容
事务处理	办公室常规性或临时交办的事务处理工作	办公环境管理、接打电话、公务接待、收发邮件和文件、印信管理、时间管理、会议组织、草拟函件、文书整理归档、督办工作、内部财务报销、操作办公设备等
参谋咨询	为领导决策提供服务	从本单位实际出发，认真搞好调查研究，收集综合情况，及时反馈信息，为领导者灵活指挥和及时控制工作进程提供依据
沟通协调	通过信息的传递和交流，协调好单位内外各种关系	事务性沟通与协调、政策性沟通与协调、单位内部关系的沟通与协调（上下关系、同级关系、员工关系、领导之间关系、秘书与领导关系）、与政府职能部门及客户与股东的沟通与协调等
宣传公关	单位对外宣传和公关工作	组织单位宣传刊物的编辑出品、负责编撰单位重大纪事、公关策划、媒体接触、仪式庆典、社交应酬等

小技法

办公室工作的"三字经"

一、"想得到"。多谋才能善断。要立足发展变化的新情况，多动脑筋、想办法、出主意，发挥参谋和助手作用，不断提高参与决策能力。

二、"管得宽"。对于职责内的工作一定要抓紧、抓好，对职责外但没有部门负责或职责不明的工作，办公室就是"不管部"，要义不容辞地承担起来，做到工作不留空当，保证各项工作的全面推进。

三、"做得细"。单位工作无小事，办公室工作更是无小事。在工作中一定要细心、细致，从细小的事抓起，对任何一件经办的工作，都要严谨细致、一丝不苟，来不得半点敷衍和虚假。

四、"讲程序"。办公室工作的程序性要求很强，特别是在大量复杂的事务性工作中，要时刻保持清醒的头脑，分清主次、分清轻重缓急、不怕麻烦。一定要坚持逐级汇报的原则，以明确责任。通过建立一套科学规范的工作制度、工作程序、工作规则，使每项工作都有章可循。

相关链接

从事秘书工作的思想准备

秘书在单位组织的管理中所担当角色的重要性是不言而喻的，所以对于一些秘书新人，单位往往不会马上委以重任，而是先试用一段时间。在这段时间内，秘书新人们往往觉得工作简单、繁重，待遇却不高；也有可能觉得工作很清闲，因此，在从事秘书工作之前，必须做好相应的思想准备。

刚进入秘书行业或即将进入秘书行业工作的人必须注意自我提升，在工作中发挥主观能动性，努力提高自己工作的含金量，充分利用自己的职位优势，在"打杂"过程中为自己创造机会，从而使自己尽快成长。

1．充分发挥主观能动性

秘书不是算盘珠子，领导拨一下你才动一下；很多时候需要秘书充分发挥主观能动性，要自己找事做。一个秘书能否充分发挥自己的主观能动性，实际上反映出他是否有强烈的上进心。作为秘书，必须有强烈的上进心，因为企业的生存环境越来越复杂，领导的压力越来越大，因而对秘书的期望也越来越高。秘书如果没有上进心，不注意自我积累和提升，不发挥主观能动性，就会离领导的要求越来越远。当然，秘书在发挥自己主观能动性的同时，必须注意自己是否越位。

2．提高工作的含金量

几乎所有的秘书工作都可以增加"附加值"，比如在给客人泡茶的时候，给客人一个微笑，让客人感到更温馨；在给领导起草文件的时候，多加几幅图表，让简单枯燥的数字更直观、更生动……虽然秘书的主要工作是做"杂务"，但不能只是机械地做，还要有精益求精的态度，尽量给自己的每一份工作增加"附加值"。如果给自己做的每一件事都增加"附加值"，那么，工作的含金量会大大地提高。如果工作的"含金量"很高，那么领导对你自然就会刮目相看。相反，如果认为秘书工作只是"打杂"，那么，你的工作永远只能是"打杂"的。

3．充分发挥职位优势

领导的工作非常忙，不可能将自己所有的工作及要求都向秘书"交代"，秘书必须学会利用自己的职位优势来搜集信息，充实自己。那么，作为秘书，在日常工作中应如何利用自己的职位优势充实自己呢？可从以下三点入手：第一，仔细阅读和琢磨自己经手转发的各种文件和资料；第二，留意领导的电话及领导与各部门经理的谈话；第三，留意网上和报刊上有关本行业的新闻和动向，遇到不懂的问题就向同事请教。只要做到了以上三点，就能基本了解公司运营状况和领导的工作重心。日积月累，你的工作视野自然就会开阔，想领导所想，急领导所急，与领导在工作中形成默契，自然而然成为领导的得力助手。

4．在"打杂"中创造机会

坚持主动给领导"打杂"，一方面让领导看到你的能力，另一方面也让领导从这种主动中看到你的上进心。只有这样，领导才会慢慢了解和信赖你。作为一名秘书，你可以等待领导给予机会；但是，如果主动去创造机会，那么将会进步得更快！

实践训练

「企业办公室各层次秘书的工作职能」

1．**课堂讨论**

怎样认识办公室在单位组织运转中的重要地位和作用？

2．**案例分析**

办公室秘书个人工作总结

今年对我具有特别的意义，因为这是我的本命年，也是我成为上班族以来的第一年。秘书工作是我从事的第一份工作，是我职业生涯的起点，我对此十分珍惜，尽自己最大努力去适应这一岗位。通过一年来的不断学习，以及同事、领导的无私帮助，我已经完全融入××公司这个大家庭中，个人的工作技能也有了明显的提高，虽然工作中还存在这样、

那样的不足之处，但这一年付出了不少，也收获了很多，我感到自己成长了，也逐渐成熟了。现在就今年的工作情况总结如下。

一、以踏实的工作态度，适应办公室工作特点

办公室是公司运转的一个重要枢纽部门，对公司内外的许多工作进行协调、沟通，做到上情下达，这就决定了办公室工作繁杂的特点。每天除本职工作外，还经常有计划外的事情需要临时处理，而且通常比较紧急，使我不得不放下手头的工作先去解决，因此这些临时性的事务占用了很多工作时间，经常是忙忙碌碌的一天下来，原本计划要完成的却没有做。但手头的工作也不能耽误，今天欠了账，明天还会有其他工作要去处理，因此，我经常利用休息时间进行"补课"，把一些文字工作带回家做。

办公室人手少，工作量大，特别是公司会务工作较多，这就需要部门员工团结协作。在这一年里，遇到各类活动和会议，我都积极配合，做好会务工作，与部门同事心往一处想，劲往一处使，不会计较干得多、干得少，只希望把工作圆满完成。

今年是公司的效益与服务年，而办公室是服务性质的部门，所以我认真做好各项服务工作，以保障工作的正常开展。部门之间遇到其他同事来查阅文件或是调阅电子文档，我都会及时办妥；下属机构遇到相关问题来咨询或者要求帮助，我都会第一时间解答和解决。总之，以一颗真诚的心去为大家服务。

二、尽心尽责，做好本职工作

一年来，我主要完成了以下工作。

1. 文书工作严要求

（1）公文轮阅归档及时。文件的流转、阅办严格按照公司规章制度及ISO标准化流程要求，保证各类文件拟办、传阅的时效性，并及时将上级文件精神传达至各基层机构，确保政令畅通。待文件阅办完毕后，负责文件的归档、保管及查阅。

（2）下发公文无差错。做好分公司的发文工作，负责文件的套打、修改、附件扫描、红头文件的分发和寄送、电子邮件的发送，同时协助各部门发文的核稿。公司发文量较大，有时一天有多个文件要下发，我都是仔细地逐一核对原稿，以确保发文质量，一年来共下发红头文件××份。同时负责办公室发文的拟稿，以及各类活动会议通知的拟写。

（3）编写办公会议材料，整理会议记录。每个月末对各部门月度计划的执行情况进行核对，催收各部门月度小结、计划，并拟写当月工作回顾，整理办公会议材料汇编成册，供总经理室参考。办公会议结束后，及时整理会议记录，待总经理修改后，送至各部门轮阅。

2. 督办工作强力度

督办是确保公司运作的有效手段，今年以来，作为督办小组的主要执行人员，在修订完善督办工作规程，并以红头文件的形式将督办工作制度化后，通过口头、书面等多种形式加大督办工作力度。抓好公司领导交办和批办的事项、基层单位对上级公司精神贯彻执行进度落实情况及领导交办的临时性工作等，并定期向总经理室反馈。

3. 内外宣传讲效果

宣传工作是公司树立系统内外社会形象的一个重要手段和窗口。今年在内部宣传方面，我主要拟写分公司简报，做好《××报》协办的组稿工作，以及协助板报的编发；外部宣传方面完成了分公司更名广告、司庆祝贺广告、元旦贺新年广告的刊登，同时每月基本做到了有信息登报。

4．秘书工作明责任

秘书岗位是一个讲责任心的岗位。各个部门的很多请示、工作报告都是经由我手交给总经理室的，而且有些还需要保密，这就需要在工作中仔细、耐心。一年来，对于各部门、各机构报送总经理室的各类文件都及时递交，对总经理室交办的各类工作都及时办妥，做到对总经理室负责，对相关部门负责。因为这个岗位的特殊性，为了更好地为领导服务，保证各项日常工作的开展，基本上每天我都6点多钟才下班。有时碰到临时性的任务，需要加班加点，我都毫无怨言，认真地完成了工作。

5．企业文化活动积极参与

一年来积极参与了公司拓展训练、员工家属会、全省运动会、中秋爬山活动、学习竞赛活动等多项活动的策划和组织工作，为公司企业的文化建设、凝聚力工程出了一份力。

一年来，无论在思想认识上还是工作能力上都有了较大的进步，但差距和不足还是存在的：工作总体思路不清晰，还处于事情来一桩处理一桩的简单应付完成状态，对自己的工作还不够钻，脑子动得不多，没有想在前，做在先；工作热情和主动性还不够，有些事情领导交代过后，没有积极主动地去投入太多的精力，办事有些惰性，直到领导催了才开始动手，造成了工作上的被动。

新的一年有新的气象，面对新的任务、新的压力，我也应该以新的面貌、更加积极主动的态度去迎接新的挑战，在岗位上发挥更大的作用，取得更大的进步。

分析与讨论：

（1）这位秘书完成了办公室的哪些职能工作？

（2）这位秘书对一年来的办公室工作体会最深的是什么？

3．课后拓展

安排学生利用课余时间通过自主访问、电话、调查问卷、网络等方式，了解某家已具规模的公司企业的管理组织结构，收集办公室的工作职能等相关材料，增加对办公室工作的感性认识。

第2单元　办公室工作讲求原则性与灵活性的统一

情景案例

在宏达商业集团公司的年终总结表彰大会上，总经办主任赵华成受到了公司的嘉奖，这让秘书王琳钦佩不已。她想到自己在工作中经常出现疏漏和失误，领导的批评和指责也多，有时自认为工作忙忙碌碌，很是努力，但总是得不到领导的肯定，而办公室主任却总是忙而不乱、井然有序、办事得体，得到领导和公司员工的一致肯定。

王琳向赵主任请教其中的秘诀。赵主任笑着说："其实，办公室工作看起来忙乱纷繁，要做好它需要把握一些要领，这就需要秘书有悟性，在工作中既要恪守原则，又要灵活操作，一切围绕领导工作的需要展开服务和辅助性工作，这样，办公室工作就会有成效，存在的一些问题也容易迎刃而解。"接着，赵主任又和王琳一起，仔细分析了办公室工作中的原则性和灵活性如何进行把握，以及具体工作中的应对办法。王琳根据赵主任的谆谆告诫，对照自己工作中的疏漏和失误，发现很多都是对原则性和灵活性的把握不当造成的，有的甚至造成了不良影响。例如，有时及时快捷地完成了工作，其结果却不是领导所需要的，有时严格按领导的话去做，又被领导说是缺乏灵活性，等等。王琳细心体会着赵主任的话，逐渐明白了，办公室工作应以企业的经营目标和有利于提高领导工作效率为出发点，在工作中讲原则、顾大局，同时也要根据实际工作需要讲究变通，注重灵活操作，这样就能符合领导工作的需要，减少疏漏和失误。

掌握这些秘诀后，不到一年，王琳就成为一名办事得体、精明干练的秘书。

项目任务

如果你是公司秘书王琳，在以后的办公室工作中应如何做到既能恪守工作原则，又能注重灵活操作？

任务分析

在办公室工作中，秘书王琳既要恪守秘书工作原则，又要注重灵活操作，就应该在工作中摸索规律，把握一些工作要领。

办公室一切事务性工作都是"事"，广义的理解，"办文""办会"也是"办事"，所以，"事"的特点就是杂，无边无际、无尽无休、无时无刻。面对如此纷繁庞杂的事务，王秘书工作的关键是要摸索出事理，掌握规律，举一反三，才能尽量办好所有的事。秘书的所有制度和纪律要求，都是针对秘书办事效率和办事作风提出来的。"办事"的核心是认识事理，认识事理的目的在于提高办事悟性，较高的办事悟性才能使秘书把事情办出最佳的结果。

王秘书在办公室工作中要善于改变自己的思维定式。人的思维方式，常常出现两大定式：一是直线型思维，不会拐弯抹角，不会逆向思维和发散思维；二是复制型思维，常以过去的经验作为参照，不容易接受新鲜事物。面对复杂多变的办公室事务，王秘书应善于变化自己的思维习惯，改变自己的陈旧观念，多几种解决问题的方式，许多棘手的问题就能迎刃而解了。

在扎扎实实做好具体工作的基础上，王秘书还要学会从全局的角度综合考虑工作安排，以领导的眼光分析判断出现的问题，思考采取的工作方法是否对工作更有利、效果更好，是否更能准确实现领导确定的目标、提高领导的工作效率。学会换位思考，一切围绕领导工作的需要展开服务性和辅助性工作，才能正确地理解领导的意图，并忠实地贯彻执行，有效地履行秘书的辅助职能。

另外，王秘书还要提高随机应变的能力。秘书工作繁杂，一个最大特点就是突发性事件多，很多客观因素无法控制，一旦出现新的情况，就要求秘书按新出现的情况采取新的对策，如果秘书不机灵，按部就班、墨守成规，那就有可能造成失误。秘书随机应变能力的提高，最根本还是有赖于工作经验的积累。为什么人们总把老秘书比成老姜，说姜是老的辣，就是说老秘书经验丰富、见多识广，一旦有新情况，他就能根据自己的经验，不慌不忙地采取相应的对策，做到在什么山上唱什么歌。

相关知识

1. 办公室工作的原则

（1）准确。准确，就是要求办公室工作准确无误，没有差错和疏漏，具体而言，就是办文要准、办事要稳、情况要实、主意要慎。它是对办公室工作质量的要求，也是衡量办公室工作质量的首要标准。可以说，办公室工作的准确性，一定程度上保证了领导工作的准确性，保证了单位组织的正常运转，也是提高办公室工作效率的基础。

办公室秘书应具备认真的工作态度、扎实的工作作风，这样才能保证办公室工作的准确无误。

（2）迅速。迅速，就是要求办公室工作讲究时效，做到用时最少、花费最小，取得最佳的办公效果。它是对办公室工作效率的要求，也是办公室发挥重要作用的体现。在当今市场竞争日益激烈的商业领域，时间就是金钱，效率就是生命，办公室工作的时效性，在很大程度上能保证领导工作的效率，这也是单位组织取得工作效益的重要保障。

办公室秘书必须具备高度的工作责任心，力戒懒散的工作作风，这样才能提高办公室工作时效。

（3）严谨。严谨，是指在办公室工作中要做到严密、周详和谨慎。这是对办公室工作作风的要求。办公室秘书直接从属于单位领导并为其服务，秘书人员的工作关系到单位领导的决策，关系到单位员工的切身利益，这就要求办公室秘书要有严谨的工作作风。从某种意义上说，办公室工作就是事务性工作，这些工作纷繁复杂、琐碎具体，在处理过程中如果粗枝大叶、马虎从事或忘乎所以，就会对涉及全局的领导工作和企业工作产生不良影响。

小技法

朝思暮想的妙法

办公室工作杂事纷纭，有时难免会出现疏漏和失误。有经验的秘书常常采取早晚一想的办法，不仅可以做到不忘事，还可以利用潜意识解决一些难题。

晚上睡觉前，把一天所见、所闻、所做，过一遍"电影"，想一想：今天要办的事办完没有，还有什么不周的地方明天要补办，还有什么事情今天没办明天要办的，明天要新办什么事情。当天这种回忆，不是事无巨细，而是选其要者，想其主要的事情。

早上起床或上班前，把今天要办的事、昨日遗留的事想一下，特别是对易忘的事和时间性比较强的事，例如，几点开会、几点接人、领导几点有什么活动等，要在脑子里过一下，排一下计划。这样一般就不会忘事了。

要做到天天能"朝思暮想"不容易，初时要"强迫"自己早晚一想，时间一久，自然就形成习惯了。办公室秘书要真正做到"情不自禁"朝思暮想，是需要有责任心的。

（4）保密。严守机密是办公室秘书必备的观念，是对办公室工作的纪律要求。由于工作需要，办公室秘书经常参加领导会议，起草文件，保管档案，接触机密的机会较多，知密度很深，如不注意保密，一旦泄露，就会给公司造成严重的损失。特别是当今企业间商业竞争非常激烈，企业商业、科技信息的保密显得尤为重要，有时甚至关系到企业的生存和发展。

2．办公室工作的原则性和灵活性

办公室秘书在处理各项事务中必须坚持一贯的工作原则，按相应的原则办事，这样才有利于提高工作的质量和效率，增强工作的规范性，克服随意性，有利于避免或减少疏漏和失误。

「原则性与灵活性的完美结合」

但是，任何原则性都有相对的灵活性，办公室工作也不例外。由于秘书是处在一个协调者的位置上，其工作的方式、方法就不能过分呆板，工作中既要恪守原则，又要灵活操作、讲究策略，发挥思维的机敏性和灵活性，一切围绕领导工作的需要展开服务性和辅助性工作。这样，既能把事情办得遵章守法，又能使领导满意、各方认同，而且办公室工作中存在的一些棘手问题也容易迎刃而解。这需要秘书具有一定的工作悟性。

（1）准确与宽泛。办公室工作的基本原则是准确。但准确就意味着界限域狭小，在某种意义上说反而难以达成。模糊或者界限域放宽并不等同于不准确，相反，由于更易于达成，也就做到了准确。

如：办公室秘书为领导草拟公文，要忠实、完整、准确地表达领导的立意，也要把忠实、完整、准确表达的规范性和灵活性结合起来，准确表达领导的立意并非照搬领导口述的所有语言。照搬虽然准确，但意味着公文写作的界限域狭小，反而难以形成合乎要求的公文，因此，草拟公文需要将领导立意按领导的思路全面展开，层层分析，在忠实领导原意的基础上追求一种更宽泛的表达，即深化其观点和内容，使之表达得更系统、更有逻辑性。所以，在办公室工作中有时必须在准确与宽泛之间做出选择，这实质上就是办公室工作中原则性和灵活性的恰当把握。

（2）迅速与暂缓。作为办公室工作的基本原则，迅速强调的是快速、是时效。但在办公室工作中，有些事情"欲速则不达"，暂时缓和一段时间，或许事情能圆满解决而不至于产生不良后果。解决问题需要讲究方式和方法，而方式和方法就包含了时间的因素。一定的时间达到一定的目标，当快则快，当慢则慢，快慢适当，这就是原则性和灵活性的体现。

如：某公司经理接到一客户不太礼貌的信件，一怒之下叫秘书马上回信断绝业务关系。这位秘书听从上司指令将信写好，但他并没有立即将信寄出，而是将拟好的信稿搁了近半个小时，再去请示经理是否要将信寄出。经理此时已冷静下来，收回成命，让秘书另写一封道歉信，继续争取这位客户。这位秘书就是在迅速与暂缓之间做出了正确的选择，利用时间的因素以巧妙的方式使公司留住了这位客户，从而使公司避免了一场损失。

（3）谨慎与果断。对办公室工作而言，秘书的谨慎就是处世稳重、办事周密、避免出错。但谨慎也意味着循规蹈矩、瞻前顾后甚至优柔寡断，从这个角度来说于工作不利，于秘书的个人发展也不利。办公室工作要求秘书谨慎细心，但有些情况还是要果断从事，当断不断，反受其乱。

如：办公室工作中经常会遇到一些突发事件，要求秘书不能有半点犹豫，必须果断处理。为领导出谋划策，如果唯恐出错，顾虑太多，反而失去了参谋辅助的最佳良机。因此，在办公室工作中应恰如其分地把握好谨慎与果断的选择，细心办事，果断行动，这也是办公室工作中原则性和灵活性的具体体现。

（4）保密与宣传。保密意识是办公室秘书必须具备的职业操守。现代企业讲究沟通和宣传，讲究公众的知情权，而且现代科学技术、互联网也使企业之间包括经济、科技在内的各个方面越来越透明。具体到办公室的工作，秘书既要把上级的有关政策、领导的决策意图，向单位员工做宣传，让员工充分理解，又要对某些问题保守机密。将必要的宣传事项，错误地列为保密内容，就会脱离群众，影响宣传效果，从而影响单位有关决策的贯彻实施；将必须保密的事项，有意无意地泄露出去，或者错误地作为宣传的内容，就会因失密而使工作遭受重大的损失。所以，保密的原则性与宣传的灵活性对办公室秘书而言就是如何有分寸地妥善处理问题。

「被压下的电报」

♡ 小技法

秘书要学会"委曲求全"

委曲求全，也称"自亏处理"。说白了，就是自己吃点亏，把事办了。秘书有时需要自己（公司、个人）受点委屈，求得问题的解决。这种方法，需要有点奉献精神，不怕丢面子。

当事情涉及本公司和外公司利益关系，一时难以调整时，在不违背大原则的前提下，从有利于解决问题出发，说服本公司领导吃点亏，让一分。如果领导正在"火头上"，则应做"降温"工作，切不可"火上浇油"，越弄越僵，不仅破坏了两个公司之间的关系，还耽误了工作。

当事情涉及秘书本人和他人的利益关系时，更应该胸怀宽一点，姿态高一点，切不可赌气、死活不让步，"一夫当关，万夫莫开"，影响事情的顺利进行。委曲求全既是工作方法，又是思想修养，没有不计个人（公司）得失的精神及整体效益观念，是做不到的。

相关链接

秘书如何提高工作悟性

悟性，就是领悟能力。秘书工作的悟性，是指秘书在办文、办会和办事过程中体现出来的能充分领悟工作事理，充分发挥自己的才能，把事情办得既遵章守法又使领导满意、大家认同的一种良好的内在素质。办公室秘书要从事务型向智力型、智能型发展，从"动手"转变为"动手也动脑"，"以动脑带动动手"，这就提出了秘书的工作悟性问题。坚持办公室工作的原则性和灵活性的统一，更是说明了秘书工作悟性的重要性。

秘书的工作悟性首先来自于工作阅历和工作经验。在工作中善于摸索规律、找窍门、总结经验就是领悟能力强的表现。秘书的工作悟性主要表现在秘书对领导工作中的难处、痛处的认识和理解。秘书处理的一切事务，蕴涵着很强的原则性、政策性、法规性，也有很强的灵活性、机动性。处理哪些事要讲究原则，哪些事可以灵活，哪些事刚性强，哪些事可以软处理，这就要秘书在工作中学会明辨事物。秘书应能设身处地从宏观角度思考全局工作，从大的方面理解领导的意图，这就要求秘书能局部利益服从全局利益；兼顾公平与效益，实事求是地研究问题，以人文精神渗透辅助管理过程，这就要求秘书有优秀的品质和高尚的思想。

社会岗位对秘书的要求和评价，先是看其办理事务的规矩和程序，进一步就要看其办事的熟练程度，更高的要求，则是思想水平和工作悟性。悟性的心理基础，一是思维敏捷，懂事理；二是有原则又善解人意，会办事；三是有觉悟，人品好，办事有水平。所以，秘书首先要充分认识"办文""办会""办事"中的事理，学会"懂事"，明白"事在人为"；其次是认识社会关系、人际关系和公共关系，树立高尚的人生观和世界观，为人畅快，办事通达；最后，还要注重提高思想水平和知识水平，掌握正确的思维逻辑和科学的思维模式。

实践训练

1. 课堂讨论

有人说，秘书既要学会做事，也要学会做人。你是如何理解这句话的？

2. 案例分析

【案例1】某外宾即将光临集团公司所属的某工厂参观访问，秘书小郑拟了一份接待计划呈给办公室主任审批。主任仔细阅读了全文，目光落在接待计划的第五大点第三小点第四小小点上："备面包一两"。主任忍俊不禁："一两面包就把肚子填满了？真是稀奇古怪的要求。"主任不以为然地将接待计划呈报厂长批示。厂长审阅时也被第五大点第三小点第四小小点吸引住了："备面包一两——也许这个外国人有胃病吧！"他对自己的推理很满意。接待计划迅速送到市政府办公厅。几天后，市政府办公厅秘书长打电话给公司经理："请问'备面包一两'究竟是什么意思？"经理答道："外国人可能有胃病吧。""你真能肯定是这个意思吗？"秘书长追问，经理语塞。本是猜度，未经核实，怎敢肯定？只得三分歉意地说："我再了解了解。"于是，厂长接到了经理的电话："请问'备面包一两'究竟是什么意思？"厂长答道："据说外宾不想吃饭。""是这么回事吗？"经理追问，厂长却疑惑起来。他没出国考察过，怎敢肯定？只得十分歉意地说："再了解了解。"于是，主任接到了厂长的电话："请问'备面包一两'究竟是什么意思？"主任答道："这可能是外宾自己提出的要求吧。""可能？工作这么粗！"厂长吼了起来，主任一听话头不对，马上万分内疚地说："我再了解了解。"于是，拟稿人小郑被叫到主任的办公室。主任问小郑："你那个接待计划中写的备面包一两什么的，是不是外宾自己提出的要求？"小郑答道："不是。""不是？那你怎么能自作主张地给人家吃这么少？"主任质问。小郑懵了："主任，你怎么扯起吃的来了？"主任吃惊地问："'面包一两'不是吃的，那干什么用？"他把接待计划复本掷过去，小郑一看，惭愧地说："主任，'备面包一两'是指准备面包车一辆，我，我不应该这样随便简写，我，我……"

分析与讨论：

（1）秘书小郑违背了秘书工作的哪些原则？

（2）谈谈你由此案例受到的启发。

【案例2】某县委刘书记外出办公，临上车前突然嘱托送行的秘书小张，说他爱人明天从海南旅游回来，要他同行政科的李科长联系，派一部小车去机场把她接回来。刘书记走后，小张有点左右为难，明知刘书记是用公车办私事，又无出车费的意思，与单位用车制度不合，何况刘书记还在机关大会上批评了公车私用现象，若按刘书记的交代办了，会在单位造成不良影响，不办吧，后果不堪设想。

分析与讨论：

小张应该怎么办呢？为什么？

3. 课后拓展

在班级管理工作中，如何将原则性和灵活性有机地结合起来？

「如何回复老板的电话」

第3单元 办公室秘书的职业素养

情景案例

刘丽丽是一位刚满19岁的漂亮姑娘，高中毕业后因高考落榜，便到省城来求职。她再三思量，觉得自己长得不错，口齿伶俐，适合去做秘书工作。于是，她翻阅大报小报，几乎每张报纸都能看到各种企业招聘秘书人才的广告，她喜出望外，便津津有味地阅读起来：

▲某国际投资有限公司聘英文秘书一名，女性，25岁以下；中英文说写流利，良好的人际关系处理能力；熟练计算机操作；英语专业大专毕业；有两年以上外资企业工作经验者优先。

▲某公司招聘办公室秘书兼总务，女性，大专毕业，两年相关工作经验，工作耐心、细致，办事谨慎，有承受工作压力的心理素质，具有较强的英语听、说、写能力及一定的财务经验。

▲某集团公司聘高级文秘，大学本科或专科毕业，具有较强文字表达能力，熟悉资料分类存档。有专业知识及合资企业工作经验者优先考虑。

▲某汽车配件公司聘文秘，要求品貌端正，大专毕业，年龄在20～28岁，男女不限。要略懂计算机操作，曾从事管理工作，能讲流利的广东话及普通话，懂英文或日语（最好是外语学院毕业）。

▲某首饰厂聘秘书，大专以上学历，有良好的英语沟通表达能力，熟悉计算机操作，有较强的文字表达能力，有独立处事能力，有吃苦耐劳的精神，能与人融洽相处……

刘丽丽把一则又一则的招聘广告从头看到尾，越看越泄气。各种招聘秘书的广告，对应聘秘书的要求很具体，既有知识技能方面的条件，也有思想品质方面的要求，她仅有年龄和容貌是远远不够的。经过几天的认真考虑，刘丽丽决定报考秘书职业培训学校，继续学习，提高自己的素质。

项目任务

如果你是文秘专业学生，你打算怎样培养自己的职业素养以适应现代化企业管理对秘书人才的要求？

任务分析

随着我国改革开放特别是加入世贸组织以来，企事业单位对秘书从业人员的要求越来越高，秘书工作必须适应新的形势，秘书人员也必须努力提高自身的素质，更好地为完善市场经济体制服务。

作为文秘专业的在校学生，想要在将来的职场竞争中谋得一席之地，首先一定要学好专业知识，注重提升专业素质，利用学校的实训条件及各种实践机会充分掌握秘书工作的相关技能，这是适应时代发展、社会需要的必备条件。不但好学、勤学，还要博学。人们说，"秘书肚，杂货铺"，就是说秘书是通才、是杂家，一定要博学多才、见多识广，因此要充分利用学校的图书馆、阅览室及越来越发达的网络系统，广泛涉猎各行各业的知识，以提升自己的职业素养。更重要的是要学会做人，这是做好秘书工作的先决条件。其实，学校就是一个小型社会，要学会和各种各样的人相处，多参加校内的各种各样的活动，在与人沟通交往中培养谦虚谨慎、诚实守信、尊重他人、与人为善的优良品格，这是职业秘书必须具备的思想、道德品质方面的素养。

相关知识

秘书的职业素养是指秘书在思想、道德品质和知识、技能、心理等方面的综合素质。由于秘书地位的特殊性及秘书工作的复杂性，办公室秘书必须具备较高的职业素养，才能做好秘书工作。

「完美人才」

1. 办公室秘书的职业道德

（1）爱岗敬业，忠于职守。作为办公室秘书，如果对自己单位的认同度较低，不能正确认识自己的工作在整个单位中的重要性，就不会产生一种荣誉感、幸福感、责任感，也就不会热爱本职工作和工作对象，自然就会影响到秘书的工作绩效。只有忠于职守、热爱本职工作、忠诚可靠，才能自觉履行自己的各项职责，认真做好办公室的各项工作。

（2）遵纪守法，严守机密。办公室秘书要养成依法行文，照章办事的好习惯，以保证工作的正确性、原则性和严肃性。办公室秘书身处单位的核心部门，必须严守秘密，自觉树立保密观念。

（3）诚实守信，恪尽职责。办公室秘书要了解自己的工作职责与权限，要具有忠实执行领导指示的自觉性，既要积极主动，发挥主观能动性，又要恪尽职责，不超越权限。

（4）埋头奉献，甘当配角。秘书是为领导服务的，无论是安排公务活动、组织会议，还是草拟文件、撰写领导讲话稿等，这种高强度的劳动都是在幕后进行、鲜为人知的，这是单位管理的需要，是法定岗位职责决定的。办公室秘书必须服从组织管理的需要，安于幕后，甘当无名英雄、甘当配角，才能符合组织利益，才能符合秘书职业道德规范的要求。

（5）谦虚谨慎，廉洁自律。办公室秘书身居单位中枢，接触领导、谈工作的机会多，很容易被单位中的其他员工视为"特殊人物"。办公室秘书应时刻提醒自己在工作中做到谦虚谨慎、平等待人、加强协作、共同发展。办公室秘书在工作中应做到廉洁自律，不以权谋私、不收贿赂。真正关心领导的秘书，往往能对领导行为中的疏漏拾遗补阙，协助领导防微杜渐、正身洁行。

> **小技法**
>
> **秘书的"反思"与"慎独"**
>
> 　　秘书应该继承前人在道德修养中注重"反思"与"慎独"的好传统。古人讲"日三省乎己"，秘书应该把职业道德标准作为一面镜子，定期检查自己。所谓"慎独"，就是说即使在个人独立工作、无人监督的情况下，也要坚持按道德规范的要求做事，在"隐"和"微"的地方，能够自觉地控制自己，防微杜渐，加强自我教育、自我磨炼、自我改造和自我完善，努力使自己成为一个具有较高道德修养的人。

2．办公室秘书的知识素养

（1）基础知识。基础知识是指涉及社会和自然科学领域的文、史、地、哲、数、理、化、生物等方面的基本知识。其中对秘书工作产生直接影响的有以下3个方面的知识。

①汉语知识。汉语知识包括语音、文字、词汇、语法、逻辑、修辞等知识，这是办公室秘书文字与口头表达能力的先决条件。汉语水平功底深厚，才能言简意赅、文通情达，否则难以胜任文字工作。

②科学知识。自然科学方面的知识有助于单位秘书紧跟时代发展，在单位的业务领域尽快成为内行，能够在为单位的智能服务中体现出良好的科学素质。

③外语知识。随着国际经济交往活动的增多，单位与外企、外商的业务往来日益频繁，在涉外活动中，办公室秘书不具备一定的外语水平尤其是专业外语水平和英语口语能力显然是很难胜任的。

（2）专业知识。专业知识是办公室秘书区别于其他专业人才的重要标志，秘书要成为专业领域的行家里手，很大程度上取决于其专业知识的掌握情况。它主要分为以下两大部分。

①秘书业务知识。秘书业务知识包括秘书学、办公室实务、应用写作、文书学、档案学、公共关系学、商务礼仪、办公自动化、速记等方面的知识。学习秘书的专业知识，能够了解、掌握秘书工作的基本性质、特点、工作内容、工作程序和方法，从而为胜任秘书工作打下基础。

②行业领域的业务知识。秘书要对所在单位开展的业务知识有基本的了解，如企业秘书必须掌握企业管理知识、市场营销知识等。办公室秘书只有熟悉本行业、本企业的通用业务技术及相关专业术语，才能满足开展业务活动、辅助领导工作的需要。

行业领域的业务知识在秘书的知识结构中越来越重要，目前一些国家秘书职业的行业化特点，就是因为秘书所掌握的行业知识已成为其谋生供职的重要因素，也是某行业部门终生聘用某秘书的重要因素。

> **小技法**
>
> **实践出真知**
>
> 　　秘书应从实践经验中不断学习，提高自己的知识素养，通过与各位有头脑、有经验的领导、客户、同事往来，从他人的经验中不断提升自己。秘书身处领导的周围，应注意在工作中向领导取经，学习有益的领导经验，并从自己的失误中吸取教训。

（3）相关知识。相关知识是指秘书为适应时代需要、做好本职工作而不断学习和拓展的知识，属于秘书应有知识中的较高层次，它主要包括经济学、法学、心理学、社会学、行政学、领导科学、文艺学、新闻学等知识。学习这些知识，可以开阔眼界，在更广的领域做好工作。以企业秘书为例，其中对秘书工作产生更直接影响的知识主要有以下几个方面。

① 经济学知识。经济学知识包括财务知识、财政金融知识、股票与证券、国际贸易知识等。在社会主义市场经济条件下，企业办公室秘书只有掌握市场经济的特点与规律，掌握市场经济基本知识，才能适应市场经济发展的需要，做好本职工作。

② 法学知识。目前企业办公室大多集秘书事务与法律事务于一身，秘书除做好日常工作外还要从事企业规章制度的起草、审查，参与商务谈判、项目招标，负责合同的起草、审查与管理，办理企业注册、登记、年检，处理商标、专利等专业性强且责任重大的事务。办公室秘书只有具备相关的法律法规知识，才能依法从事管理并依法维护企业的合法权益。

③ 心理学知识。办公室秘书由于工作范围的广泛性和关系的复杂性，每天要与各种各样的人打交道，只有具备一定的心理学知识，才能更好地了解自己，更多地了解别人，根据不同人的心理特点做好工作，沟通人际关系，同时，培养自己健康和谐的心理，学会积极主动地去调节心理，克服工作中产生的各种心理障碍。

「落伍者」

3. 办公室秘书的能力素质

单位组织由于领导职能的进一步加强，办公室秘书所担负的工作日趋繁重，秘书的能力内涵较之以前有显著的扩展与强化。从适应单位实际工作的需求出发，办公室秘书有下面几种能力是必须要具备的。

（1）表达能力。表达能力包括口语表达能力和书面表达能力。口语表达能力具体表现为说话的艺术，即清楚的口齿、准确的用词、分明的条理、敏捷的应对、得体的语气和姿态等，能根据不同的表达目的，针对不同的对象和场合，做出恰如其分的表达。书面表达能力，即公文和事务性文书的写作能力。公务文书中如通知、请示、报告等常用文种和商务文书如备忘录、电子邮件、商业信函（包括涉外商业信函）的写作能力应该是办公室秘书必须具备的。书面表达要求结构清晰、条理分明、文字通顺、格式规范。

（2）办事能力。办公室工作事务性很强，办事能力是秘书的重要能力。秘书的办事能力是由多种能力综合而成的，具体包括以下几点：

- 理解和领会领导意图的能力；
- 迅速将这领导意图落实的能力；
- 准确分析和判断的能力；
- 条理性和驾驭能力；
- 应变能力；
- 将原则性和灵活性相结合的能力；
- 协调能力。

（3）人际沟通能力。良好的沟通能力是处理好人际关系的关键。秘书应该善于沟通，有效传达，同上级、同事及来访者保持一种志趣相投

「秘书沟通能力测评」

的和谐关系，这样在工作中才容易得到上级的信任和重用、同事的尊重和配合，才能正确无误、愉快而及时地完成自己的工作。

（4）现代办公设备操作能力。随着社会现代化的发展，办公室秘书要适应新形势发展的需要，掌握相应的现代化办公手段，能熟练操作各种办公设备，如计算机、复印机、摄像机、摄录机、录音机、文字处理机、传真机、多功能电话、多媒体投影仪、电视电话系统等。

💚 小技法

秘书提高工作效率的诀窍

秘书的工作责任范围日益扩大，工作累积繁杂，往往每天加班还不见得能够做完工作，结果不是事情没有办好，便是错误不断。如何才能使工作顺利进行呢?有如下建议可供参考。

1. 掌握工作的整体概况。若是忽略了这一点，而把目光集中于特定细节，就会忽略真正重要的部分。唯有对工作有通盘的了解，才能进行有效率的规划。

2. 善于借助他人的力量。这里的他人，包括后辈、资深同事和领导等，借助他人的力量并将其运用在工作上。为了便于得到他人的帮助，平时待人处世的态度非常重要。若能建立良好的人际关系，广结人缘，那么办起事来自然方便许多。

3. 了解自己的实力。譬如准备熬夜是否能完成工作，需要多少睡眠才能恢复精神等，知道自己的能力极限，方可有效地建立工作进度表。

---

4. 办公室秘书的心理素质及心理调适方法

（1）办公室秘书应具备的心理素质。作为办公室秘书应具备的健康、和谐的心理素质，主要是指以下几个方面。

① 树立正确的人生观、价值观，热爱本职工作。

② 建立自我成功期待，拥有恰当的人生抱负水平。

③ 善于反省，能自我调节心理压力。

④ 自觉抵御各种不良思想观念行为的影响。

⑤ 善于营造和谐、互助的人际关系氛围。

⑥ 做事有百折不回、坚持不懈的勇气和毅力。

⑦ 具有自信、热忱、沉着、乐观饱满的情绪，有幽默感。

（2）办公室秘书心理调适的方法。为了有效地工作并保证正常的生活，办公室秘书要善于调适自己的心理，保持稳定、乐观、健康的心态。行之有效的调适方法有如下几种。

① 培养广泛兴趣，丰富业余生活，以陶冶性情、培养乐观情绪。

② 博览群书，以拓宽视野、开阔胸襟。

③ 主动与人交流、沟通，利用各种心理咨询服务，通过倾诉、宣泄以调节情绪。

④ 正确地评估自己，培养高尚的人格修养。

⑤ 劳逸结合，坚持锻炼身体。

⑥ 学会转移注意力，其中学会克制与忘记很重要，容易排解不良情绪。

⑦ 掌握一些心理保健知识。

相关链接

「秘书综合征」

现代秘书职业技能的新要求

21世纪是电子时代、网络时代，瞬息万变的社会充满着挑战，这都对秘书的工作技能提出了新的要求。

英国伦敦工商会考试局负责行政管理方面的主考官 Shirley Taylor 女士发表了自己的看法。她认为，在过去的几十年中，秘书的角色变化很快，他们不再是打字员或是办事员，开始被归入行政管理工作范畴，秘书的工作职能将涉及项目管理、计算机软件应用、组织会议和出差、外部网和内部网的通信、文件信息整理、办公室管理等方面。这种变化使得市场对秘书人才职业技能的要求也开始发生转变。概括起来，21世纪的秘书需要从以下方面提高自己的职业技能。

1. 多元化才能。现代社会对秘书的要求是全方位的，首先应懂得两国甚至两国以上的语言，具有一定的语言处理能力和计算机技能，同时还要具备所从事的特定行业的专业技术知识。因此，平时注意知识的积累和储备就显得非常重要。

2. 出色的组织能力和控制能力。秘书应当是一个组织者，他们要为各种会议和活动做计划，并落实安排。同时，还需要应付一大堆的工作日记、计划表、文件和电子档案，能够把握和控制各种复杂的局面。

3. 完美的沟通能力。要成为21世纪合格的秘书，沟通能力应该非常出众。秘书需要和领导、同事及客户打交道，要协调企业内外部的关系，这些都有赖于良好沟通能力。

4. 获取新知识的能力。现代社会知识更新的速度超过了以往任何一个时代，要想完成好自己的工作任务，在激烈的竞争中赢得主动，秘书必须通过继续深造来不断增长知识和提高技能，特别是在办公技术方面，需要跟上计算机、现代通信技术应用的发展步伐。

5. 团队合作能力。团队合作能力也是21世纪秘书需要具备的主要能力，在当今社会，没有人能够完全脱离群体取得成功，而秘书又是社会组织中处于特殊位置的一个角色，他们需要通过自己的努力，帮助领导为组织构建起一个强有力的团队，同时要督促团队努力工作，最大限度地发挥团队的潜力。

有调查显示，在我国年营业额5 000万元以上的企业中，约有80%的企业总裁秘书早期所受的专业教育是中文、外语等专业，缺乏专门的秘书理论和技能培训，也缺乏从公司的战略高度整合商务管理问题的理论基础和实际经验。按照现代社会的要求，一个合格的秘书应该是具备优秀商务人员素质的行业精英，懂得国际商务礼仪、人际关系与沟通技巧、压力管理、财务的精算与操作等。而企业高级秘书或助理人员，应该十分了解秘书与企业战略的关系，知道如何有效地处理商务事件，协助领导完成上下级的沟通，并在任何场合都能保持良好的心态、优雅的风度和冷静的头脑。

（edu.163.com/editor_2002/030714/030714_107236.html）

实践训练

1. 课堂讨论

有人说，领导选择秘书的标准是"看起来舒心，带在身边放心，用起来省心"。你是如何理解这句话的？

2. 案例分析

面　　试

吕芬到信和股份有限公司应聘总经理秘书职位，初试以优异的卷面考试成绩通过，复试由总经理亲自主持，当面回答总经理提出的问题。

总经理问吕芬："吕小姐，从你的个人资料上看，你的毕业论文得过奖，大学生演讲比赛得过第一名，你的口头表达和书面表达的语言应用能力一定很过硬了。"

"总经理先生，"吕芬回答，"这只能表明我学生时代在语言应用上有一定的基础，但到工作单位后，对行业术语和管理语言，特别对秘书语言应用特征的把握，还必须下苦功夫，向领导和前辈们学习。只有在大家的帮助、扶持下，我才能较快地进入角色。"

总经理微笑地点头，又问："吕小姐品学兼优、才德兼备，获奖证书如此之多，个人条件如此之好，到目前面临不少困难的信和公司应聘，不觉得屈才吗？"

吕芬回答："正好相反。我注意到贵公司的股票正在下跌，从有关资料上反映，这是贵公司与国际市场接轨进行产业结构调整和技术升级出现的暂时困难。经过这惊险的一跳，公司的综合素质和整体竞争实力将有极大的提升。我若能在公司机遇与挑战并存之际加入公司团队，这将是我的荣幸。"

总经理连连点头，又问："若请你任我的秘书，你将为我的工作提供怎样的帮助？"

"总经理，刚开始我只能做一些事务服务的工作，"吕芬回答，"若需要我草拟文稿，还需要领导和前辈指导、把关；经过几个月实践考验后，若公司认为我基本合格，我自信能够承担起总经理秘书的参谋辅助和事务服务的工作职责。"

面试结果，吕芬被聘任为信和股份有限公司总经理秘书。

分析与讨论：

（1）从吕芬在信和股份有限公司应聘复试的过程中，分析该公司需要什么样的秘书？

（2）吕芬具有什么样的职业素养？

（3）谈谈你由此案例受到的启发。

3. 课后拓展

（1）到学校图书馆查找、借阅与秘书工作相关的书籍并做出学期阅读计划。

（2）通过访问一名工作多年的秘书或从事过秘书工作的领导，分析哪些思想品质和心理素质是职业秘书必备的。

知识小结

　　办公室作为一个单位组织上情下达、下情上传的枢纽性机构，以及其在单位组织中的辅助性、中介性、综合性、服务性和专业性的工作性质，使得它在单位组织的运转中有着相当重要的地位和作用。办公室的参谋咨询、事务处理、沟通协调、宣传公关的基本工作职能，是确保单位组织高效运转的重要保证。

　　办公室工作必须坚持准确、迅速、严谨和保密的基本工作原则。但秘书的工作方式和方法不能过分呆板，工作中既要恪守原则，又要灵活操作，讲究策略，发挥思维的机敏性和灵活性，一切围绕领导工作的需要展开服务性和辅助性工作。这需要秘书具有一定的工作悟性。

　　由于秘书地位的特殊性及秘书工作的复杂性，办公室秘书必须具备较高的职业道德素养、足够的知识技能的储备、健康和谐的心理素质，这样才能做好秘书工作，成为领导的得力助手。

阅读资料

秘书不是"青春饭"

　　在美国，秘书这个职业有点像中国的中医，越老越吃香。比尔·盖茨在创业之初就聘请了42岁的女秘书露宝。比尔·盖茨在提到当初的创业时总忘不了这位秘书。露宝稳重细致，几乎成为公司的灵魂人物，她和盖茨的默契配合成为微软公司一道独特的风景。

　　的确，在美国的大公司里，很难看到年轻的女秘书，越是级别高的部门，秘书的年龄就越大，多是40多岁、有教养、有经验的职业女性。一位公司的人事主管告诉记者，从公司用人的角度来看，随着年龄增长，女性缜密、周到的优点就越发突出，她们比年轻人更善于应变周旋，也更有耐心，用"长袖善舞"来形容一点都不为过。通常一个成功的秘书是没有年龄上限的，干一辈子都没有问题。

　　对休斯敦洛克律师事务所的华人律师童樟茂先生的秘书——年过60岁的劳拉女士，童先生评价说："劳拉做了将近20年的秘书，像一个管家婆一样，把大小事情都安排得井井有条，没有她我这里早就乱成一锅粥了。"

　　如果不看长相，聘用秘书看什么呢？童先生说，他聘秘书最重要的就是要看她待人是否诚恳、谨慎，否则客户都让秘书吓跑了怎么办？另外，他认为秘书需要具备极强的向心意识、协作精神，一丝不苟的做事习惯，还要有很强的忍耐力及牺牲精神。童先生戏称：好秘书只有她不在时你才会注意到她。

　　秘书工作绝对是一个可以有所作为的职业。如果具备了优秀秘书的素质，那么不妨将其作为终生从事的职业。当你成了有教养、有经验、有能力、有地位的高级秘书时，你会为自己的事业感到自豪，你证明了秘书不是一碗"青春饭"，而是足可以令别人羡慕的职业。

　　现代的文秘岗位已经逐步地划分为文员和秘书两个层次。秘书是在文员的基础上上升了一个岗位层次，根据其在行政管理层的地位又分为普通秘书和高级秘书。普通秘书须具备大专学历，能熟练运用一门外语，除具备文员的要求外，还须具备该企业的专业知识；同时有较强的文字功底，可以协助上司起草文稿、传真件等；还要有一定的组织能力和良好的气质。这类岗位需要的是有了几年文员工作经验和社会经验，希望谋求更大发展的求职者。秘书工作的最高境界是高级秘书，它能真正统领秘书工作的全部内涵。高级秘书除须具备本科学历、流利的外语和扎实的文化底蕴等基本要求外，还须具备良好的沟通、组织、协调、判断、决策、解决问题和预见的能力，还要有大量的工作经验、优秀的气质和优良品质。这也是该岗位的成功者往往是 30 岁以上人士的原因。想在高级秘书的岗位上应聘成功，必须经过文员和普通秘书两个岗位的锻炼，并对自己的领导能力、协调能力、管理能力进行培养和修炼。

（new.sina.com.cn/w/2003-09-18/14577759145.shtml）

模块 2
办公室日常事务

学习目标

知识目标	能力目标	素质目标
● 了解办公室日常事务性工作的内容 ● 掌握日常事务性工作的操作规范和要求	● 掌握在具体办公环境下的工作方法 ● 能准确领会本级和上级组织领导的工作意图 ● 了解相关办事渠道，具备相应的办事能力	● 培养忠于职守、乐于奉献的职业道德素养 ● 培养并逐步具备管理者应有的宏观视野和全局意识 ● 养成严谨、规范的办公室工作习惯

第1单元　办公环境的管理

情景案例

宏达商业贸易公司这几年发展势头良好，业务量扩大，公司旧的办公场所已不能满足公司发展的需要，公司高层准备乔迁新址，租用了某写字楼一层的大厅。公司的肖力民总经理在办公会上介绍了他对公司新址办公环境的设计构想，如他设想将整个一层大厅全部设计为当今很流行的全开放式或半开放式办公空间，大厅大门左边用作产品展厅，大门右边作为公司办公区，包括正副经理办公区、接待区、行政部、销售部、财务部。办公会上肖总要求各部门负责人对各部门必须添置的办公设备做好计划，并要求办公室拿出公司新办公环境的设计、布置方案，以便下次办公会议专题讨论。

项目任务

办公室行政经理刘子文将全面负责公司新办公室室内平面布局图的设计和方案的撰写工作，如果你是参会的办公室行政助理孙梅，会后你将在设计图和方案中针对办公室的整体布局和室内布置提出哪些可行的建议？

任务分析

作为公司领导，如此重要的新办公场所的平面设计和布局的任务或许不会单独交给办公室行政助理孙梅来完成，但孙梅可以参与其中，可以利用自己所具备的专业知识和经验主动献言献策，积极协助，这正是办公室秘书做好辅助管理、当好参谋助手的职责所在。

如何做好新办公环境的整体平面设计和室内布置，孙秘书不妨从如下方面考虑，提出自己的建议。

办公空间是一个单位开展经营活动所必需的，也是一种必须支付的资源，费用通常是按平方米来计算的。如何在适当面积的空间中获取单位的最大效益是在选择和设计办公室整体结构和布局时必须考虑的，因此必须有成本意识，同时也要考虑单位经营的性质和内容，以及空间可以布置多少个部室等。从宏达商业贸易公司目前的实际情况来看，新办公环境采用大的开放式或半开放式的设计是比较理想的选择，各办公区域用可移动的间隔物来分隔，所有人的工作情况都清楚可见。但大量销售人员进出的财务部门工作量会很大，同时现金和支票的交流和保管极为重要，因而公司财务部应该设置为安全和保密的封闭式办公室。经理的办公室也应该相对独立、不受干扰为好。

新办公环境室内的布置应按工作流程和职位进行安排，讲究合理有序、错落有致、功能清楚、互不干扰。另外，室内光线、空气、温度及色调、美化等也必须充分考虑。总之，让每个员工更愉悦，让每件工作更顺利，让每件事情成本更低，这是进行布局安排和室内布置所追求的结果。

相关知识

办公室环境管理是指对办公室自然环境进行科学合理的设计、布置和组织，使其符合办公室工作的需要，从而提高工作效率和质量。它主要是指对上司办公环境、秘书个人办公环境及公共办公环境的管理。秘书应协助上司做好相关服务性工作，努力营造一个和谐、美观、有序、方便和安全的办公环境。

1. 办公空间的整体布局

（1）设计和布局需要考虑的主要因素。

① 空间利用的成本。在设计办公空间时，要有节省成本的意识，保证所需费用最少，空间利用率最高。

② 办公室工作的主要职能。办公室工作职能的不同决定应该采用什么样的空间设计。例如，讲究独立性、专业性的办公室，应该采用小的办公空间，而注重工作衔接、配合的办公室，就应该采用比较大的办公空间。

③ 办公工作流程。工作流程是指办公信息流在上下级和各职能部门或工作单元之间的纵横流动。空间设计应确保公司部门之间的联系及工作流程设计的科学有效。为提高工作效率，办公工作流程应采用"I"形、"L"形、"O"形，这样可以避免不必要的重复与浪费。

「办公流程三图形」

④ 机构的建制和员工的人数。部室和员工人数的多少决定办公空间的大小和成本

费用的多少。

⑤ 办公室随单位组织发展变化而变更，空间布局应具有灵活性。

（2）办公空间设计模式。办公空间布局合理与否，对工作人员的精神状态及工作效率有着很大的影响。合理设计办公空间，是优化办公环境的重要内容，对于创造最佳的工作环境至关重要。办公空间设计一般有以下两种模式。

① 封闭式空间设计。这是一种传统的常规式的部门办公空间设计。它是按照办公室工作的主要职能设置分隔式的若干个相对独立的办公室，适合专业性、机要性强的办公工作。

② 开放式空间设计。这是指若干工作人员同在一间办公室工作，根据办公室工作流程将各个工作单元组合在一起。它没有固定的分隔独立的空间，工作间的位置是根据需要，利用可移动物体（如屏风、隔板等）随机确定的，每个工作单元内有独立的办公设备。

两种办公空间设计模式各有其优、缺点，如表 2.1 所示。

表 2.1　办公空间设计模式一览表

办公空间设计模式	优　　点	缺　　点
封闭式空间设计	安全、保密； 工作不受干扰，适合专业性工作； 保证员工隐私	空间利用成本高； 工作流程不通畅，难于交流； 难于监督员工的活动
开放式空间设计	打破地位、级别障碍，增加平等感； 工作单元灵活机动，随需要而变； 既独立又便于联系，工作流程通畅； 易于监督员工的工作活动； 降低能源、设备、建筑成本，减少占地面积	不适合机密性工作； 易受干扰，很难集中注意力； 工作中噪声太大易影响他人； 难以保障公共空间和私人空间的独立

（3）办公空间设计的程序和要求。

① 综合分析影响办公空间设计的各种因素，协助领导做出科学合理的设计。

② 做好调查研究工作，了解单位各职能部门对办公条件的要求。

③ 及时征询各相关部门的意见，根据意见修改设计。

④ 设计上讲究灵活性，开放式和封闭式两种设计相结合能更加完善办公室的功能。

2. 办公室内的布置

（1）室内布置的要求和方法。

① 方便实用：

a. 相关的部门及设备应尽可能安排在相邻的位置，避免不必要的穿插迂回；

b. 主管的桌椅应置于员工的最后方，也可用玻璃门隔开，既避免干扰，又利于监督；

c. 秘书的办公单元应紧邻上司的办公室，同时能清楚地看到办公室入口处，以便迎客；

d. 办公室内应在一侧或中间留出通道，要保持畅通；

e. 将饮水机放置在不拥挤的位置，公告板置于醒目之处；

f. 装设充足的电源插座，以便办公室设备之用，常用设备置于使用者附近。

② 整齐有序：

a. 办公桌椅和柜架的样式、规格和颜色应保持一致，采用直线对称式的排列；

b. 办公区域可用 1 米左右高度的隔板分隔开来，所有座位统一朝向办公室大门；

c. 开放式的办公室内，每个办公桌上应放置统一制作的印有员工姓名、职务的铭牌；

d. 文件、书刊、报纸要各归其位，摆放井然有序；

e. 办公桌上只放置常用的办公用品，如计算机、电话、文具及必要的文件等。

❤ 小技法

设计草图巧利用

布置办公室时可先画一张设计草图，按比例尺标明办公空间的面积，决定门、窗等的固定位置。桌椅柜橱等可移动的物件，用彩色纸按比例尺缩小剪出样块，然后在设计草图上摆移，找出最佳设计方案。

---

③ 安静舒适：

a. 将易产生噪声的复印机、传真机、打印机等办公设备集中置于远离办公区域的角落；

b. 尽量使来客多的部门，如接待部门置于办公室入口处，使来宾不干扰其他部门；

c. 有条件的办公室可铺设地毯以吸收声音，设置屏障、设备隔音罩减少噪声的影响；

d. 办公室内可播放轻柔的无主题的背景音乐，能减轻工作疲劳，消除噪声引起的烦恼；

e. 办公座椅最好选用有扶手和低靠背的转椅或高靠背的椅子，以缓解久坐引起的不适；

f. 条件允许可在办公区域设置休息处，并提供便利充分的休息设备。

④ 健康卫生：

a. 办公桌不要靠窗摆放，避免太阳光直射而影响视力；光线从员工桌位左侧射入为宜；

b. 室内灯光应分布均匀，采用光线柔和的日光灯，利于保护视力；

c. 室内摆放几盆花草，如绿萝、仙人掌、吊兰、天竺葵等，能净化室内空气，有保健作用；

d. 室内空调设备的送风口避免直接对着人体，室温最好不低于 16℃，利于健康；

e. 新装修的办公室会散发有毒气体，最好先通风一段时间后再使用，每日要通风几次；

f. 电话按键和听筒、计算机键盘要经常用酒精消毒；

g. 地面天天打扫，桌椅柜橱天天擦拭，门窗定期擦洗，以保持洁净和卫生。

⑤ 安全保密：

a. 办公室大门内可设置屏风或隔墙遮挡，利于安全和保密；

b. 单位财务部应与上司办公室相邻，采用封闭式设计；

c. 电话、计算机等各类电器的电线不要裸露在办公通道上，应置于角落或铺设在地毯之下；

d. 电器、电线应做定期检查，以防火灾；

e. 办公场所应配置消防设施，太平门及太平梯、安全门不可缺少，消防标志要明确；

f. 计算机屏幕不要面对办公室大门，员工的工作位置应设置隔间，利于保密；

g. 办公室内应张贴保密等相关制度牌，重要部门入口处应有警示标志。

⑥ 美观和谐：

a. 铺设地毯，挂置窗帘和百叶窗，能美化室内环境；

b. 办公室的色调应单纯柔和，以白色为主，利于光线反射和装饰；

c. 摆放绿色植物，如铁树、发财树、开运竹、大叶葵等，能起美化的作用；

d. 领导办公室和公司会客室可适当悬挂或放置一些油画、照片、书法作品或工艺品等；

e. 利用办公设施的色彩搭配、布置格局和照明组合美化办公环境，达到和谐统一的效果。

💟 **小技法**

办公室内绿化要注意什么

办公室内绿化要注意植物与花卉对人体健康的影响。因为植物在没有光照时吸入氧气，呼出二氧化碳，所以下班时最好将盆景搬出办公室，第二天上班再搬进来，或者一早开窗通风几分钟，排除隔夜植物呼出的浑浊空气。有些对人体有伤害的花卉不宜摆放在办公室内，如含羞草与郁金香有毒碱，接触过多易使人毛发脱落；洋绣球花的微粒会使人的皮肤瘙痒，等等。

（2）室内布置的注意事项。

①要有全局意识、主动精神，能协调各部门和员工合作完成。

②整体风格要与所在公司的企业文化相适应，突出公司的经营宗旨、企业精神等。

③办公环境不一定由秘书布置安排，但秘书一定要做有心人，适时提出自己的建议。

④重在布置，更重在平时的维护和管理。

📖 **相关链接**

办公空间设计的四大趋势

当前，随着信息化向办公室环境的快速渗透，也让我们在某种程度上体验到了高效办公。如何更好地让办公室环境全面体现信息化呢？这需要我们将"信息化"与"办公室环境"二者融合起来，即利用最新的信息技术，向传统的办公室中引入"信息活动体系结构"的概念，从而开发出全新的信息化办公室环境。必须从人的心理、生理需求出发，才能达到创造出一种有机的、整体的办公环境的目的。

信息时代企业办公空间的发展趋势，强调在以人为本的前提下，办公空间设计有以下发展趋势：生态化设计趋势、智能化设计趋势、人性化设计趋势及办公家具设计趋势。

1. 生态化设计趋势

人的生理上的新陈代谢、能量补充、能量转换、生长激素、生物钟运动、营养摄取等都依靠与自然保持生态平衡来完成。而在精神层面，人的心态、情境、情操和情感，以及疲劳机制与恢复也都依靠自然来调节与熏陶。外部的自然景色对人类有不可估量的价值。

将空气、阳光、水、绿色植物等自然因素引入办公空间设计中可以增添情趣和消除疲劳，并能激发人们自身的活力，有效激发灵感。

2. 智能化设计趋势

科技带来的便利围绕在人们的身边，人们生活中的一些问题都因为网络而变得更加方便、快捷。智能建筑是一个发展中的概念，它随着科学技术的进步和人们对其功能要求的变化而不断更新、补充内容。

智能会议室、智能会议室预约系统、智能空间管理系统、各类智能办公设备等，这些都与智慧建筑有着密切联系，这也是智慧建筑中的重要节点。

3. 人性化设计趋势

在"人性化"的现代办公空间设计中，应以为员工创造优质的工作环境为宗旨。办公室人性化设计体现在很多方面，主要体现在细节上，作为脑力劳动者更注重办公环境的舒适度。对于上班时间比待在家里时间还多的员工来说，在紧张的工作氛围中能有劳逸结合的工作环境那是再好不过的了。

4. 办公家具设计趋势

办公家具的设计不只是为生活和商业服务，同时也伴有艺术性的创作。其设计趋势主要体现在健康环保、开放自由、科技智能、讲究内涵、功能集成五个方面。

健康环保：健康的家具设计理念可以说是家具的"唯一出路"。全球推广可持续性发展的今天，人们越发要对环境进行保护，对资源有节制地开采和利用。

开放自由：都市生活、工作空间都十分有限，因此如何节省空间，便成为设计师需要考虑的重要方面，主要考虑办公空间结构的开放性，适应各种变化，随意搭配、组合。

科技智能：科技给家具产品带来很多意想不到的功能，给人全新的时尚体验，更好地实现交互，加入智能化应用，增加了家具功能，这也是时代发展的必然结果。

讲究内涵：除使用功能外，在精神方面给人的感受，是对办公家具产品外延意义的探索，是对产品的色、形、材质等"显在"因素内在情感的转移，注重情感性和浅层次的内涵。

功能集成：合理利用有限的办公空间，让家具功能发挥出超出空间限制的效果，是很多企业置办办公家具时首要考虑的因素。改变使用方式和合理位置摆放，能够节省空间，实现多种功能的集成，这种类型的办公设备往往受到关注。

办公空间整体设计基于多方面因素考虑，但最终的目的都是服务于人，给办公者创造更便捷、更轻松、更健康、更高效的办公环境，这也是办公空间设计的初衷。

（https://zhuanlan.zhihu.com/p/28436496）

实践训练

1. 课堂讨论

（1）办公空间的设计和布局需要考虑哪些主要因素？
（2）开放式或封闭式空间设计各有何优缺点？
（3）办公室内布置的一般要求是什么？

2. 案例分析

因为要赶经理下午开会需要的一份材料，一上班，秘书孙琴就急急忙忙坐到放在办公室角落里的计算机前，专心致志地准备起材料来。忙碌了一会，她感觉有些异味，扭头一看才发现办公室窗户没开。她刚打开窗户，电话响了，孙琴三步并作两步跑到了自己的办公桌前，拿起电话，是一个客户打来找经理的电话。孙琴告之经理不在，对方要求留言。孙琴赶忙去找可以用来记录的纸笔，在抽屉里翻找没有，又到堆满文件、报刊及各种物件的办公桌上寻找，终于在一堆零食下面找到了纸笔。记录完毕，孙琴将其放到了临窗的经理的办公桌上，然后回到计算机前。刚坐下来，营销科的一位员工来请孙琴帮他找一份文件资料并要求复印，孙琴起身走到靠门的文件柜前找资料，可发现光线太暗，看不清楚，又走到另一侧开灯，再回来找资料。文件找到，孙琴利索地走到办公桌旁的复印机旁，很快就印好了。回到计算机前在键盘上敲了没几下，突然，沙沙一阵响声，孙琴一抬头，发现好像要下雨了。眼看着自己放在经理桌面上的电话留言纸被风吹到窗台上了，孙琴赶紧过来"抢救"，可一着急，不知道被什么绊了一脚，"呼"的一声，她和风扇一起摔了个大跟斗。原来，前两天办公室的空调坏了，还没修，因为天气热，孙琴用插线板连接电插座，在计算机旁边放了台风扇，孙琴就是被电线绊倒的。

讨论与分析：

孙琴在办公环境的管理方面存在哪些不足？需要做哪些改进？

3. 实务训练

完成"项目任务"中公司新办公室室内平面布局图的设计，并简要说明设计的理由或依据。

实训说明：

（1）本部分实训既可在课堂上进行，也可在授课后集中实训。

（2）实训时，全班可先分若干个设计小组，每组推选一名主设计人，组织讨论、设计。

（3）在各组充分酝酿、练习的基础上，通过抽签方式，请1~3名学生（主设计者）代表各组上台在黑板上完成宏达商业贸易公司新办公室室内平面设计任务。

（4）每个小组完成项目任务后须由主设计者向全班学生简要说明设计的理由或依据。

（5）教师组织学生共同评议，找出各组在设计上的优势和不足，以期以点带面、触类旁通。

（6）教师总结。

4. 课后拓展

组织学生到当地某公司办公室参观访问，了解该办公室环境管理的相关内容，直观感受企业办公室的室内布局和室内布置的特色。

「某公司办公室平面设计图」

第2单元　办公电话的接听与拨打

✎ 情景案例

在宏达商业集团公司总经办实习的文秘专业学生刘琴兰第一天上班，被安排到接电话的岗位。第一次遇到外来电话，铃声刚响，她就抓起电话筒问对方："喂，你找谁？你是谁？"第二次接电话时，是对方拨错了号，刘琴兰一听便告诉对方："你打错了！"就挂上了电话。刘琴兰身边的实习指导教师、总经理助理李路明对她说："接打电话是有学问的，你刚才的工作既不规范，又不礼貌，严重的可能给公司带来损失……"李助理的话还未说完，就被总经理叫走了。刘琴兰听了李助理的批评心里不是滋味。当初在学校学电话事务时，自己心里好笑："电话谁不会打？几岁起就开始接听电话了，接打电话还有什么好学的。"那堂课她一点没听，自然就出现了今天的难堪处境。

下午，办公室的人全部外出办事，刘琴兰接到市商业主管部门通知总经理开会的电话。当她把开会通知告诉总经理时，总经理反问她开会的具体时间、地点和议题，她才意识到接电话时应该做电话记录，现在已记不太清楚，她只能似是而非地回答了几句。还好，她灵机一动，去翻电话号码簿，找到了市商业主管部门的电话，重新询问清楚了有关事项后，才补了漏子。

项目任务

如果你是宏达商业集团公司实习秘书刘琴兰的实习指导教师李路明，针对刘琴兰在接打电话时的种种不规范，你该如何进行纠正并对接打电话工作做出哪些指导？

任务分析

对于实习秘书刘琴兰在上班第一天接打电话时的种种不规范，实习指导老师李路明应该做出及时的纠正，如电话铃响几声后去接是最合适的、拿起电话第一句应该怎样说、对方打错了应该如何应对、接听电话应该及时做好电话记录……专业的指导当然是很有必要的，但更重要的是，刘琴兰在接打电话时的种种不规范，是源于她认识深处对这项工作的不重视。的确，正如刘琴兰在读书时的想法，"电话谁不会打？几岁起就开始接听电话，接打电话，还有什么学头"。现代人可能在上幼儿园时就会使用电话了，在成为秘书之后还有必要学习接打电话吗？许多在校的学生和初涉职场的秘书新人可能都会有这种想法，因此，李路明对刘琴兰的指导恐怕更多地要从思想认识的层面去解决她专业不规范的问题，要使她认识到：电话尽管已在我们的工作和生活中得到了广泛的使用，人人都会接打，但接打时合不合规矩、能否达到要求，不同的职业要求是不一样的。作为秘书从业者，在使用电话时一定要按规矩办事，这个所谓的规矩就是接打电话的技术规范，虽然对接打电话的双方来说，都看不到对方，仅能听到对方的声音，但是，在电话里也能闻其声如见其人，如果在接打电话时随随便便，当然会影响个人和单位的形象。从这个意义上来说，秘书接打电话时一点也马虎不得，必须按一定的程序和规范操作。对刘琴兰而言，接打电话的态度端正了，技术规范的问题就很好解决了。有一句名言：态度决定一切。

相关知识

电话是现代信息社会中不可或缺的重要通信工具。秘书每天都要通过电话与企业内外沟通，很多客户正是通过电话最先接触和了解秘书服务的企业的，如果秘书在接打电话时比较随意，没有掌握各种情况下的应对技巧，很有可能因此给企业造成不良影响。

1. 接听电话的程序和规范

（1）电话响两遍须马上接听。如果长时间响铃而不接听，不仅有失礼貌，而且影响其他同事工作，也会使对方误认为无人接听而挂断电话。电话一响就拿起电话接听，容易令电话挂断，也会使对方觉得秘书迫不及待、无事可干。

（2）拿起电话接听时，应以温和的语调先问好，接着自报家门，再说"请讲"，避免问

「电话接听流程图」

来问去浪费时间。在通话时，如果对方接连讲话，接听人应适时回应，如"是的""好，我明白了"等，不可不声不响，使对方误以为没在听。通完话后应说"谢谢""再见"等礼貌用语，待对方挂线后再轻轻放下听筒。

（3）秘书在接听电话时，如果另一个电话也响了，秘书应请前者稍等，并按下电话机上的闭音键，再接另一个电话，区分轻重缓急，分别及时处理，切不可让一方听见秘书与另一方的谈话。

（4）若对方拨错号码，应礼貌地说："对不起，我想是您拨错号码了。"如果线路有杂声，或未能听清对方的意思，可以温和地告诉对方："对不起，由于电话声音太小，麻烦您再重复一遍。"

（5）对方要找的人不在，不要立即挂断，应问对方是否愿意留话，以便转达。电话转接中对方在等待时可能显得急躁甚至不耐烦，秘书应每隔20秒或30秒给对方打个招呼："对不起，请稍等一下""对不起，让您久等了"，这样不断地打招呼，能缓解对方的焦虑。

（6）秘书在为上司转接电话时，要根据来电者的意图、重要程度判断是否接入，是否会打扰上司正常工作，秘书应做好上司来电的"过滤"工作。对于上司出于各种原因暂时不能接听的电话，秘书常用的策略性应对语言是，"对不起，××先生不在办公室，您有什么事可以转告吗？""对不起，××先生正在开会，暂时不能接听您的电话，您是否留下口信，或者留下您的联系电话？"

（7）秘书应在电话机旁随时准备纸和笔，左手接电话，右手随时记录来电内容。电话记录一般要有6个要素：来电时间（年、月、日、时、分）、单位、姓名、来电号码、来电内容、记录署名。通话时对重要的内容，特别是人名、地名、时间、数字等一定要记录准确，并由接听人复述一遍，让对方核实无误。重要的电话内容应立即向上司汇报，电话记录单应保存备查。

每个单位的工作内容不同，电话记录表可以有所不同、有所侧重，但是，基本要素是不可缺少的。电话记录单如表2.2所示。

表2.2　电话记录单

来电者		来电号码	
对方单位		来电时间	年　月　日　时　分
电话内容			
紧急程度	□紧急　□正常		
处理意见			
备注		记录人	

2. 拨打电话的程序和规范

（1）拨打电话前，秘书先要确定对方的电话号码、单位名称、姓名、身份等，备好记录本、留言纸和笔等用品及有关通话资料。最好整理通话内容，如果内容较多，应事先打个腹稿，力求表达清楚、简练。

「电话拨打流程图」

（2）电话拨通后，首先应该确认对方，然后自报家门，得到对方确认后，便可以进入主题，如"您好，请问您是××公司吗？我是××公司，麻烦您，请接××先生。谢谢！"

当通话人找来后，应再做一次自我介绍，并致问候；当对方告诉你"要找的人不在"时，切不可急于将电话挂断，应道声"谢谢"，如是简单事项可请接听人记下转告，或者请转告回电；当发现号码拨错了，应向对方道歉，挂断电话后重新拨号。

（3）替上司打电话给对方上司，应在对方上司接电话前就将电话递给上司，不要让对方在那边不耐烦、久等。

（4）在电话中谈及工作前，秘书应先征询对方是否有时间，是否方便涉及工作事宜，如"对不起，我想就××问题和您商量，大概需要占用您一点时间，您看现在是否方便？"如对方正忙于事务或工作环境不允许，如在开会等，应另约时间。

（5）和对方通话应简单明了，必要时要做好电话记录，重要内容也要提醒对方记录，记完后再请对方复述核实，以求确认。

（6）打完电话，应说一声"我挂电话了，好吗？"或者说一声"再见"，因为占用了对方的时间，所以在结束通话前也可向对方表示感谢，"占用了您的宝贵时间，对不起！非常感谢您对我们的理解和支持！""谢谢您支持我们的工作！"如果对方是长辈或领导，要等对方先挂断电话，表示礼貌。

小技法

接电话的"5W1H"

打电话前把要说的内容依照"5W1H"排列清楚，接电话时也要按"5W1H"要求记录来电内容。所谓"5W1H"是指：When（何时）、Who（何人）、Where（何地）、What（何事）、Why（为什么）、How（如何处理）。

3. 特殊电话的处理技巧

（1）接听客户的投诉电话，首先要做好电话记录，然后及时向有关领导汇报，尽快把处理的结果报告给投诉人。如遇投诉人情绪激动，秘书一定要保持耐心，心平气和，掌握一定的电话服务技巧。常用的应对语言如"这事由我公司××部负责处理。若您愿意的话，我可以帮您转过去""您不要着急，您反映的问题一定会引起我公司的重视，我会马上向领导汇报，一有结果我会及时与您电话联系"。

（2）接听各种推销的电话，如果对对方推销的东西不感兴趣，不能简单地答复对方："对不起，我们不需要"或者"我们已经有了"。拒绝时要注意说话的语气和分寸，做到"买卖不成仁义在"，如"对不起，我们已经有了，所以不能……不知您意思如何？"

（3）一些部门或客户为求得问题的解决，三番五次打来电话，针对这类电话，秘书不要心烦意乱，甚至发脾气、一味拒绝或训斥对方。秘书在电话应对时应大度有礼、不怒不躁、讲求原则，如"先生，您的情况我们已经知道了，我们在尽力处理，为了事务的解决请您也予以配合，请耐心等候，我们会在处理完毕后第一时间通知您，谢谢！"

（4）秘书有时也会接到一些威胁或恐吓的电话，这些电话大都与经济利益有关系，如企图阻止公司与某企业合作等，秘书遇到这类电话要镇定，应马上做好电话录音工作，掌握证据，以便以后通过司法机关进行处理。

4．接拨电话的注意事项

（1）态度友好，讲究礼仪。俗语说：言为心声。接拨电话不但传递秘书的声音信息，也传达一种情感信息。秘书的声音要求语速适中、音量适度，语言清晰准确，更要在通话中注意声音柔和、语气亲切，多使用礼貌用语，给对方留下美好的印象。

♡ **小技法**

接拨电话与微笑

要微笑着接拨电话，由于面部表情会影响声音的变化，所以即使对方看不见秘书，也能从秘书热情的语调中受到感染，感受到被尊重。

（2）通话简洁，注重效率。工作中电话沟通的时效性很强，秘书必须有很强的时间观念，长话短说，紧扣主题。一般的通话应该尽量控制在3分钟内，这样就能节省时间，大大提高工作效率。

（3）遵守制度，注意保密。电话保密是企业信息保密中的一项重要内容，很多企业都制定了相应的保密制度和措施，秘书在接拨电话时一定要严格遵守，在普通电话中一般不谈及秘密的事项，也不能将电话内容告之与此无关的人，同时秘书在接拨电话时要防止无意泄密。

（4）自我约束，严禁损公利私。电话作为工作必需的有限资源，在工作中发挥着重要作用，当秘书因为个人原因占用这些资源时，必然会影响单位的正常运作。因此，秘书在接打电话时要以身作则，自我约束，在办公室内严禁占用电话处理私人事务或聊天，接听私人电话时应通话简短，打完电话后应立即挂断。

相关链接

视频

「职场新人如何接电话」

常用的电话服务功能

1．热线服务

秘书在工作过程中有一些需要经常拨打的电话，只要把"热线"对象的电话号码予以登记，以后每次通话，只要摘机，就会自动接通预先设定的"热线"对象，省去烦人的拨号程序。登记方法如下：摘机听到拨号音后，按"＊52＊TN#"（TN表示要登记的热线对象的电话号码，＊和#是电话机上的特殊功能键）听筒中传出"嘟、嘟……"短促断续的证实音或语音提示，表示登记已被接受。注销的方法是：摘机听到拨号音后，则按"#52#"。注销后，听筒中应传出证实音或语音提示，否则需重新注销。

"热线"对象可根据需要随时改变。设置了"热线电话"的电话机也同样可以发挥普通电话的功能。方法是摘机后5秒钟内必须拨号。如果5秒钟内不拨号，则自动接通"热线"对象。

2．转移呼叫

接打电话时秘书经常会碰到这样的一些情况：电话占线或无人接听。"转移呼叫"功能可以使人不必为此而发愁。"转移呼叫"就是事先设定一个临时电话号码，所有来电都会自动转到设定的临时电话上（包括移动电话）。这样便可以及时处理各种来电。但要注意的是，使用完毕，必须立刻注销该功能。转移呼叫又可分为无条件转移、遇忙转移和无应答转移3种。

（1）无条件转移。设定此功能后，所有呼入的电话均无条件地被转移到临时设定的电话机上，但本机仍可呼出。设置的方法是：摘机听到拨号音后，按"＊57＊TN#"（"TN"表示设定的临时电话号码）。注销的方法是：用原登记此功能的电话，摘机听到特殊拨号音后，按"#57#"。

（2）遇忙转移。设定此功能后，呼入的电话遇到忙音，在不影响正在进行通话的同时，很快被转移到临时设定的电话机上。设置的方法是：摘机听到拨号音后，按"＊40＊TN#"。注销的方法是：摘机听到拨号音后，按"#40#"。

（3）无应答转移。设定此项功能后，呼入的电话如无人接听，在铃响一定时间后会自动转移到临时设定的电话机上。设置的方法是：摘机听到拨号音后，按"＊41＊TN#"。注销的方法是：摘机听到拨号音后，按"#41#"。

3. 遇忙回叫

面对"忙"得不可开交的电话，对方又没有"呼叫等待"功能的服务，有时为了拨通一个重要或紧急的电话，秘书不得不暂时放下手中的工作，坐在电话机前反复拨号，这严重影响了工作效率。"遇忙回叫"功能则可以为秘书消除这种烦恼。只要设置好，即使对方占线，你也可以放心地去做其他事情。对方线路一有空，电话便会自动接通并振铃通知你。设置的方法如下：拨号后若听到对方电话忙音，不挂机，按"R"键或拍一下叉簧，听到特殊拨号音后，再按"＊59#"。听到证实音后，挂机等候。注销的方法是：摘机听到拨号音后，按"#59#"。

此功能服务时间为20分钟，超过这一时间限制后此项服务将自动注销。

4. 免打扰服务

有时，有些工作的进行希望不受到任何影响，包括来自电话的影响。这时，"免打扰服务"功能就可以使人免受电话的打扰。在启用这项功能期间，电话机不受理任何呼入，但可照常呼出。使用完毕及时取消登记后，电话机恢复正常状态。设置的方法是：摘机听到拨号音后，按"＊56#"。注销的方法是：摘机听到拨号音后，按"#56#"。

5. 缩位拨号

秘书可将常用的20个电话号码登记在电话机的相关键位代码上，在进行业务联系时只须直接拨打相应的代码来联系对方，以减少拨号时间。登记办法是：拨打"＊51＊AN＊TN#"（"AN"为用户自编的缩位代码，登记10个缩位号码取0～9中的一位数代码，登记20个则取00～19的两位数代码）。登记成功后，如果需要拨打对方的电话，摘机听到与证实音相似的断续音后，只须按"＊＊AN"即可。注销的办法是：摘机听到拨号音后，按"#51＊AN#"。

上述电话服务功能的设置方法，一般情况下都是在双音频电话机上进行的。

实践训练

1. 课堂讨论

【情景1】秘书小王有一次接到客户的电话，铃声响了6声后才接，电话中对方称自己有急事，埋怨秘书迟迟没接电话，情绪很大，小王反驳说："我这不正忙着吗？大家都有急事，相互体谅点嘛！"你认为小王做得对吗？

【情景 2】秘书小盛接到一个电话，对方称有事要和张总谈谈，小盛立即说，"请稍等"，将电话搁置在桌子上，来到张总办公室，发现张总正在打电话。小盛在一旁等了 3 分钟，等张总打完电话，小盛告之他有电话，张总来到秘书办公室，拿起电话，发现电话里没声，对方已挂机了。小盛哪些地方做得不妥？如果你是小盛，你该如何做？

【情景 3】秘书小林正在接听一个电话，突然办公桌上另一部电话响了，小林立即挂掉手中的电话，去接另一个电话。小林做得对吗？如果你是小林，你将如何处理？

【情景 4】秘书小孔有一次上午 9 点钟给新疆的一位客户打电话，结果对方称正在吃早餐，要求等会儿再让小孔打过去，小孔便挂了机。你知道孔秘书有什么地方做得不妥吗？

2. 案例分析

"你好，惠普公司。"

"请找戴先生听电话。"

"戴先生不在。"

"你看我什么时候能找到他？"

"你 10 点以后打电话来吧。"

"好，谢谢。"

"不客气。"

"你好，惠普公司，请讲。"

"请找戴先生听电话。"

"对不起，是哪位戴先生？"

"戴季礼先生。"

"很抱歉，戴先生现在不在。"

"你看我什么时候能找到他？"

"戴先生 10 点钟回来，等他回来打电话给你？还是由我帮你转告什么？"

"谢谢，我 10 点以后再打电话。"

"对不起，我该怎么向戴先生讲起你？是否方便留下你的电话号码？"

"我姓王，是山海公司的。我的电话是……"

"噢，王先生，麻烦你 10 点后再来电话，或者戴先生回来也会给你电话的，再见。"

分析与讨论：

试比较上述两个电话接待的不同之处，分析其优劣。

3. 实务训练

请模拟秘书接打电话的情景，所接打的电话内容如下。

① 葛强是宏利公司的秘书，一次接到省外贸进出口公司业务处处长董华的电话，董处长预约宏利公司王总周四在银座大酒店聚餐，商议××产品出口欧洲的有关事宜。请演示秘书的应对过程。

② 郑总正在会见一位客人，有一位自称是郑总朋友的人要郑总接电话。请演示秘书的

处理方式。

③ 宏利公司的王总需要了解销售部今年三季度的销售业绩，秘书葛强拨打销售部经理的电话收集相关信息。请演示葛强拨打电话的过程。

④ 经理正好外出商务谈判，有一位客户打电话来要求经理接电话。请演示秘书的应对过程。

⑤ 秘书小赵接到一个投诉电话，对方所购产品出了一些问题，因此火气很大："喂，叫你们老板来听电话，你们这些混蛋到底会不会做生意！"请演示秘书小赵是如何应对的。

实训说明：

（1）本部分实训可在课堂上和理论课交叉进行，也可在授课后集中实训。

（2）实训时，要模拟办公室情景，学生扮演秘书角色。

（3）可分5个小组，每小组两人，由抽签决定演示哪一个情景，每个学生都要轮换演示接或打电话的角色。

（4）最好有用于模拟的电话机，情景要逼真，演示时要真正从角色的角度考虑，角色的措辞既要认真斟酌，合乎规范，又要让学生在电话内容上有所发挥、有所创新。

（5）每组演示的时间应有所限制。

4. 课后拓展

组织学生利用课余时间轮流到学校各系部、处室办公室顶岗实习，见习期间做好办公室电话的接打工作，认真填写电话记录单，实习完毕连同办公室实习指导老师的评语鉴定一起上交任课老师，作为期末考核的依据。

第3单元 办公室的邮件处理工作

情景案例

周三一上班，宏达商业贸易公司办公室行政助理孙梅就发现今天工作很繁重。她迅速地开始工作，搞得手忙脚乱，临近下班时间，仍有部分工作没有完成。导致她今天工作忙乱的主要原因是今天有很多邮件收发处理工作。

1. 处理发给总经理的函件，封面上有"急件"字样。

2. 复印一份将给某客户的答复信以备存，原件邮寄给对方。

3. 处理寄给人事部刘部长的包裹。

4. 处理市商业局发来的一份政策性文件，上面有总经理的批办意见，"交各部门负责人传阅"。

5. 正在外地参加某商品交易会的副总打来电话，要求孙梅立即寄送本公司的一个商品的样本过去。

6. 处理一批收到的商业信函、若干封私人信件、报刊、小册子等印刷材料。

7. 3个客户的邮件需要在4小时内回复，江苏分公司催要广告宣传单等文字材料。

项目任务

如果你是宏达商业贸易公司办公室行政助理孙梅，你将如何处理今天邮件的收发工作而不至于影响其他工作？

任务分析

宏达商业贸易公司办公室行政助理孙梅在周三这天上班时工作很忙乱，临近下班时间也没有完成这一天的工作任务，主要是她没有按照正常的程序和规范的要求，正确、及时地处理当天的邮件收发工作，以致影响了其他的工作。对于办公室里那一大堆需要处理的邮件，她应该如何来做呢？

首先，要区别收发件的轻重缓急。应该重点处理有时间要求的函件，如寄给总经理的急件、公司副总催要的商品样本、客户需要及时回复的电子邮件及江苏分公司催要的材料。在这些收发件中又要根据函件的重要程度做出优先与否的不同处理。

其次，要注意公私函件的不同处理。收到的公函，如果没有时间上的要求，可按正常的程序和规范来处理，该登记的要登记，送达的部门和人员要确定，如有传阅要求，按传阅的程序来办；寄发的公函，一定要选择合适的寄发方式；对于私人函件，最好在公司的合适位置设置一个取信处，由员工自行查阅收取，以免自己一一送达耽误工作，但重要的函件，如寄给刘部长的包裹，有时很难区分其公私性质，最好亲自送交本人。

最后，寄发函件要讲求效率。能够集中在同一时间里统一寄发的邮件，最好集中起来一起寄发，否则多次往返邮局或联系快递会浪费时间影响自己的工作。特别要了解物流寄送方面的规定和要求，注意避免寄发时因不符合要求而不得不重新处理的情况发生。

相关知识

邮件处理工作是秘书的经常性工作。办公室的邮件主要包括两大类：一类是通过邮政系统传递的邮件，如各类纸质信函、包裹、报纸、杂志等；另一类是电子邮件，如传真、电传、E-mail 等。秘书能否做好邮件处理工作将会影响工作的进程，因此，秘书需要掌握一定的程序和方法。

1. 邮件的接收

办公室接收邮件后处理的基本程序是邮件分类、邮件拆封、邮件登记和邮件呈送 4 个环节。

（1）邮件分类。对邮件可做如下分类：

- 将私人邮件与公务邮件分开；
- 将重要或紧急邮件和普通邮件分开；
- 把优先考虑的邮件放在一起。

（2）邮件拆封。

① 拆封的步骤如下所述：

● 开拆前，要在邮件底部轻敲几下，使邮件内的物件落到下部，以防在拆剪时受损；

● 用开封刀或电动邮件启封机沿邮件上端开启，不能用手撕；

● 开拆后，信封应跟信纸、附件等用订书机或大头针、回形针订在一起，以备查阅；

● 取出邮件后再次检查信封内部，以免遗漏；

● 核对邮件上标明的附件，如有缺失，应在邮件上标明。

② 拆封邮件要注意如下情况：

● 保证邮件上信息的完整，不要剪坏邮票、邮戳和信封上的文字；

● 邮件上标有"亲启""保密"等字样不能开拆，除非秘书得到授权；

● 如有误拆，应立即封口，或在信封外另加一个信封，在信封上注明"误拆"字样，签上自己的姓名，尽快送交收函者。

（3）邮件登记。登记是邮件处理中的重要环节之一。建立登记簿的目的有两个：一是方便秘书对重要邮件的去向、来函办理情况等的掌握和跟踪；二是保证重要邮件的安全归档。登记过程中需要注意的事项有如下几个方面：

● 公文、公函、包裹、杂志等都需要登记，以便管理，私人信件、普通广告、推销信、征订单可不登记；

● 登记时应注明基本信息，如收件时间、邮件名称、收件人或部门等。

邮件登记表可根据实际情况自行设计，如表 2.3 所示。

表 2.3　邮件登记表

年　月　日

序号	收件时间	来件单位	邮件标题或内容摘要	密级	收件人	签收人	备注

（4）邮件呈送。向领导呈交邮件时应注意以下几点：

● 呈送时，将重要的邮件放置在上面，一般处理要求的邮件放在下面；

● 可在一些信函上做些旁注或在重要的词句下画线，以便引起领导的注意和重视；

● 需要由其他部门答复的信件，应先请示领导，不能擅自将其交给具体的承办人。

小技法

呈送邮件的诀窍

可用不同颜色的文件夹放置不同处理要求的邮件，如用红色文件夹放置优先考虑的信函、用黄色文件夹放置例行性备忘录、用蓝色文件夹放置特殊信函、用绿色文件夹放置私人事务信函等。

呈送前可以用带颜色的笔在信件上标出重要的词句，最好使用黄色的笔，这样复印时就不会留有痕迹。如果有些办公室不允许在信上写字或做记号，可在信上贴一张能够移动的粘贴条。

有些邮件需要送交多个部门或人员阅知或办理，为了有效地控制传阅过程，可以设计一个传阅顺序单，如表 2.4 所示。

表 2.4　传阅顺序单

顺序	传阅人	签名	简单意见	年　月　日 日期
1				
2				
3				
4				
5				
6				

请签上姓名、日期后连同传阅顺序单直接传给下一个人，最后请交还给秘书××。

2．邮件的寄发

寄发邮件时必须经过邮件签发、查核邮件、邮件的封装和登记、选择寄发方式 4 个环节。

（1）邮件签发。除紧急信件外，秘书应把需要领导过目签字的邮件集中在一起，请领导签字后才能寄发。

（2）查核邮件。查核附件是否准确和齐全；查核信封、信皮的格式、姓名、地址、邮编是否正确。

（3）邮件的封装和登记。

● 为方便收件人拆阅，折叠信纸时宜将信纸的上下或左右纸边留出大约 0.5 厘米的距离；

● 若有附件，附件应与信件正文分开，把附件叠好放在正文的最后一叠中，这样收件人取信时，附件也会一同取出；

● 给邮票和封口涂抹胶水时，要同时使用吸湿器，吸湿器能吸干过量的水分，以免弄脏信封。目前，邮寄多为快递方式，极少使用邮票，快递纸袋往往自带不干胶，已无须再用胶水粘封。

秘书还应对发出的重要邮件予以登记，以便工作的落实与跟踪。

（4）选择寄发方式。不同类型的邮件往往意味着不同的寄发要求，秘书应该根据信件内容的重要性及时效性选择妥当的传递方式。

可供选择的寄发方式有平信（本市、国内、国外）、明信片、印刷品、挂号信、包裹、普通快递、特快专递等。

3．处理邮件的注意事项

（1）要熟悉本公司报刊、邮件、函电收发制度。

（2）要了解各种邮政业务，如信函业务、邮政包裹业务、特快专递业务等，特别是要熟悉一些物流公司快递寄送方面的小常识，如如何填写业务单式，如何封装包裹，如何查询、更改、撤回邮件等。

（3）领导外出不在公司，秘书仍应按规范程序和要求处理各种邮件，但一定要和领导保持联系和沟通，重要邮件要及时请示汇报，处理过的各种来信应保留至领导返回后，请他逐一阅读处理。

相关链接

邮政业务必知

1. 信函交寄的范围有哪些

信函适用于交寄书面通信、各种公文、合同、各类事务性通知、各类单据、票据、证件、有价证券、各类稿件、报表等文字载体。符合信函规定的重量、尺寸限度和封装规格的印刷品、盲人读物，寄件人愿意按信函资费标准交付邮费，也可作信函交寄。

2. 如何交寄印刷品

交寄印刷品时，内部不可夹带信函、现金及其他物品，邮寄时交邮局工作人员验视内件后再进行封装、交寄，不要投入邮筒或信箱，投入邮筒或信箱的按信函处理。采用挂号邮寄方式时，除按重量交付邮费外，还要交付挂号费，邮局收寄后给出收据，妥善保存备查。

3. 什么是保价邮件和非保价邮件

保价邮件是用户按照规定办理保价手续并交纳保价费的给据邮件。保价邮件每件最高的保价限额为十万元，保价费按保价额的1%计算收取，每件最低收取保价费1元。邮件发生丢失、损毁时，邮局按照保价额赔偿；非保价给据邮件按照国家规定的限额赔偿。

4. 如何封装包裹

用户交寄包裹时，应按照所寄物品的性质、大小、轻重、寄递路程远近和运输情况，选用适当包装材料妥为包装。

（1）脆弱易碎物品，内件与箱板之间要留出2cm的空间，用柔软物料充分填塞。箱内物品不止一件时，还要分别用瓦楞纸、海绵等物包扎，防止运输途中碰撞损坏。

对于流质及易融化物品，要将其先装入完全密封的容器内，再装入箱内，按上述方法填充箱内；对油腻、腥味、容易受潮的物品及有色的干粉末，应使用不透油的包皮套封后再装入箱内运递。

（2）对柔软、干燥、耐压、不怕碰撞的物品，可以用布、箱包装。

（3）贵重物品，例如，手表、相机、金银物品、珠宝等要装入坚固耐压的纸质或金属箱匣或木箱内，箱内空隙的地方用柔软物料妥为填塞，箱外再用坚韧的纸或布包装。

用户交寄包裹时，邮局工作人员要验视内件，请交寄前准备好包装材料，待工作人员验视后再行包装。

实践训练

1. 课堂讨论

（1）拆封邮件要注意什么？

（2）向领导呈送邮件时要注意什么？

（3）邮件的寄发方式有哪些？

2．案例分析

星期二，刚过九点，前台就给公司秘书林璇送来一堆邮件（包括一个包裹）。林璇把它们放在一边，便开始忙昨天没完成的工作，直到临近中午，才腾出时间处理这些邮件。她把它们按公务邮件和私人邮件分开，把公务邮件一并放入文件夹中，送进经理办公室。然后，她把私人邮件按部门逐个递送，包裹收件人恰巧不在办公室，林璇把包裹放在收件人办公桌上，给同室的人打了个招呼，就走了。

分析与讨论：

林璇的邮件处理工作有什么问题？请给出规范的操作方法。

3．实务训练

【情景1】按照正常的程序和规范，完成"项目任务"中行政助理孙梅的邮件收发工作。

实训说明：

（1）本部分实训在授课后集中进行。

（2）实训时，全班可先分为若干个实训小组，每组2人，互相讨论。

（3）在充分酝酿、讨论的基础上，各组向教师提交这批邮件收发的处理方案。

（4）教师从中挑选较为典型的若干方案在课堂讨论。

（5）师生共同评议，找出邮件处理方案中的规范操作和不足之处。

（6）教师总结。

【情景2】在李秘书的办公室，快递员送来一批邮件。李秘书对这些邮件予以分类、拆封、登记，并把经整理的公务函件呈送给肖总经理。肖总对其中一封急件做了处理：他向李秘书口述了回函的概要，并要求李秘书整理出来后，以最快速度发出。

实训说明：

（1）本部分实训在学校实训室进行。

（2）实训时，全班可先分为若干个实训小组，每组2人，分别扮演肖总经理和李秘书。

（3）首先在模拟的李秘书办公室中演示收到邮件后对邮件分类、拆封、登记和呈送的全过程。然后，在模拟的肖总办公室中演示回函的口述、整理和发送的全过程。

（4）其他学生对演示过程及结果进行评议。

（5）实训材料的准备：信封、文件夹、开封刀、回形针、胶水等。

4．课后拓展

给自己的父母或其他亲属、朋友写一封信，汇报自己在学校的学习和生活，到邮局发出。

第4单元　办公室的时间管理

情景案例

周四下班前一小时，宏达商业集团公司总经理罗世雄把助理李路明叫进办公室，对他说明了自己下周（3月7日至3月11日）的工作内容，吩咐李助理做好一份计划表，务必明天下午3点前交由自己审阅。李助理一边听一边认真做着记录，最后，罗总要求李助理在拟订计划时多与相关部门沟通协调。李助理所做的罗总下周的工作内容记录如下。

1. 公司部门经理例行的碰头会。
2. 出席营销部的季度工作动员会。
3. 迎接周三上午市工商局、环保局的检查。
4. 组织各部门负责人学习新的《企业法》。
5. 安排与新世纪公司黄总进行商务谈判。
6. 参加公司女员工的"三·八"节纪念活动（庆祝晚宴）。
7. 去两个不同省份的分公司进行基层调查，参加其中某分公司举行的客户联谊会。
8. 主持召开上一年度集团公司工作总结大会。

项目任务

如果你是宏达商业集团公司的总经理助理李路明，你将如何拟制这份工作时间表，做好办公室时间的管理工作？

任务分析

为领导安排工作日程是要花费秘书很大一部分精力的，它不是把领导的诸多工作仅仅做个简单的排列，或者想当然地自作主张地安排，它需要秘书动脑筋、想办法，这就需要有很强的沟通能力、协调能力和制作表格的工作技能。从上述情景案例中不难看出，罗总一周的工作内容是繁杂的：既有单位内部必须出席的各类会议，也有与客户的商务谈判、迎接政府相关部门的工作检查，还有奔波在外的工作差旅等。作为总经理助理应该如何为领导拟定一份科学可行的一周工作日程安排呢？

首先要明确目标。一个单位在某个时间段（年、月、周、日）都会有明确的工作目标，工作目标明确工作效率才会高，工作成果才会大，否则就会浪费宝贵的时间。罗总在这一周工作中也会有一个具体的工作目标，李助理应该围绕这个工作目标合理分配时间，注意工作的轻重缓急。

其次要做好协调。罗总在本周的工作安排会牵涉到公司的相关部门，为使各部门的工作不发生"撞车"现象，李助理应提前与相关部门沟通，做好协调工作。

再次是弹性安排。李助理必须考虑到在本周可能发生的特殊情况和偶然因素，因此在安排时间时要有弹性，要给罗总一定的机动时间以处理和应付突发事件。在时间上留有充分的余地也有利于罗总的身体健康，充分做到劳逸结合。

最后要充分利用时间。要把时间看成一个多层次、整体化、综合化的开放系统，利用一切可以利用的时间以延长上司可利用的工作时间。只有这样，李助理才能在一周的工作时间内科学合理地安排好罗总所有的工作内容。

每个人都有不同的生物钟，脑力活动有不同的最佳工作时间，李助理还要根据人的生物钟规律安排好工作时间以实现最佳的工作效率。

相关知识

　　办公室的时间管理是指秘书对自己和领导的时间进行有效的计划和控制，从而在有限的时间内提高工作效益。对秘书而言，科学地规划时间是办公室管理能力的重要体现，作为好的时间管理者，不仅可以使自己的工作忙而不乱，而且可以保证领导的工作有计划、有效率，为领导节省大量的时间与精力。

　　秘书进行时间管理的方法有很多，如利用墙上计划板、"在不在"布告板、效率手册、时间表、智能手机等。其中，编制时间表是管理时间的一种重要而有效的手段。

小技法

每日行事　　事先计划

　　为需要解决的每个问题预先准备解决之道，提前对要做的事情和工作制订详细计划，其结果一定会令人满意，甚至比预想的还要好。每个人都是一天24小时，在工作日程表中要列一张工作清单，按照重要程度用数字排出次序。然后，按顺序把一天的工作做完，就能收到很好的效果。所以，提前制订计划对合理利用时间极其重要。

1．工作时间表的概念和类型

　　（1）时间表的概念。它是将某一时间段中已经明确的工作任务清晰地记载和标明的表格，是提醒使用人和相关人按照时间表的进程行动，从而保证完成任务的有效方法。

　　富有经验并已熟悉业务的秘书往往由领导授权安排领导未来的工作时间，同时合理地规划自己的时间也能使自己的工作与领导的工作保持同步。因此，秘书应掌握这种科学的时间管理方法。

　　（2）时间表的类型。从时间安排上可以分为：年度工作时间表、月工作时间表、周工作时间表、工作日志。另有会议时间表、旅行时间表、约见时间表等专用的工作时间表。

2．工作时间表的编制步骤

　　（1）根据工作需要确定编制时间的周期。
　　（2）将该阶段所有的工作、活动或任务收集汇总。
　　（3）如果活动安排有矛盾，主动与相关部门或人员沟通协调，及时调整。
　　（4）按照时间顺序将任务排列清晰。
　　（5）绘制表格，标明日期、时间和适合的项目。
　　（6）用简明的文字将信息填入工作表格。
　　（7）将工作表交由领导审定。

3．不同时间表的编制方法

　　（1）年度工作时间表。年度工作时间表是企业在新的一年里重要活动的时间安排计划，如一年中企业的例行会议、重要的经营活动、已确定的商务出访等。它给领导和各部门负责人提供一年中主要工作安排的一览表，以明确有哪些工作与自己或本部门有关，以便提前做好准备。

秘书可以参照上一年的时间表和新一年工作部署来编制该表，注意收集新一年工作部署中计划安排的主要活动，根据领导的意见确定一个适当的时间制成表格即可。年度工作安排要求内容简明概括、一目了然，如表2.5所示。

表2.5　宏达公司20××年工作安排

月份	日期及工作内容	备注
1月	15日召开职工代表大会 25日召开董事会	
2月	2日召开科技人员座谈会	
3月	10日召开股东大会 15—16日召开新产品订货会 24—28日赴上海参加某博览会	
4月	4日举办职工技能大赛	
…	…	
12月	20日召开年终总结大会	

（2）月工作时间表。月工作时间表是指领导在一个月内重要工作、活动的时间安排计划，如每月一两次的工作例会，预先通知的上级检查、商务洽谈、工作旅行等。月工作时间表的内容比年度工作时间表要详细。

秘书可利用单位专项工作会议收集月工作时间表的相关信息并制成表格，如主管领导召开会议，请其他领导提出下月计划，结合集体议定的事项，由秘书制表，经主要领导审定下发实施。秘书也可在月底请各位领导将下月的安排或活动口头或书面交给自己综合整理，有矛盾冲突的加以沟通调整，然后将编制的时间表交主要领导审定，审定后下发实施，如表2.6所示。

表2.6　宏达公司4月份工作安排

日期	星期	工作内容	备注
1	二	某产品促销活动工作筹备会议在5楼会议厅	
2	三	肖总赴美国某公司考察	
3	四	人力资源部工作会议在3楼会议厅	
4	五	下午李副总约见星月商城罗副总商务洽谈晚宴在福林大厦	
…		…	
27	四	迎接市质量监督局工作小组检查由秦主任负责	
28	五	公司拔河比赛由行政办负责组织	

（3）周工作时间表。周工作时间表是指领导一周内经常性工作和业务等活动的时间安排计划，它是在月工作时间表的基础上制订的。其内容更加详细具体，时间要求更加精确，地点也要准确注明。

周工作时间表既是领导一周内具体工作安排的基本依据，也是办公室提供相关服务的依据。表中内容常在周五下班前或周一上午由主要领导提供相关信息或开会碰头协商活动安排，由秘书统一协调后制成表格，经领导审阅确认后印发给相关人员，如表2.7所示。

表 2.7　总经理一周工作安排

星期 时间	星期一	星期二	星期三	星期四	星期五
上午	9：00 工作例会，小会议室； 11：00 科达公司刘部长来访	出差广州，9：30 南航某次航班，刘助理随行	…	…	…
下午	3：30 与天玺公司签约，楚维宾馆八楼会议厅	…	…	…	…
晚上	…	…	…	…	…

（4）工作日志。工作日志是指根据周工作时间表编制的一天内公司领导和自己活动的具体工作安排，这种时间表的内容应尽可能详细具体，有很大的可操作性，有利于处理一些经常性的日常事务。

工作日志通常要准备两本，一本为领导使用，另一本为自己使用。应在前一天下班前制定好，秘书可根据周工作时间表提前了解领导第二天的工作和活动的信息，在两份工作日志上填好，送领导本人审定，看是否需要再次调整和补充。一经领导确定，即可印发给相关人员和部门。

领导工作日志和秘书工作日志可单独编制，也可结合在一起，两者要注意互相协调配合，如领导与秘书都要去参加的活动要记录在相同的时间内，秘书单独的活动，只有安排在领导的空余时间，或者单独活动的时间，当领导工作日志内容发生变化时，秘书应更改自己的工作日志，并做好变更的善后工作。工作日志表如表 2.8 所示。

表 2.8　工作日志表

秘书工作日志 / 经理工作日志

时间	内容	地点	时间	内容	地点
9：10	部门主管会议	5 楼会议厅	9：10	部门主管会议	5 楼会议厅
10：00	布置面试房间，准备面试评估表	员工培训中心 205 室			
10：50	安排应聘人刘伟、张英丽面试各 25 分钟	员工培训中心 205 室	10：50	面试刘伟、张英丽	员工培训中心 205 室
12：00	新岛俱乐部午餐	天马酒店	12：00	新岛俱乐部午餐	天马酒店
14：00	兑换支票	中信银行			
14：30	约见人事部长卢林	办公室	14：30	约见人事部长卢林	办公室
16：20	与鸿景公司王经理商务洽谈	办公室	16：20	与鸿景公司王经理商务洽谈	办公室
18：00	商务宴会	天马酒店	18：00	商务宴会	天马酒店

（9 月，20××年，15 日星期三第 25 周）

❤ 小技法

小本随身的妙处

人的精力是有限的，有时又受到外界的干扰，想把什么事情都记住，单凭记忆是不行的，需要借助工具。在诸多工具中，最原始、最可靠、最基本的工具就是小本子。它可以和工作时间表一起配合使用。办公室秘书上岗第一件事就是准备个小本子，大小以能装在口袋里随身携带为宜。把工作事情记下来后，经常翻一翻，急事马上办，一般的事列入计划办。记载的方法不必太正规，字迹自己能看得懂就行，文字上也不必仔细推敲，一事一记，办完一件可画掉一件。这样，工作之事就不易忘记了。

4．编制工作时间表的注意事项

（1）办公室的时间管理要从企业的全局出发统一筹划，又要兼顾领导的实际情况。秘书要做好时间的协调工作，保证领导各项工作互不冲突、有条不紊。

（2）分清工作的轻重缓急，判断工作的先后次序，弄清哪些是必须做的、哪些是可以不做的，以便领导集中精力，提高工作效率。

（3）安排领导的时间要留有余地，不要安排得过于紧密，这样做一方面能使领导劳逸结合，另一方面留出一定的机动时间便于遇到临时变更时能对原定的时间表进行调整。最好在每项工作原定的时间后，再加上 10～15 分钟的机动时间。

（4）领导的时间表上有许多内容涉及机密，因此，秘书要注意保密，控制领导时间表的发放对象和范围。

（5）在安排领导的时间表时，要充分尊重领导本人的意见，无论是一般的工作还是重要的工作，都要事先得到领导的同意。

相关链接

ABC 时间管理分类法

美国企业管理专家艾伦·莱金对节约时间很有研究。他认为，一位管理者每天面临的事情很多，不可能件件都能完成。他把时间分成 ABC 三类：A 类的事情最重要；B 类的事情次之；C 类的事情可以放一放。必要时 C 类也可转为 B 类，B 类也可转为 A 类，但这只是特殊情况下的必要，一般不变。莱金把这种分类叫作"有计划的拖延"。

ABC 时间管理的基本原理就是管理者在做任何事情时首先要分清主次，把主要时间花在最重要的事情上；要善于用灵活的方式处理好次要事情；要有勇气并机智地拒绝做不必要的事情。如上级领导要来公司现场办公，本公司领导将出席办公会议，秘书当日也要参加这个会议，并于会后写出会议纪要，而此时却接到某个基层单位的通知，邀请公司领导去参加他们举办的迎春茶话会，这时就应巧妙地谢绝或委托有关部门代替参加。ABC 时间管理表如表 2.9 所示。

表 2.9　ABC 时间管理表

分类	A 类	B 类	C 类
比例	占工作总量的 20%～30%，每天 1～3 件	占工作总量的 30%～40%，每天 5 件内	占工作总量的 40%～50%
特征	1．最重要：具有本质上的重要性 2．最迫切：具有时间上的迫切性 3．有后果	1．重要 2．一般 3．无大后果	1．无关紧要 2．不迫切 3．影响小或无后果

续表

分类	A类	B类	C类
管理要点	重点管理 1. 必须做好 2. 现在必须做好 3. 亲自去做好	一般管理，可以自己去做，也可授权别人办理	附带管理，有时间可责成别人去完成，无时间可以不做
时间分配	占总工作时间的60%~70%	占总工作时间的20%~30%	占总工作时间的10%

实践训练

「办公室生存之学会时间管理」

1. 课堂讨论

（1）比较不同类型的时间计划表，分析它们在编制方法上的不同之处。

（2）工作时间表的编制步骤是什么？

（3）工作日志为什么要准备两本？

（4）编制工作时间表的注意事项是什么？

2. 案例分析

【案例1】

被炒鱿鱼的女秘书

年轻漂亮的小汤是某公司部门经理的秘书。从表面上看，大家都觉得她是一个十分勤奋的人，办事也十分卖力，总是风风火火。但一旦接近她的办公桌，人们总会看到满目狼藉、手忙脚乱的景象。她总是忘记把重要的文件放在什么地方，一找起来至少要花上半个小时。客户刚刚传过来的材料，一转眼就没有踪影了；明明可以让对方再传一份过来，她却偏偏要花几小时亲自去取。翻译国外来的文件时，她经常发现工具书忘了带在身边，以至于不得不回家去加班，第二天上班就开始打起瞌睡……

这个勤快但不懂得合理利用自己时间的女秘书，最终被炒了鱿鱼。

分析与讨论：

结合小汤被炒鱿鱼一例，简要谈谈办公室时间管理的重要性。

【案例2】

王晓的半个工作日

时间管理是渗透于企业日常运作中的。一个健康而有效率的企业，一定是在每个看似简单的细节上都做得非常好的企业。办公室秘书王晓早上7:30来到办公室，打扫卫生，整理办公室，准备上班。8:20办公室主任电话指示："小王，请你把上周述职工作总结写一下，10:30必须做完。"小王表示同意。9:10人力资源李总监说："小王，请你帮我搬一下演讲会所需要的椅子。"小王非常有礼貌地说："对不起，我得先请示一下王主任。"11:00总经理打电话给王晓："小王，后天上午10:00以后，我有没有1小时的空闲时间？我要约见一位重要客商。"王晓查了查时间计划表后，对总经理说："星期四（总经理所说的后天，这是经理的习惯，他平常不喜欢用星期几的说法，王晓对经理的习惯早就摸准了，能迅速反应出经理所问的是星期几）上午9:00—10:00要召开业务汇报会，您之后没有其他安排。但是，会议在10：00能否准时结束呢？"电话中总经理沉吟片刻，便决定约请客人于星期四10：30来公司会谈。

分析与讨论：

在这半个工作日中，秘书王晓是如何进行办公室时间管理的？

3．实务训练

【情景1】按照办公室时间管理的要求，完成"项目任务"中工作时间表的编制。

实训说明：

（1）本部分实训在授课后集中进行。

（2）实训时，全班可先分为若干个实训小组，每组4人，互相讨论。

（3）在充分酝酿、讨论的基础上，通过抽签方式，请各组1～2名学生代表上台在黑板上完成宏达商业集团公司罗总经理的工作时间表的编制任务。

（4）每个小组完成项目任务后须由小组代表向全班学生简要说明时间表的编制依据。

（5）教师组织学生共同评议，找出各组在编制上合乎规范或不足之处。

（6）教师总结。

【情景2】龚书南先生是某公司的CEO。请把20××年5月5日的活动安排有关内容分别填写在龚书南先生和他秘书的工作日志上。

上午10：30在办公室与副总裁一起听市场部经理汇报"金融街"市场推介情况；安排时间去银行取现金；12：30龚总与证券部员工吃饭，了解新员工适应新工作的情况；为《金融时报》的记者安排下午3：00见龚总；在该天某一适当时间，秘书必须空出半个小时的时间以便安排龚总与自己商谈下一次营销工作会议的日程安排，但不能占用上午9：00—10：00的时间，因为龚总想在这段时间里处理他的信件及在网上浏览国内外重大经济新闻；龚总和夫人晚上7：30出发去正清大酒店出席晚上8：00的俱乐部聚餐会；秘书本人在晚上7：00要参加社交俱乐部举行的一个会议。

4．课后拓展

针对自己未来一段时期的学习计划，编制个人下月、下周或每日的学习时间安排表。

第5单元　办公室的印信管理

情景案例

【案例1】李强是宏达商城总经理助理，管着公司大大小小十几个公章，平时就堆放在办公室的抽屉里，因为这个企业的注册公司有N家，有的是业务需要形式上注册的，有的是性质不一样的。一个公司又分业务专用章、合同专用章等，于是管理这堆公章也成了李强的工作之一。最开始的时候，李强对管公章这样的事情不怎么上心，觉得无所谓，但后来出了几次差错，让李强小心起来。

那次是宏达商城收购某家企业，谈了很久了，后来进入实质性谈判阶段。某天，负责项目谈判的经理跑来找李强盖章，那是一份"补充协议"，李强每天接触的盖章文件实在太多了，也没有怎么在意，虽然这份文件上没有我方代表人签字，但是经理解释说不用签字，李强犹豫了片刻，还是盖上去了。过了几天，他和公司的律师一起过来，拿着上次盖章的文件，说要交给老总签字，李强觉得奇怪，明明事先说好不用签字的，怎么又变了。但李强还是把已经加盖公章的文件送给老总。老总看了文件后把经理叫去问了情况，然后老总说，这个我不签，你们自行解决……事情到这里，李强还没有警觉，任他们把文件带走，也没有要回那份文件。直到后来，李强才明白事情的来龙去脉，也才知道自己糊里糊涂做了什么。很简单的真相：宏达商城和他们收购的企业进行谈判，对方见索高价已经不可能，就附加一些比较苛刻的收购条款（为此宏达商城要多付款上百万元）。项目经理求胜心切，主张同意。文件盖了章就有法律效力，但财务部门不同意付款，认为这次收购不合理，于是才有要老总补签一事……商城后来做了相应的处罚，李强挨了个不小的处分，损失了一个月的工资。

祸不单行，这事没多久，有一天，宏达商城另一个部门，要给大量的文件盖章，就把商城公章借走了，李强忙着有事外出，也没催他们还。就这样过了好几天，老板拿着文件来找李强盖章，李强手忙脚乱地找了半天，后来才想起来被借走了，搞得老板好几天没给李强好脸色。

后来又有一次，办公室被盗，办公桌的锁被打开了。值得庆幸的是，只丢了几百元的现金，公章一个没少。但李强还是惊出了一身冷汗，想想就后怕。

【案例2】汪华是宏达科庆实业公司经理秘书，某日他一位高中同学林某找到他，告诉汪华说自己有一笔好买卖。但他是个人身份，不如公司签合同方便，想借用宏达科庆实业公司的名义，让汪华给他出具一份宏达科庆实业公司的业务介绍信，等合同签完后就还给宏达科庆实业公司，并给汪华数目可观的报酬。汪华应允后，林某利用从宏达科庆实业公司借用的业务介绍信，以宏达科庆实业公司业务经理的身份与东信公司签订了一份钢材购销合同，骗取了东信公司价值100万元的钢材。林某将钢材卖掉后，携款潜逃。这一事件给宏达科庆实业公司造成了信誉和财产上的损失。

✒️ 项目任务

1. 如果你是宏达商城的总经理助理李强，你将在办公室印章的保管、使用等管理工作上做哪些改进？

2. 汪华在办公室介绍信的管理工作中要吸取什么样的教训？

📖 任务分析

「交印」

经过了这几件事后，宏达商城的总经理助理李强在办公室印章的保管、使用等管理工作上应该要吸取教训，做一些改进，如单位的公章应该放置在保险柜中，这样比放在办公桌的抽屉里相对来说要安全些；对于商城的合同章，李强应坚守一个原则：必须有财务和法律顾问的亲笔签名，否则，无论如何也不能盖章，而且盖单位章，一定要认真审核内容，不符合盖章条件的，应坚持原则，无论如何也不能盖章；如果单位领导不在，就应让申请盖章者当着自己的面电话请示领导，领导发指令同意后，才能盖章。如果确因工作需要，别的部门借公章，李强应让他们履行严格的手续，并提醒他们按时归还，稳妥起见，还可以印发一些用印申请单，来提醒自己不要疏忽，申请单应复印一份，留作存档。

认真负责的工作态度是单位公章管理者必须具备的职业道德，李强在以后的工作中，应不断强化这个职业素养，保证印章的管理工作不出差错。

宏达科庆实业公司经理秘书汪华因一己之贪欲，私开公司介绍信加盖公章后交给林某使用，结果给公司造成重大经济损失，汪华的教训是深刻的。在一般情况下，介绍信由单位印章管理人员负责掌管。介绍信与用印紧密相连，只有加盖印章的介绍信才能起到凭证的作用，因此，介绍信的管理与印章的管理同样重要，来不得半点马虎，否则，出了事故，当事人要负责任。在介绍信的管理中，一定要坚持原则，不为利诱、不为情动，严格按公司相关规定办事。

相关知识

印信是指印章和介绍信。在通常情况下，单位的印章和介绍信是交由办公室秘书管理的，由于工作或其他事务的需要，人们常常要把一些材料拿到办公室加盖公章，或者要求开具介绍信，因此，印信管理也是办公室秘书的日常事务之一。如果管理使用不当，会给企业乃至社会造成危害，秘书必须认真重视这项工作。

1．印章的管理与使用

（1）印章的概念。印章，向下代表着一种权力，是机关职能的合法代表，向上则代表责任，凡是有公章或签章的文件，领导要负一定的责任，机关发文、发函、签署合同、订立协议、出具证明等，均要有印才算合法有效。因此，印章是单位组织权力的象征和职责的标志。

（2）印章的种类。印章按其性质和作用划分有多种，如表2.10所示。

表2.10　印章种类一览表

名称	释义	适用范围
公章	一个企业的正式印章，标明企业法定名称，是企业的标志和象征，具有法定的权威和效力	多用于正式文件、介绍信、证明信等
专用章	企业为开展某一类专门性业务而使用的印章，这类印章在印文中除刊有企业的法定名称外，还应刊有专门的用途，如"财务专用章""合同专用章"等	这类印章不代表整个企业，只代表企业下属某一专门部门的职权
法定代表人私章	又称为手章或领导人签名章，它是根据企业主要负责人用钢笔或毛笔亲自签名制成的印章，其基本作用是以盖章代替手写签名；它代表法人，象征职权，因此具有权威性	银行支票、财务预算或决算、签订合同或协议等，除盖公章和专用章外，还须盖法定代表人私章才能生效
套印章	是按照正式印章的原样制版而成的印章	专门用于印制大批量文件，它与正式印章具有同等的法定效力
钢印	不用印色，利用压力凹凸成形	一般用于证明性公文或证件
戳记	为标志特定信息而使用的印章	如保密章、急件章、注销章等
缩印	按照正常比例缩小用于印刷的专用公章	只能用在小型票证上，如税务发票及其他专用票等，不能作为正式印章用于介绍信或出具证明等

（3）印章的刻制与启用。

① 印章的刻制是由企业凭刻章申请和开业通知到注册所在地公安局办理相关手续后，再到其指定或授权的刻字社刻制的。

② 印章刻制好后交到原审批的公安部门将印模备案，备案后才有法律效力。

③ 公章正式启用日应正式行文通告公司全体员工或有关客户、机构、部门，以便查核。如果机构变动、撤销或更改名称，印章应立即停止使用，封好后交原颁发单位予以注销。

（4）印章的使用。

① 盖用单位印章，必须由单位主要负责人审核签名批准。但为了工作方便，对于一些一般性事务的用印，企业的领导也可授权部门负责人或印章管理人员审签。

② 秘书用印前，必须认真审核，明确了解用印的内容和目的，确认符合用印的手续后，在用印登记表上逐项登记，方可用印，用印登记表的主要内容如表 2.11 所示。

表2.11　用印登记表

编号	用印时间	用印部门	用印内容	份数	批准人	经办人签名	备注

③ 对需要留存的材料应在加盖印章前，留存一份，立卷归档。

④ 企业秘书在用印时应严格按照上司要求，亲自把握和使用，绝不能委托他人代为用印，更不能以印谋私，损害企业利益。

⑤ 用印时应注意盖印位置正确、端正、清晰，一次成功。

❤ 小技法

如何规范用印

印章盖在文末落款处，应上不压正文，下要"骑年盖月"，带有存根的公函、介绍信等用印时，除在规定处用印外，还应加盖"骑缝章"，即印章盖在正本和存根连接处的骑缝线上，以备查考。

（5）印章的管理。

① 印章的保管工作一般由秘书担任，按照保密要求，管印者不得委托他人代取或代用印章，印章应放在专门的保险柜内，随用、随取、随锁。

② 做好印章保养工作，盖印下面要衬垫一定弹性的硬橡胶或厚纸等，防止印泥在坚硬的物体上使用造成碰损，印章应及时清洗，确保印迹清晰。

③ 如果因工作需要，别的部门借用单位公章，须严格履行相关手续，可制作用印申请单，如表 2.12 所示。

表2.12　用印申请单

文件标题			
发往机关		份数	
用印日期		用印申请人（签字）	
批准人（签字）		备注	

2. 介绍信的管理和使用

（1）介绍信的概念。介绍信是介绍企业员工出外办理有关公务并证明其身份的一种书面凭证。它具有介绍和证明的双重作用。

「公章是怎么来的」

（2）介绍信的种类。从书面格式来看，介绍信主要有以下两种。

① 书信式。书信式介绍信是在一般公文用纸（或印有单位名称的信笺）上书写的介绍信，如下例所示。

【例文1】

介绍信

××公司：

今介绍我公司×××、×××两位同志前往贵公司洽谈有关××产品销售的具体事宜，请予接洽为盼。

此致

敬礼

（印章）

×年×月×日

（有效期×天）

---

② 印刷式。印刷式介绍信是单位正式介绍信，先设计好固定的格式，然后大批量印刷，使用时只须在相关条项内填上相应的内容即可。印刷式介绍信一般都由持出联和存根两部分组成，如下例所示。

【例文2】

No. ×××××   介绍信（存根）

_____：

兹介绍我公司_____等____位同志前往你处联系_____

_____事宜。

经办人：×××

×××年×月×日

（有效期×天）

- -

No. ×××××   ××介字第××号

介绍信

_____：

兹介绍我公司_____等____位同志前往你处联系_____

_____事宜，请予接洽。

此致

敬礼

（印章）

×××年×月×日

（有效期×天）

（3）介绍信的使用。

① 凡领用介绍信者须经有关领导批准，秘书不得擅自开具发放。

② 开具介绍信时应由秘书自己填写介绍信栏目内各项内容，要求真实、完整，存根内容应与持出联内容一致。书写要工整，不得涂改，如果必须修改，要加盖更正章，或在修改处加盖公章。

③ 介绍信上应加盖企业公章，同时在右下方日期栏和存根线上（骑缝章）盖章方为有效。

④ 秘书不得将空白介绍信或单位信笺加盖公章后交给领用人，不得委托他人或让领用人自己填写盖章，否则，出了问题，秘书要为此承担责任。

♡ 小技法

拟写介绍信的语言要求

介绍信的文字要简洁明确，使接洽单位一看便知派出人员前去的目的。不要含糊笼统地仅仅写上"前去联系工作""商洽有关事项"等。

（4）介绍信的管理。

① 介绍信一般和公章由同一人（秘书）保管并使用，与公章须同等重视，不得缺页或丢失。

② 发放介绍信要进行登记，领用人要履行签字手续。印刷式介绍信可在存根上签字，书信式介绍信在专用登记表上签字。介绍信发放登记表如表2.13所示。

表2.13　介绍信发放登记表

序号	发放时间	用途	前往单位	有效期限	使用人	批准人	领取人	备注

③ 介绍信开出后，如因故没有使用，应说明原因，立即退回，并将其粘贴在原存根处。

④ 介绍信不得随意放置，要妥善保管，防止丢失被盗。

3．办公室印信管理注意事项

（1）秘书在保管和使用印信时应极其认真负责，讲原则，不徇私情。

（2）建立和规范印信管理制度，一切按规定办事。

（3）印信若遗失，应立即通过新闻媒介公告作废，同时采取紧急补救措施，以避免造成任何损失。

相关链接

不是所有的公文都要盖章

人们在潜意识里认为，所有的公文都必须盖上印章后才能生效，其实不然。至少有两种情况是不需要盖章的：一是会议纪要，二是以电报形式发出的公文。这在国务院最新发布的《国家行政机关公文处理办法》第十条第九款中有明确规定："公文除'会议纪要'和以电报形式发出的外,应当加盖公章。"另外,目前还出现了一种新的情况,许多单位正处在有纸化办公和无纸化办公并行时期,有的单位的文件通过内部网络发布,下属单位则对文件进行下载,而在下载的文件上没有发文单位的公章。用这种方式发出的文件,其合法性和有效性值得怀疑,对内可能行得通,对外则必须加盖公章后才能生效。

实践训练

1．课堂讨论

（1）单位专用公章能代替公章使用吗？为什么？

（2）印章使用的过程中有什么规范要求？

（3）带存根的介绍信上要盖几次章方为有效？

2．案例分析

【案例1】某公司新聘的秘书小徐,刚到任的第一件事就让她没法听命。原来是公司总经理要她马上到街上找一家刻章社刻制一枚公司改换名称后的新印章,并要求她把原来这枚旧印章立即就地销毁。

分析与讨论:

小徐该怎么做？为什么？

【案例2】新达公司巩秘书因公出差,临走时把印章交给了分管业务的熊科长代为保管。第二天,新达公司与一外商就联合开发的项目达成协议,熊科长为提高工作效率,在双方意见基本一致的情况下,就在合同上盖了章。五天后,巩秘书回到公司,看完合同大吃一惊,该合同让新达公司损失了50多万元。面对这样的后果,巩秘书瘫在椅子上,半天没回过神来。

分析与讨论:

请谈谈你对此案例的看法。

【案例3】小李因公出差,须开具介绍信。他找到办公室秘书小贺办理此事。小李要求小贺为其多开几份空白介绍信并在事先准备好的空白信笺上盖上单位公章,说是外出方便一些,以备急用。为此,小贺感到有些为难,但经不起小李的再三恳求与保证,还是按小李的要求做了。

分析与讨论:

小贺的做法是否正确,为什么？

【案例4】金芬是公司的总经理秘书,平时工作积极认真,很得总经理信任。总经理把公司的公章交给她保管,从来没出过差错。一天,小金正在做事,一个久违的老朋友打电话过来了。小金知道总经理不在,就放心地跟朋友聊起来。正聊得开心,一位部门经理秘书小柳拿着文件来找她盖章。她舍不得放下电话,就随手从抽屉里拿出公章,让小柳自己盖章。小柳走到旁边的沙发旁,在茶几上盖上了公章;见她用完了,小金随口说,你先放在那儿吧。于是小柳把公章放在茶几上自己回去了。这时有个工人搬着一箱稿纸进来,小张让他把箱子放在茶几上……

下午,总经理回来了,让小金给一份合同盖章。小金这才发现公章不在抽屉里了。她想起来是上午小柳在茶几上用过，赶忙过来找，却没有看见。忽然又想起有工人进来过，她心里一着急，冲进去对总经理说："经理，不好了，公章被人偷走了！"总经理大吃一惊，问清楚事情的来龙去脉后，他让小金先别着急，自己走到茶几旁一找，原来公章正躺在沙发下面呢。

分析与讨论：

秘书小金犯了哪些错误？

3．实务训练

张秘书正在办公室里工作，人事部经理进来，要为一份文件盖章。经理刚走，销售部业务员小刘进来，要求为其出外联系业务开具一份公司介绍信。

实训说明：

（1）本部分实训在学校实训室进行。

（2）实训时，全班可分为若干个实训小组，每组3人，分别扮演人事部经理、张秘书、业务员小刘。

（3）在模拟的秘书办公室中轮流演示张秘书盖章、开具介绍信的全过程。

（4）其他学生对演示过程及结果进行评议。

（5）实训材料的准备：模拟印章、印泥、登记表、空白信笺等。

（6）注意印章加盖时的技术要求，要求学生现场拟写介绍信的内容。

（7）教师总结。

4．课后拓展

如果条件允许，教师可组织学生到相关部门观摩印章管理专业人员的规范操作及工作程序。

第6单元　安排上司的差旅事务

情景案例

在安排上司的差旅事务上，有两件事让秘书王丹至今记忆犹新，教训深刻。

有一次是宏达商业贸易公司肖总与金通公司经理就某合作项目安排了约见，预定在7月9日下午1:00开始。当时王丹预订了7月8日晚直飞金通公司所在A城的机票。但肖总说8日晚上有个宴约，恐怕不能飞往A城。于是王丹改订7月9日上午8:00的机票。但是，由于肖总晚上应酬时间太晚，而早班飞机又比较早，所以最终没能赶上班机。9日上午又只有那一趟航班，于是，肖总只能立即买飞往相邻城市B城的机票，再乘大巴车赶到A城的金通公司。由于迟到，金通公司经理不悦，认为宏达商业贸易公司对该项目的合作缺乏诚意，宏达商业贸易公司差点失去了与金通公司合作的机会。

还有一次是肖总要出国出差一个星期。王丹把整理好的具体的行程安排打印后交给肖总。她自认为已经做得很好了，谁知肖总顺口问她一句那里的天气最近怎么样？王丹一时哑口无言，她赶紧边上网查边通知外销公司负责这个区域的业务员帮她问问客户。忙碌一阵，终于把未来一周的天气趋势交给肖总，她也暗暗松了口气。谁知肖总又问王丹有没有新的名片。他准备带一盒完整的名片出去。王丹暗暗叫苦：印刷好的那么多名片偏偏在这个节骨眼上没有了。于是赶紧通知总务后勤紧急印刷。当王丹再一次交给肖总印好的名片时，真的怕他再问什么。但肖总偏偏又问了。肖总要去的国家包括美国，王丹却不确定普通手机在美国能不能用。肖总问她的时候，王丹只好回答说："只要开通国际漫游就能用。"肖总却说："怎么我听说，要什么3频手机呢？"王丹赶紧说："我去问问。"王丹立刻打电话去本地的移动公司。对方非常热情，回答说双频手机在美国用不了，他们可以提供出租3频手机服务，并列举了一系列要办的手续……王丹头都大了，只能一一记录，准备帮肖总办理租机。谁知等王丹转达这个信息时，肖总问她："可以直接买一个这样的3频手机吗？"王丹又傻眼了，赶紧又说："我去问问。"当时王丹真是尴尬万分！最搞笑的是，当王丹开始查询关于3频手机的介绍时才发现，并不是只有移动、电信才有3频手机，现在很多上市比较晚的手机早就是3频了。可王丹只知道肖总用的手机品牌，什么型号却不清楚。只有硬着头皮去问。那一刻她真的想杀了自己，怎么就这样笨！果然，肖总的手机功能非常强大，早就是3频了。（案例仅供参考）

项目任务

宏达商业贸易公司的秘书王丹在安排上司的差旅事务上有何不当之处？上司公务旅行，秘书应该要做好哪些准备工作？

任务分析

宏达商业贸易公司差点失去了与金通公司合作的机会，表面上看是宏达商业贸易公司肖总缺乏时间观念误事，其实，主要责任还在于秘书王丹。约见时间是7月9日下午，预订7月8日晚的机票是正确的，但当肖总表示7月8日晚上有应酬，出发时间要改变时，作为秘书就要多长个心眼了，要充分考虑肖总的决定是否适宜。一是7月9日上午8:00虽然有一趟飞往A城的飞机，但飞机能否按时起飞就是一个未知数，如果飞机晚点肯定会影响下午的约见；二是即使飞机能按时起飞，但起飞时间较早，肖总如果前一晚应酬过晚，早晨未必能早起赶得上飞机，同样会影响下午的约见。因此，王丹应向上司说明自己的想法，由肖总自己决定出发的时间。如果肖总仍坚持乘坐7月9日上午的飞机，王丹也应及时提醒上司注意时间不要误机，履行作为一个秘书应尽的职责。

上司外出公务旅行，特别是出国公务旅行，秘书要为上司考虑的事情就更多了。王丹自认为只要安排好上司的具体行程即可，却不知作为秘书，上司差旅中事无巨细凡是要考虑到的事务都要考虑到，如对方国家的特殊国情、节假日、气候、小费行情等一切能想到的都要想到，提前准备好出差必带的东西，如名片、礼节性拜访赠品等。王丹在安排上司的国外差旅事务时因准备不足显得处处被动，以至于在上司的咨询中尴尬万分。长此下去，只怕在上司心中的印象要大打折扣了。在秘书的准备工作中，常识的具备也是必需的，如普通双频手机在国外不能用就应该知道，要把这个情况及时告之上司。我们常说秘书是"杂家"，也包括了一些常识是秘书必须熟知的，这是由秘书的职业特点所决定的。

上司公务旅行，秘书的准备工作有很多，无论做什么样的准备工作，秘书一定要细心周到，任何事情都要想在前，以保证上司的公务差旅顺利进行。

📖 **相关知识**

由于工作的需要，单位领导会经常出差、旅行，很多出差旅行任务甚至是临时决定下来的。但无论是国内出差还是国外出访、无论是短期出差还是长期出差，在每次出差前，秘书都要为领导做好相关的准备工作。

1. 差旅计划和旅程表

（1）制订差旅计划。差旅计划是上司出差能否顺利完成工作任务的重要前提。在制订差旅计划前，首先要了解公司差旅费用、交通、住宿标准等有关规定。一份周密详细的差旅计划至少应包括以下内容，如表 2.14 所示。

表 2.14　差旅计划表

项目	内容
时间	出发、返回的日期及时间，中转时间，公务活动的时间，差旅期间就餐、休息时间
地点	差旅抵达地（包括中转地），公务活动的地点，食宿地点
交通工具	出发、返回的交通工具，公务活动中使用的交通工具
具体事项	一是指商务活动内容，如访问、洽谈、会议、宴请娱乐活动及会议计划、会务主题的确定和差旅费用的预算等；二是指私人事务活动等
备注	记录提醒上司须注意的事项，如抵达目的地需要中转的中转站或中转机场，开展公务活动需要携带的文件、合同、样品及其他资料，旅行区的天气状况，当地需要注意的一些风俗习惯和礼仪等，当地的联系人姓名、地址、电话号码、企业名称等；另外，上司的特别要求也要注明

（2）制定旅程表。旅程表实际上就是差旅计划的具体实施表。秘书安排完订票、订房的工作后，就要着手制定旅程表。旅程表可以在差旅计划中体现，也可以单独制定。它包括了差旅计划中的主要项目内容，但内容一般比差旅计划更详细，如表 2.15 所示。旅程表应一式三份，一份存档，一份给上司，秘书存留一份。

表 2.15　旅行日程表

北京——广州 ××××年 6 月 4 日—6 月 6 日
6 月 4 日星期× 　上午×时从家赴首都机场（公司派车） 　　×时乘×次班机离京赴穗 　　×时抵达广州（×××接机），住××酒店××房间（已预订好房间） 　（酒店总机：×××××××） 　　×时参加××公司的午餐会 　下午×时与××公司××经理会谈，地点在××公司接待室（需用 1、2 号材料） 　　×时与××公司××经理共进晚餐
6 月 5 日星期× 　上午×时前往××贸易公司与××经理洽谈合作事宜（需用 3、4 号材料） 　　×时洽谈结束，中午与××经理共进午餐 　下午×时拜访老朋友××厅×××厅长（礼品已备好） 　　×时与×××厅长共进晚餐
6 月 6 日星期× 　上午处理私务 　中午×时在酒店用餐 　下午×时乘×次班机离穗回京（×××接机）

2．秘书为上司差旅做的准备

（1）选择交通工具，订票。秘书通常采用电话或网络的方式订票。预订之后要及时确认和取票，取票后要认真核对机票上的姓名和火车车次、航班班次。

（2）预订房间。安排上司住什么样的房间，秘书要根据上司的喜好和习惯来决定，要掌握订房的基本程序。可通过查找旅行手册、电话咨询和上网检索等方式获取宾馆的预订信息。订房时应提供的信息：住宿者的姓名、抵达时间及大概离开时间、需预订的房间类型及特殊要求。

💙 **小技法**

预订车票与安排住宿的小提示

秘书在预订车票时，一定要查最新的列车时刻表，车次很有可能因为季节等原因发生变化。出差途中换车，稍不注意就会误车误点，所以能直达的最好不要换车。如须换车，在时间上一定要安排得宽裕些。

如果出差的地方是第一次去，在那里有子公司或公司的事务所的话，可请他们代为联系安排住处。如果没有，可请当地旅游或交通部门介绍，最好不要去找自己的客户方或代理商去解决。

（3）准备必备的文件资料及上司随身携带的用品。上司出差要随身携带哪些东西，秘书一定要替上司想好。临行前秘书还要将这些用品按公与私分别列出清单，请上司过目，避免遗漏。上司出差一般要随身携带下列用品：名片、资料、笔记本、活动日程表及一些生活备用品，如替换衣服、洗漱用品、药品等。随身携带的是必需的，可带可不带的就尽量少带。

（4）预支差旅费。秘书在上司出差前可申请预支差旅费。差旅费包括往返的车旅费，当地的交通费、住宿费、餐费，以及其他可能的活动经费。

3．制订差旅计划、编制旅程表的注意事项

（1）要明确并尊重上司的意图和要求，熟悉本公司对出差的有关规定。

（2）要向有关服务部门或旅游机构索取旅行有关资料，了解当地交通工具、差旅路线及宾馆环境等情况。

（3）差旅计划和旅程表要按时间顺序编排，条理应分明；行程安排不宜过紧或过松；要考虑上司的身体状况，时间安排上要留有余地。

（4）国际差旅要注意时差问题。

（5）多拟订几个差旅方案，供领导参考，最后选定最佳方案。

4．出国差旅的准备工作

（1）办理各种必要的出国手续。出国申请手续主要有 5 项：办理出国申请书、办理护照、申请签证、办理健康证书、办理出境登记卡，具体内容及程序如表 2.16 所示。

表 2.16　出国申请手续一览表

办理项目	内容及程序
办理出国申请	写明出国事由、出国路线、出国日程安排、出国组团人数等；申请书后要附出国人员名单（写清出国人员姓名、年龄、性别、职务、职称）及外国公司所发的邀请函（副单）
办理护照	在国内，外交护照、公务护照和因公普通护照由中华人民共和国外交部及其授权单位（各省、直辖市、自治区的外事办公室）办理。在国外，由我国驻外使领馆等外交机构负责办理。办理程序：（1）携带有关证件、主管部门的出国任务批件、出国人员政审批件、所去国有关公司的邀请书等文件；（2）填写有关卡片和申请表；（3）检查核对护照上出国人员姓名、籍贯、出生年月和地址等。 从事商务等其他非公务活动需要申办护照，办理程序：（1）持身份证或户口簿到户口所在地派出所，或公安分（县）局出入境管理部门，或公安局出入境管理处领取《中国公民因私出入国（境）申请表》；（2）按照办理护照须知要求填写申请表，属于登记备案的国家工作人员须出具单位意见并加盖公章，并准备与出境事由相应的证明材料；（3）取证，可由本人领取或通过邮政局速递，按照《取证回执单》上的日期领取证件
申请签证	办好护照后，可通过下面的途径申请签证：（1）由本人亲自持护照和有关申请签证的材料到旅行国驻我国大使馆或领事馆办理；（2）委托权威可靠的签证代办机构代办；（3）可委托前往国家洽商的组织到前往有关国家的使（领）馆办理。取得签证后，要注意检查签证内容，发现有误，应立即提出并要求改正
办理健康证书	办理了有效护照和签证后，应持单位介绍信到所在地的卫生检疫部门进行卫生检疫和预防接种，领取"黄皮书"（国际预防接种证书），拿到"黄皮书"后，应进行认真查验
办理出境登记卡	出境登记卡是对公民出境登记的一种卡片。中国公民首次出境，需要领取出境登记卡。出境登记卡是护照的组成部分之一，发照机关在发护照的同时将出境登记卡加订在护照备注页上。出境登记卡只是首次出境时需要，当再次出境就不须再办理了

（2）出行前的准备。

① 编制几种旅程方案，供上司选择，确定最佳方案后，将其打印成文。

② 为防意外事故，如医疗及行李丢失等，可通过代理人与保险公司办理保险。

③ 了解外汇信息，办理外币兑换。

④ 准备随身携带的物品，如服装、洗漱用品等。

⑤ 为上司准备必须携带的各种文件，如谈判合同、协议书等。

⑥ 检查相关证件，如护照、签证、"黄皮书"、国际机票、外文名片、外币及其他必需的出国文件、证件等。

⑦ 收集所到国的背景资料。

小技法

秘书要建立自己的旅行信息资料库

如果上司经常出差，秘书应该做个"有心人"，在平时就要留意收集一些旅行资料，如交通图、时差表和飞机、火车时刻表及一些旅馆介绍的资料等；要了解旅行社的资质，与资质好的旅行社保持联系，或建立长期合作关系，建立自己旅行信息资料库，并不断加以充实。

相关链接

出国旅行必知

1. 护照

护照是一个国家的公民出入本国国境和在国外旅行或居留时，由本国发的一种证明该公民国籍和身份的合法证件。凡是出国人员均应持有本国政府颁发的合法的护照。如果持照人在国外旅行、逗留期间发生意外，所在国依照其所持护照，判明身份和国籍，然后决定如何处理。同样，护照颁发国的驻外机构也需要根据护照决定如何提供帮助或外交保护等。

我国的护照分为外交护照、公务护照、普通护照 3 种。普通护照又分为因公普通护照和因私普通护照。

2. 签证

签证是一个主权国家在本国或外国公民所持有护照或其他旅行证件上的签注、盖印，是表示允许其出入或者经过本国国境的证明。如果说护照是身份证的话，签证则可看成出入证。签证一般可放在护照里，也可在其他证件里。如前往未建交国家，一般用单独的签证，与护照同时使用。我国的签证一般在护照里。

3. "黄皮书"

"黄皮书"即《国际预防接种证书》，因其封面通常为黄色而得名。"黄皮书"英文名称为 INTERNAIONAL CERTIFICATE OF VACCINATION。它是世界卫生组织为了保障出入国境人员的人身健康，防止某些疾病传染流行所要求的证明。"黄皮书"规定，入境者在进入接纳国的国境前，要接种牛痘、霍乱、黄热病等疫苗，以防止某些疾病的国际性流行。如果出入境和过境者没有"黄皮书"，国境卫生检疫人员有权拒绝其出入境，甚至采取强制检疫措施。我国的"黄皮书"由中华人民共和国国家卫生健康委员会统一印制，各省市卫生检疫站负责签发和注射疫苗。初次出国者，应持单位介绍信前往办理。已有"黄皮书"但需复种者，可凭"黄皮书"复件前往办理。

4. 时差

国际上规定，以英国格林尼治时间（GMT）为标准时间，地球分为东区和西区，东区时间比 GMT 早，西区时间比 GMT 晚。调整时差对于乘坐国际航班的旅行者来说都是不可避免的。通俗的时差计算是以经线来划分的，格林尼治以东每 15° 加 1 小时，格林尼治以西每 15° 减 1 小时。

5. 出入境手续

（1）边防检查。出入国境人员要持照填写出入境登记卡，交护照，检查签证。边防人员确认无误后，在护照内页盖上注明出入境口岸和日期的验讫章。有的国家入境时就要求填好一式两份的出入境卡，入境时收走一份，另一份夹在护照内等办理出境手续时再收走。

（2）海关检查。填写海关申报单，包括姓名、性别、职业、国籍、护照号、发照日期、入境口岸、入境日期、逗留地址、行李件数及所带物品的数量，大多数申报单还要求填写外币旅行支票、信用卡的数量等。然后携所带行李连同申报单一起到海关处结关。海关人员根据申报单进行检查。

（3）安全检查。主要禁止携带武器、凶器、爆炸物和剧毒物等。所以在准备行李、礼品时应避免携带违规、违禁物品，以减少不必要的麻烦。

（4）健康检疫。即交验"黄皮书"，对未接种的旅客会采取隔离、强制接种等措施。

实践训练

1．课堂讨论

（1）上司即将到上海出差，秘书如何为上司拟制一份差旅计划？

（2）出国前要办好哪些主要手续？

（3）秘书为上司的差旅要做好哪些准备工作？

2．案例分析

长沙伟基电子公司近期有两位经理要外出。一是刘伟总经理6月3日至4日到深圳参加一个电子新产品展销会；6月6日到广州参加全国××电子行业发展论坛，会议为期一天；6月11日下午出席本公司的新产品推广会议。在深圳展销会和广州论坛期间有一定的空隙，他打算到公司驻深圳办事处，了解该处下一步的工作计划，并到广州市探访一位老朋友。二是主管业务的赵总，将于6月4日动身到美国××公司参观考察，并初步商谈双方合作的意向，时间为6天，但他从未出过国。公司行政经理让秘书小马负责为两位上司制订差旅计划。小马工作速度很快，第二天就把计划做好了并交行政经理审阅。下面是秘书小马做的差旅计划书：

公司领导差旅计划书

根据公司行政会议的决定，刘总、赵总将于近期出差，具体安排如下：

刘总计划：

6月3日　　　　刘总去深圳

6月3—4日　　参加深圳电子产品展销会

6月5日　　　　到公司驻深圳办事处了解工作，并到广州探访他的老朋友

6月6日　　　　到广州参加全国××电子行业发展论坛

6月7日　　　　在广州乘飞机回来

6月11日　　　出席公司新产品推介会

赵总计划：

6月4日　　　　办理护照和签证

6月5日　　　　飞抵华盛顿

6月6日　　　　参观考察美国××公司

6月7日　　　　与美国××公司商谈双方合作的意向

6月8日　　　　游览纽约

6月9日　　　　飞回长沙

6月11日　　　出席公司新产品推介会

分析与讨论：

（1）秘书小马拟写的上司差旅计划书存在什么问题？

（2）你如何帮助小马修改她写的计划书，使这份差旅计划书规范可行？

3. 实务训练

湖南长沙真味佳饮品公司领导因公务需要，要携公司经理助理高明到杭州出差3天，主要是同杭州娃哈哈集团公司洽谈某果酸饮料项目前期合作有关事宜。高助理及其同事必须完成公司领导出差前的准备工作。他们要完成的任务如下所述。

（1）搜集杭州娃哈哈集团公司的有关资料。

（2）选择去杭州的旅行方式，查询长沙到杭州的火车、航空等信息资料，并做书面整理（车次、航班、价位、起讫时间等）。

（3）预订火车或飞机票，搜集当地预订票受理点电话、地点、联系人信息，并做书面整理。

（4）资料查询，了解、选择杭州宾馆。

（5）收集本单位外出人员差旅费报销标准（以所在学校为对象）。

（6）拟订一份上司差旅计划书。

实训说明：

（1）本部分实训为开放性实训，在课外进行。

（2）实训时，全班可先分为若干个实训小组，每组4人，分别扮演高助理及其同事。

（3）实训小组组长明确组员扮演的角色，对实训任务进行分工，在规定的时间内必须完成各自的任务。

（4）在实训中既要求个人独立操作，又要求组员之间相互协作。

（5）在规定时间内各组上交完成的任务文本，教师集中评议。

（6）以上实训很多环节必须是真实的，应该做到实质性的任务落实。

第7单元　办公室零用现金管理和公务费用报销

情景案例

宏达商业集团公司总经办的几台计算机出了问题，经常死机。总经办主任赵华成让秘书贾珊联系公司技术部请技术人员帮忙来修理一下。贾秘书找到技术部，技术部负责人说这段时间技术部都在忙于新产品的开发，实在抽不出人来，只能等以后再说。贾珊向赵主任汇报，赵主任有些着急，说总经办工作不能停。他突然想起什么，说总经办新聘的秘书左景在学校学的就是计算机专业，让他试试吧。下午左景检查了出问题的计算机，说修好没问题，只是要更换一些配件，需要几百元。贾秘书负责办公室零用现金的管理，她从自己办公桌抽屉里的零用现金中拿出500元，交给左景去购买配件。第二天，办公室的几台计算机终于修好了。

第二天刚上班，文印室的小赵来找贾珊，说前些天文印室购买了一批打印用的A4纸，她交给贾珊一张发票，贾秘书看了看金额，就把钱支付给了小赵。上午10：00，公司副经理找到贾珊，说明天动身去杭州出差两天，要贾珊去公司财务部借款。贾珊看正好办公室零用现金还有几千元，便让副经理先拿去用，回来再报销。副经理走后，贾珊这才想起办公室支出的费用已达到一定数额，需要到财务部门报销并将现金返还进行周转。她清理了抽屉里的一堆票据，发现有些票据她已想不起经手人是谁，甚至在发票里还夹杂了几张购货收据。果然，当她拿着票据到公司财务部报销时，就遇到了麻烦。

项目任务

贾秘书到公司财务部报销会遇到什么麻烦？你认为贾秘书在办公室零用现金的管理和公务费用报销的工作中需要做哪些改进？

任务分析

贾秘书到公司财务部报销，公司财务人员在核对报销票据时会责成贾秘书对没有注明经手人的票据必须找到经手人并由其亲自在上面签字证明，否则不予报销。另外，按照财务规定，购货收据一般不能作为报销凭据，因此，贾秘书要顺利完成费用报销，恐怕还有一些善后工作必须做。

贾秘书在办公室零用现金管理和公务费用报销的工作中存在很多问题，必须加以改进，否则麻烦会更多。如办公室零用现金不能随便放置在办公室的抽屉内，这样做存在很大的安全隐患，应将现金锁在办公室保险箱内，如果数额过大，最好存入银行，办公室里不要留太多现金。另外，贾秘书支付给文印室小赵办公费用的做法违反了办公室零用现金的管理操作程序。小赵首先要向领导提出购买办公用品申请，填写相关凭单，经领导签字同意，贾秘书予以认真审核后，才能将现金支付给小赵。贾秘书将办公室零用现金当成差旅费借给公司副经理的做法也是错误的，不能将办公室零用现金与差旅费混同，两者的用途是不同的，贾秘书应按公司相关规定到财务部为副经理预支差旅费用。

贾秘书必须了解和掌握办公室零用现金管理和公务费用报销的基本知识，否则很难胜任秘书工作。

相关知识

1. 办公室零用现金的管理

企业付款，一般都通过银行转账结算，或者使用支票、汇票等进行结算。但在企业日常的运营过程中，许多开销不可能用支票等形式来支付，一些小额的办公费用难于多次去财务临时支取，因此，许多企业办公室常设立一笔零用现金或称为备用金，以用于小额开销，以备急用。秘书应做好零用现金的保管和使用工作。

（1）办公室零用现金的用途、数额和保管。办公室零用现金是用于支付本市交通费、邮资、接待用的茶点费、停车费和添置少量办公用品的。它通常由企业领导和财务负责人批准后由秘书保管和支出。它的数额根据企业的规模和平时小额支出的数额来确定，秘书领取零用现金后，应将现金锁在办公室保险柜内，并负责保管和支付。

零用现金管理须知

对公司小额现金的管理要建立专门的制度，从预借到支出都要严格按规章办理。秘书在处理这类小额现金时，特别要注意的是不要将它和差旅费等混同起来。

（2）办公室零用现金管理的方法。

① 建立零用现金账簿。秘书应建立一本零用现金账簿，清楚注明收到现金的日期、收据编号、金额数量和支出现金的日期、用途、零用现金凭单编号、金额、余额等。有时还要对账目进行分析，了解花销的情况和去向。零用现金账簿样例如表2.17所示。

表2.17　零用现金账簿

20××年×月×日至×月×日

日期	项目	摘要	金额/元		票据编号
			支出	收入	
合计					

② 填写零用现金凭单。内部工作人员需要领取零用现金时，应填写零用现金凭单，提交开销的项目和用途、金额、日期。零用现金凭单样例如表2.18所示。

表2.18　零用现金凭单

零用现金凭单	编号
项目和用途	金额
申请人签名	日期
审批人签名	日期
账页编号支付	日期

③ 零用现金使用审批。秘书要认真核对零用现金凭单，经审批人（通常是企业中分管财务的领导）审批签字后，方可将现金支付给申请者。

④ 核对领取者提交的单据。秘书要认真核对领取者提交的发票等单据上的项目、用途、金额是否与零用现金凭单上填写的完全一致，然后将发票等单据附在零用现金凭单后面。

⑤ 做好支出记录。每支出一笔现金，秘书均须及时在零用现金账簿上记录。

⑥ 定期财务报销。当支出的费用达到一定数额后或月末，秘书再到财务部门报销并将现金返还到零用现金箱中进行周转。

（3）零用现金管理的注意事项。

① 秘书应严格遵守办公程序和财务制度，不应自己或协助他人建立办公室的"小金库"。

② 秘书保管备用金，应及时把办公室的开支记录下来，以便了解办公开支的情况，也可以作为资料存查。

2．公务费用的报销

有时为公司办事需要支出费用，如出差或接待客人等，事后就需要报销费用。但这些费用不能用零用现金支付，而需要到财务部门申请费用和进行报销结算。

（1）公务费用报销的工作步骤。

① 申请人提交费用申请报告或填写费用申请表，详细说明需要经费的人员、时间、用途和金额等，并签字。

② 申请报告或申请表必须经过主管领导的审核同意，并签字批准。

③ 将获得批准的费用申请报告或费用申请表提交财务部门，领取支票或现金借款；另一种情况由申请人先垫付现金，完成工作后再申请报销。

④ 在公务活动中，无论是使用支票，还是使用现金，都要向对方索取相应的发票，发票的时间、项目、费用等应与使用者实际用途相符，并应盖有出具发票单位的公章或财务专用章。

⑤ 工作结束后，申请者应将发票附在"旅差费报销单"后面，并签字提交出纳部门，由出纳部门把之前领取的现金数额和支出情况进行结算。如果是先由申请人垫付的，在提交票据和"报销凭单"后，方可返还现金。

⑥ 当公务活动所产生的费用超出预算时，应提前向有关领导报告，在得到许可和批准后，超出的部分才能报销。

差旅费报销单样例如表2.19所示。

表2.19　差旅费报销单

第　　页共　　页

部门　　　　　　　　填报日期　　　年　月　日

姓　名		出差事由			出差日期		自　　年　　月　　日 至　　年　　月　　日 共　　天			
起讫时间及地点			车 船 费		夜间乘车补助费		出差补助费		住 宿 费	其　他
月	日	起	月	日	讫	类别	金额	时间	标准	金额	日数	标准	金额	日数	标准	金额	摘要	金额
小　　计																		
总计金额　万 仟 佰 拾 元 角 分 （大写）										预支＿＿＿＿核销＿＿＿＿退补＿＿＿								

主管　　　　　　　　部门　　　　　　　审核　　　　　　填报人

（2）公务费用报销的注意事项。

① 提前向企业有关领导报告报销的相关事宜。

② 领导批准后，要严格按照企业的有关规定履行报销手续。

③ 报销要及时。

3.出差费用的办理

企业领导或主管的国内外出差费用，经常由秘书办理或协助办理。因此，秘书要事先做好准备，熟悉出差费用的各种办理方法。

（1）预支现金。有些公司为出差人员预支差旅费，或先由出差人员自己支付差旅费，等出差回来后报销。如果是前一种情况，秘书掌握领导的有关出差信息后，就可以填表申请预支差旅费。

（2）办理信用卡。信用卡可以从银行取得，上面开列了出差人员的姓名、签名、号码和最高支款金额数等内容。这笔金额要从企业存在银行的存款账户中扣除。当出差人员在外需要现金时，可以持信用卡去指定的银行支取，所支金额要记在信用卡上。信用卡一般可以透支，所以一张信用卡通常包括一笔很大的金额。

（3）办理旅行支票。秘书可为领导在开有账户的银行购买旅行支票，只要填写一张申请表，然后由领导当着银行代表的面在支票上签字即可。

（4）办理信用证。如果是出国差旅，而且差旅费金额很大，就需要到开户银行办理信用证。有了信用证，差旅者就可以在世界各地的银行提取现款，直到信用证的面额提完。去国外差旅时最好购买旅行支票和信用证。

当领导或主管出差回来后，秘书有时还须代上司整理出差费用记录，转交会计人员报销有关费用。

💕 **小技法**

秘书如何替上司报销差旅费

上司出差回来后，秘书要代替上司报销差旅费。秘书应将上司所有出差票据整理好，按财务部门指定的单据格式填好，分门别类地算好，将所有单据按财务部门的规定贴在出差报销单后面。然后，将报销单交上司本人或财务部门负责人审核签字。报销时应根据出差前预借金额和出差发生的实际金额的差额，多退少补。

相关链接

秘书为何要具备一定的财务常识

上司通过财务报表知道企业的实际状况，预测企业的未来，如发现企业经营不景气，就可以采取措施降低费用。从这个意义上来讲，秘书要具备一定的财务知识才能有利于其发挥辅助决策作用，对其工作顺利开展大有好处。

实践训练

1.课堂讨论

（1）企业办公室为何要预留零用现金？有何用途？

（2）如何管理办公室零用现金？

（3）上司出差的费用如何到财务部门进行报销结算？

2．案例分析

××公司零用现金管理细则

1．有关零用现金的设置划分如下所述。

（1）公司本部由财务部负责各单位的零星支付。

（2）工地总务组负责设置零用现金管理人员，尽可能由原办理总务人员兼办，必要时再研讨设置专人办理。

2．零用现金额暂定，工地每月稳定保持 5 万元，将来视实际情况或减或增，再行研办。

3．零用现金借支程序。

（1）各单位零星费用开支，如须预备现金，应填具零用现金借（还）款通知单，交零用现金管理人员，凭单支取现金。

（2）零用现金之暂支，不得超过 1 000 元，特别事故者应由企业部经理核准。

（3）零用现金之借支，经手人应予一星期内取得正式发票加盖经手人与主管之费用章后，交零用现金管理人冲转借支，如超过一星期尚未办理冲转手续的须将该款项转入经手人私人借支户，并于当月发薪时一次扣还。

4．零用现金保管及作业程序。

（1）零用现金之收支应设立零用现金账户，并编制收支日报送呈经理核阅。

（2）零用现金每星期应将收到的发票，编制零用支出传票结报一次，送交财务部。

（3）财务部收到零用现金支出传票后，应于当天即行付款，以期保持零用现金总额与周转。

（4）财务部收到零用现金支付传票，补足零用现金后，如发现所附单据有问题，可直接通知各部经手人办理补正手续，如经手人延搁不办的照第 3 条第 3 款处理。

（5）零用现金账户应逐月清结。

5．零用现金应由保管人出具保管收据，存财务部，如有短少概由保管人员负责赔偿。

6．本细则经批准后实施。

分析与讨论：

（1）许多企业为了实现对零用现金的管理，制定了一系列切实可行的制度或措施，上述《××公司零用现金管理细则》（以下简称《细则》）具体规定了该公司在这方面的制度，这个制度的施行能发挥何作用？

（2）上述《细则》在公司零用现金的管理上采取了哪些切实可行的方法？

3．实务训练

谢秘书正在办公室工作，公司前台秘书小李进来，说接待用的茶叶不够，要求购买三听"铁观音"。谢秘书按正常程序为她办理支借手续。小李刚走，公司王经理进来，要求谢秘书为他办理出差费用报销手续。谢秘书整理其出差相关票据并及时到财务部办理完结。

实训说明：

（1）本部分实训在学校实训室进行。

（2）实训时，全班可分为若干个实训小组，每组 4 人，分别扮演谢秘书、王经理、前台秘书小李、会计老赵。

（3）在模拟的秘书办公室、财务室中轮流演示谢秘书借支办公室零用现金、整理票据及报销出差费用的全过程。

（4）其他学生对演示过程及结果进行评议。

（5）实训材料的准备：零用现金账簿、零用现金凭单、差旅费报销单、若干张发票等。相关实训材料学生可自己制作。

（6）教师总结。

知识小结

办公室日常事务性工作是秘书职能活动中的经常性工作，包括办公环境的管理、电话的接打、邮件的处理、办公室时间管理、印信管理及上司差旅事务安排、办公室零用现金管理和公务费用报销等工作内容。办公室秘书应充分认识办公室日常事务性工作的重要性，准确领会单位领导的工作意图，掌握各项办公项目的工作程序和操作方法，养成认真、负责、严谨、规范的办公室工作习惯，成为领导管理工作中的得力助手，从而保障单位组织各项工作顺利、有效地运行。

阅读资料

办公流程的设计

流程是一件事物进行中的次序或顺序的布置和安排，设计流程就是按照复杂问题简单化的原则，以最合适、最有效、最短时间、最低费用的评估标准来确定一个最佳的做事顺序。每个环节的位置、作用、内容、操作程序、执行标准，都做到有条有理、井然有序。流程对了，自然会有好的结果。

设计办公流程，应该对办公事务进行分类，因为不同类型事务所采用的程序和标准是不一样的。

办公事务性的工作可以分为两类：一类是例行公事，即每天这个时候都要做的；另一类是偶发性急事，一旦发生了就必须立刻予以应付的。对于前者，流程设计应该用简要的但必不可少的环节加以设定，做什么，怎么做，用什么标准加以规范，每个程序、每个环节、每个动作都细致精准地给予明确；对于后者，流程设计以应变原则加以设定，减少可能会耽误时间或有损结果的程序与环节，只在最关键、最接近结果的地方做必要的程序。

需要指出的是，例行公事与偶发性急事经常会出现在同一时间，一般情况下，应优先处理偶发性急事。

办公流程设计原则如下所述。

（1）简练。如果为了强调规范或者是突出权威，而将流程弄得十分复杂，规矩太多，势必会弄巧成拙，让人无所适从，甚至忍无可忍。

（2）清楚。流程的过程与结果、流程的每个环节的相关做法与要求都要交代清楚，否则就会乱套。

（3）畅通。流程从头到尾都要畅通无阻，每个环节的点在其中都起着增速的作用，即使非常充分的理由造成的停顿，事实上都在影响着结果。

（4）标准。流程从头至尾都应该执行同一操作标准，因为一致，理解与处理就显得顺理成章。

（5）效率。如果效率不能达到最佳状态，那就证明流程还有改进的必要。流程的作用是让事务处理简单化、程序化、规范化、速度化。

办公室犹如一个系统集成的平台，所有的办公事务都在第一时间汇集到这个平台上，经过办公室秘书的分类处理或直线放射到有关的其他平台上，例如，人力资源部、财务部、市场部等，或就地给予分解整合，或直接处理完毕。问题是，办公室秘书必须将此过程用结构表的方式表示出来，告知与此有关的部门或人员，使大家一目了然、有章可循。从总体来看，这个流程是链式结构：

事务起因→秘书分类→呈报上司→上司处理→上司批转→上司交办→转送部门→部门处理→部门批转→部门呈报→秘书处理

以接待来访为例，这个流程如下所示：

客户来访→礼貌接待→问明来意→引入会议室→奉上茶水→请其稍候→告知被访者→安排会面→参加会面→礼送客户→做好记录→落实结果

如果被访者没在单位或因某些原因不便出面接待，则接待流程应将第八个环节调整为"请其留言"或"另约时间"。

其实，办公流程的设计并非难事，只要在办公室工作一段时间，所积累的经验也能使秘书将这些程序性的东西整合出一套流程。但难的是在日常工作中按既定流程处理办公事务时，办公室秘书既不能刻板固执地死守流程不应变，也不能随心所欲地改变流程甚至根本不按常理出牌，这就是平庸秘书与聪明秘书之分。

（廖金泽. 企业秘书大全. 广州：广东经济出版社，2005.10）

模块 3
办公室接待工作

学习目标

知识目标	能力目标	素质目标
● 了解接待工作的内容和特点 ● 掌握接待工作的操作规范和要求	● 掌握具体的接待工作技巧 ● 能区分接待对象，确认不同的接待规格 ● 根据不同的接待对象，采取相应的接待方法	● 掌握灵活多样的接待技巧，培养应变能力，提升秘书人员素质 ● 培养全局意识和服务意识

第1单元　办公室接待工作概述

情景案例

　　宏达房地产开发公司的秘书何秀文是一位刚参加工作不久的新人，这天上午她正在办公室里忙碌，准备公司下午的招聘面试会，她把参加面试的人员名单打印了一份，并通知面试人员下午面试的时间和地点。这时突然传来一阵敲门声，何秘书头也没抬地说了声："进来。"又继续打电话了。

　　"何秘书，在忙什么呢，这么认真啊。"背后一个声音传来。

　　何秘书回头一看，原来是与公司有长期合作关系的某酒店的马总，"哎呀，马总，你有什么事吗？"

　　"呵呵，不是你们老板约我今天来结账吗？还是你给我打的电话。"

　　"啊，对对，我马上带你去。"何秘书拍拍脑袋，急急忙忙带马总去老板办公室，到了老板办公室门口，何秘书说："马总，你自己进去吧，我们老板在里面呢。"说完转身就走了。

　　回到办公室何秘书又继续忙自己的事，这时市场部的王经理带了位客户进来。原来是上次来过的跟老板谈下半年销售合作事项的某公司的胡总，王经理问何秘书："老板在吗？"何秘书说："在呢。"

　　"那我们进去了。"王经理说。何秘书"哦"了声就继续做事。过了一会儿办公室内线电话响起，何秘书抓起电话问："找谁啊？"对方在电话里说："何秘书，麻烦你倒4杯茶过来。""啊，4杯？好好，马上来。"原来是老板的电话。何秘书马上找出茶杯去泡茶，一倒水发现水流出来了，原来是一个杯子底部破了，她又赶紧换了个杯子。等她把茶水准备好想送过去时，发现老板已经把客人送出来了。何秘书端着茶进也不是，退也不是，尴尬地站在那儿。

下班时，老板要何秘书晚上把公司的接待工作制度好好看看，明天早上交一份体会给他。

项目任务

1. 何秘书在这天的接待工作中哪些地方出了问题？
2. 如果你是何秘书，你会如何认识并做好接待工作？

任务分析

何秘书在进行接待工作时，首先，没有注意接待工作的礼节，尽管工作很忙，但是对每位来访客人都应有起码的礼貌，因为一个秘书代表的是公司的形象，其言谈举止已不是个人的行为。其次，何秘书对接待工作的流程缺乏相应的认识，没有充分做好接待工作的准备，在同时接待两批来客时，应该妥善处理好先后顺序，不应该把两批客人同时带到老板办公室，造成老板工作的被动。她可以先请王经理和客户在办公室稍候，给客人准备好茶水，让王经理代为招呼客人，自己则应立即向领导汇报，在得到老板的指示后再做下一步的工作安排。

相关知识

1. 接待的概念与种类

接待是指为来访者提供相应服务的活动。根据不同的对象、不同的来访目的，接待工作的种类也各不相同，具体如表3.1所示。

表3.1　接待的种类

划分标准	种类
接待对象	内宾接待、外宾接待
接待规格	高规格接待、对等接待、低规格接待
来访者意图	会议接待、视察接待、参观接待、公务接待和其他接待
来访者的形式	计划性接待、随机接待

2. 接待的原则

（1）热情礼貌。秘书是客人最先见到的单位成员，秘书的形象直接影响着客人对单位形象的判断。因此，秘书在接待来访者时，不论对方是谁，都要做到热情礼貌、周到大方、平等对待，主动为来宾提供各种必要的服务。

💙 小技法

迎接来客的"3S"

秘书见到客人的第一时间，要遵从礼仪上的"3S"原则，即站起来（stand up）、注视对方（see）、微笑（smile），以良好的公司形象迎接来客。

（2）细致周到。不论在哪个接待环节上，都需要秘书认真、细致、耐心。如客人到来，秘书要主动迎上前，微笑问候，仔细询问对方的来意。对于初次来访的客人，应主动引路，在客人告辞时要提醒对方有无遗漏物品；在计划性接待工作中，秘书要拟写出详细的接待方案，分清部门职责，明确个人任务，在安排布置时，也要检查督促。

「see的技巧」

（3）勤俭节约。接待工作是办公室的常规工作，每年都有各种各样的接待任务，秘书在做好接待准备和服务工作的同时，也要注意接待经费的控制。要从简节约、精打细算，避免铺张浪费，要学会做好接待经费预算，节约接待成本。在安排宴请、参观、娱乐、座谈会等项目时，尽量减少不必要的开支，缩短接待时间，控制参与人数，提高接待工作效率。

（4）严守机密。严守机密是指秘书在接待过程中，要注意各方面的保密工作。既要体现热情友好的合作态度，又要注意控制信息透露的度，做到该说的一字不少，不该说的一字不多。要按照单位规定，协调行动，统一对外口径，特别在涉外接待时要谨言慎行，严格按单位的保密制度办事，严防泄密。

（5）尊重个人。接待工作也要注重以人为本，尊重个人的意愿和隐私。例如，秘书在接待工作中会主动帮客人提行李，但如果客人不同意，就不要勉强，有的可能是客人的私人物品或贵重物品，不适合假手他人；再如喝酒，中国人习惯认为向他人敬酒是礼貌、客气、热情的表现，但对方酒量有大有小，要根据客人态度适可而止。在接待客人时，对于个人的疾病、年龄、婚姻、收入、私人电话、宗教信仰、政治态度等都要避免过问。尊重个人，就是尊重个人选择、尊重个人习惯、尊重个人隐私。

3．接待的准备

做好接待工作，前期准备工作是非常重要的，主要从环境准备和物质准备两个方面入手。

（1）环境准备。接待的环境准备主要是指单位的整体环境和接待室或会客室的局部环境。

单位的整体环境要求安全、整齐、干净、无乱堆乱放现象。会客室、接待室的地点要安静、防止干扰，减少或尽可能消除噪声的来源。会客室的布置要注意审美，既不能太华丽，又不能太简陋。室内设施要完善，物品摆放要整齐。保持会客室的清洁，室内空气保持流通，照明光线要充足，为了调节室内空气，可以在室内摆放一些合适的绿色植物。

💙 小技法

会客室植物摆放方案

环境特点：植物摆放的空间不大，温度适宜，一般在25℃左右，日夜温差变化小，空气质量一般，不同位置的光照差别较大，人员流动多。

> 摆放建议：由于空间的限制，采用一些垂吊植物可增加绿化的层次感。
>
> 建议植物：办公室内的植物布置，除美化作用外，空气净化作用也很重要。由于计算机等办公设备的增多，辐射也增加了，所以采用一些对空气净化作用大的植物尤为重要，如黄金葛、金琥等植物。另外，要避免针刺类、落叶类的植物，最好选择常绿植物，如龙血树、金钱树、万年青、常春藤、叶兰、虎尾兰、龟背竹等。

（2）物质准备。

① 茶、水、饮料的准备。

a. 秘书应将茶杯整齐摆放在每个座位的右前方，茶水不应超过杯子 2/3 的位置，茶叶可采用袋装的，也可采用散装的，但茶叶的加入量不要太多，一般能盖住杯底即可。

b. 如果使用饮水机，至少要提前半小时把饮水机打开，如果使用热水瓶也应提前将热水瓶准备好放在接待室里。

c. 如果使用饮料，就要提前在每个座位右前侧将饮料摆放整齐。

② 水果、点心的准备。

a. 如果接待时需要准备水果、点心等，秘书就要提前将水果洗净，摆放在盘子里，放在桌面中间或不影响记录和翻阅文件的位置。

b. 如果是长方形桌子，就应将水果混合摆放，分盘放置，如果是茶几等分散型桌子，则应将水果分成小盘分桌放置。

c. 水果的选择和购买还应考虑到来宾的身份、人数、性别、年龄等。男士，则可以增加烟、口香糖之类；女士，则可以增加小点心、糖果、零食之类。但是要注意避免选择吃相不雅或有异味的食品，腐烂变质的水果不买，咀嚼时会发出太大响声的食品不买，太大、太重的水果要事先切分好，并在盘子旁边准备好牙签。

③ 烟、火、烟灰缸的准备。桌面上要摆放稍大点的烟灰缸，用来装垃圾和烟灰，也可在座位旁放置小型的垃圾桶，还要准备好纸巾、打火机、火柴等用品。

④ 相关资料的准备。在会客室可以放置一些单位简介、产品样本、报纸杂志等对外宣传资料，但不宜放置单位电话一览表等内部资料。

相关链接

秘书接待的几种不同方式

1. 迎送式：秘书对来访客人起身相迎，离开时起身离座相送，重要客人送至门口或电梯口，老人小孩送至大门口或车门边，注意要打开车门，一手扶车门顶，一手示意。

2. 引见式：秘书将客人介绍给领导和有关部门人员。

3. 参与式：主宾会见，秘书参与陪同，主要工作是准备资料、现场服务、做好记录。

4. 陪同式：主方安排客方参观游览，秘书负责联络餐饮、住宿、休息点、交通路线，并充当导游角色，介绍当地风土人情、旅游景点、历史传闻等。

5. 完全式：秘书代领导完成接待的全过程。需要秘书周到、细致的安排。

实践训练

1. 课堂讨论

【情景1】一位快递公司的工作人员来送包裹，碰巧陈秘书正在计算机前打印一份重要文件，他在听到敲门声后回头看了一眼没有起身，就对那位工作人员说："放下东西你可以走了。"那位送快递的人走了一路比较热，就问："我可以在这儿喝杯水吗？"陈秘书说："那你自己倒吧，我正忙着呢。"陈秘书的接待是否妥当？为什么？

【情景2】王丽是天福科技有限公司的前台秘书，这天来了两位衣着光鲜的客人，王丽含笑问他们有什么需要帮忙的，客人说要见总经理。王丽告诉他们说："总经理正在主持会议，没时间会客。"客人说："这么忙，真辛苦！"王丽回答道："可不，下周二新产品发布会就要开了，全公司的人都在为这事忙呢。"来人客气地告辞了。就在天福公司召开新闻发布会的前一天，它的最大竞争对手提前发布了新产品信息，迫使天福公司不得不临时改变计划，从而损失了大量客户。秘书王丽的接待工作有何失误之处？

2. 案例分析

早餐引发的风波

某工贸公司办公室接到另一公司刘副经理带领工程技术人员来协助工作的电话通知，立即向公司领导做了汇报。公司领导非常重视，要求一定要接待好，并把接待任务交给郑秘书负责。郑秘书按照领导指示和有关规定拟好接待方案报领导审批，并按批准的方案安排好住宿、用车和迎送等事项。客人到达的当天，还陪公司领导与客人共进晚餐，席间刘副经理高兴地说："你们这样热情的接待，我们一定把工作搞好，用实际行动来感谢你们。"看来，客人和领导都很满意。但是，由于郑秘书的疏忽，他既没有向客人和餐厅交代早餐事宜，次日早晨又没前来带客人进餐。快到九点钟了，准备开座谈会，公司领导乘车到达客人住地时，见刘副经理和其他客人站在门口等候，陪同前来迎接的郑秘书对公司领导说："他们时间抓得真紧，我们还没到，就出来等了。"谁知，到前面一问，才知他们还没吃早餐。公司领导很不好意思，只好一边表示歉意，一边陪客人进餐。等吃罢早餐，开会时已经快十点了。事后，公司领导严肃地批评了郑秘书。郑秘书还很不服气，心想："不就是一顿早餐嘛，补上就行了，何必小题大做。"

分析与讨论：

（1）早餐问题虽小，但安排不当会带来什么不良影响？

（2）郑秘书在此次接待工作中的疏忽说明了什么问题？

（3）通过这个案例你受到了什么启示？

第2单元　计划性接待工作

情景案例

2020年宏达商城经营颇有成效，实现经济效益翻番。为表彰宏达商城取得的成绩，总公司决定派公司副总经理王维、销售部主管张德成及总经办秘书王琳一行三人到宏达商城检查工作，交流经验。

宏达商城的秘书马韵璇接到接待任务后，马上到经理办公室请示工作，了解详细的情况。然后她认真拟写了接待方案，交给总经理钱涛审核后及时通知相关责任人，并把各自的工作任务以表格的形式打印出来交到个人手中，还提前打电话到××大酒店为检查小组预订了房间，并特意吩咐宾馆前台服务员注意把他们的房间楼层调高。因为王总有轻微的神经衰弱症，睡觉需要安静。检查小组到来的前一天，她把各项工作的负责人召集起来，一起检查各个接待环节的准备工作是否到位。下班前，她再次跟钱总确定明天去接机的时间。

第二天早上，马秘书按照约定时间等候钱总一起前往机场接机。不料钱总突然来电话说自己女儿发高烧，家里没人照料，他现在正在医院，暂时来不了了。马秘书听后赶紧跟公司赵副总联系，请他马上过来一同去接机。接着，她又给王琳秘书发了条信息，说明原因，并提前20分钟到达机场等候客人到来。见到王总后主动迎上前表示欢迎，并代钱总致歉，解释其不能亲自来迎接的原因。王总表示理解，双方简单交谈后，马秘书把他们带到车边，帮客人把车门打开，请客人一一坐好。一路上她概要地介绍了本市的城市特色及近几年的发展，还建议他们去尝尝当地有名的特色小吃，王总和随行人员愉快地接受了，表示有时间一定去。到了酒店，马秘书到服务台领取早就预订好的房间的房卡，带领他们到各自的房间，在简单地交代了日程安排后，就礼貌地告辞了。晚上，给王总一行安排了丰盛的晚宴接风，并为客人准备了丰富多彩的娱乐活动。第二天，上午王总一行听取钱总的工作汇报、参观商城，下午去了本市几个有名的景点，顺道品尝了当地的特色小吃，整个接待工作顺利完成。客人走后，马秘书对此次接待工作及时做了总结，受到了钱总的表扬。

项目任务

1. 试分析马秘书在这次接待工作中是按照怎样的接待程序进行的？有何成功之处？
2. 请根据案例材料拟写一份接待方案。

任务分析

计划性接待工作是秘书接待工作中的一项重要内容，相对于随机性接待工作，计划性接待有更充足的准备时间，更严格的接待程序。但是由于接待过程时间长，涉及的部门和人员多，因此也会有一些突发性事件发生，这就要求我们在做接待计划的同时必须要考虑到各种可能出现的意外情况，并做好应急准备，这样才是真正的有计划接待。马秘书的成功之处在于她较为细致地考虑到了接待工作的各个环节，并做了周密、全面的安排。她首先详细了解了来宾的情况，注意到来宾的生活习惯；其次，拟订了详细的接待方案，任务分工明确，责任落实到人，这样就不会产生遗漏和出现混乱局面；最后，她在客人到达前能做好各项工作的检查和回顾，随时与各方面人员保持联系。另外，马秘书对于突发事件的应变较为妥当，临变不乱、沉着应对，使接待工作能按计划顺利进行。

相关知识

「接待计划流程图」

1. 接待的基本程序

（1）收集来宾资料。充分收集来宾资料是做好接待工作的前提。秘书收集来宾的资料主要包括收集来宾的国别或地区，来宾代表的机构或组织，来宾的姓名、性别、人数、年龄、身份、职务、民族、宗教信仰、生活习惯、抵达的时间地点、离开的时间地点，乘坐的交通工具和行程安排，来宾来访的意图和目的等。

（2）拟订接待计划。接待计划是整个接待工作的依据，秘书在拟订接待计划时要充分考虑各方面的需要，接待计划要尽量具体、详细、实用，起到指导性和工具性作用。接待计划的内容主要包括以下几个部分。

① 明确接待方针。接待方针是接待工作总的指导思想和要求，秘书在接待不同身份的来宾时，侧重点要有所不同。如在接待上级领导时，应注重人身安全；在接待少数民族客人时，要强调尊重民族习惯；在接待外宾时，要强调国际礼仪；在接待外地客人时，要做好生活服务；在接待重要合作客户时，要做好安全保密等工作。

② 确定接待规格。接待规格是接待工作的具体标准，包括接待规模的大小、接待人员的身份高低、接待费用的支出多少。接待规格一般分为高规格接待、低规格接待、对等接待3种，如表3.2所示。

表3.2 接待规格一览表

接待规格	释义	适用范围
高规格接待	接待人员的职务比来宾的职务高的一种接待形式	上级领导派一般工作人员传达意见和要求时；合作单位派人洽谈重要事宜时；下级人员汇报重要情况时
低规格接待	接待人员的职务比来宾的职务低的一种接待形式	上级领导来视察检查工作时；合作客户参观旅游路过时
对等接待	接待人员与来宾的职务大致相同的一种接待形式	一般情况下接待方都采用这种接待形式

③ 确定接待日程。接待日程是指接待期间各项工作和活动的具体时间安排，主要包括接待的具体时间、接待活动的内容安排、接待活动实施的地点、接待陪同人员的工作安排等，如表3.3所示。

表3.3 ××活动日程安排表

日期	时间	地点	活动内容	参与人员

④ 安排接待人员。接待人员主要包括陪同人员和工作人员，陪同人员又包括主要陪同领导、相关职能部门领导和技术人员或相关人员，工作人员是指秘书和后勤保障人员。

⑤ 做好后勤保障工作。后勤保障工作主要包括生活安排、安全保卫、宣传报道等方面的工作。

a. 生活安排包括食宿安排和交通工具安排两个方面。食宿安排是整个接待工作中一个最需要注意的细节，不能有丝毫的闪失，否则之前的准备就前功尽弃了。要充分考虑来宾的人数、性别、习俗、身份及要求，在不违反规定的前提下，尽可能地满足来宾的要求。

b. 安全保卫工作要提前制定预案，在思想上保持高度警惕，切勿疏忽大意。

c. 在宣传报道方面，秘书要安排专门的摄影摄像人员跟随，注意保存图文报道资料，存档备案。

⑥ 预算接待经费。接待经费主要包括以下几部分。

a. 食宿费，来宾和工作人员的餐饮和宴请费用。

b. 劳务费，专家的讲课费和工作人员的加班费。

c. 交通费，接待期间的交通费用。

d. 工作经费，准备办公用品、各种资料和租借场地所发生的费用。

e. 宣传公关费，接待期间对外宣传、公关时所发生的费用。

f. 参观、娱乐费，来宾参观、娱乐所发生的费用。

g. 纪念品费，用于馈赠来宾纪念品所发生的费用。

h. 其他费用。

（3）做好接待准备。为了确保接待工作的顺利进行，秘书应在客人到来前检查接待工作所需的文件、资料、交通工具是否到位，接待室的电源及照明设施、空调、音响设备是否正常，桌椅、台签是否齐全，环境卫生是否干净，对相关的接待人员应及时提醒，保持联系，做好充分的准备迎接客人的到来。

（4）迎接来宾。核实客人乘坐的机、车、船抵达的具体时间、地点，如果需要到机场、车站、码头迎接，要准备好车辆提前到达相应的地点。如果是第一次见面，还需要准备接站牌，若有必要还应准备鲜花和仪仗队。当客人下飞机或车、船时，应主动做好介绍、引导和服务工作。安排好客人入住宾馆或酒店，递上日程安排表，约好下一项活动的时间后就可以离开了，切不可在客人房间逗留太久。

（5）安排宴请。安排宴请要根据来宾的情况和本部门的规定来确定宴请的环境、菜单和席位，要注意兼顾客人的饮食习惯和宗教禁忌。要事先通知对方宴请的时间、地点和赴宴人员，如需接送的则要安排好交通工具。在宴请时，秘书应先在门口迎接，引导来宾进入宴会房间并安排入座。

> **小技法**
>
> **会见、会谈的种类**
>
> （1）礼节性拜会（courtesy call）。
>
> （2）回拜（return call）。
>
> （3）正式会谈（official meeting; official talk）。

（4）接见（receive）。

（5）召见（summon）。

（6）访谈（interview）。

（7）辞行拜会（farewell call）。

（6）安排会见、会谈。在会见、会谈前，秘书要做好信息资料的收集工作，做到知己知彼。来宾抵达时，秘书要在大楼门口或大厅处迎候，引导来宾进入会客室。在会见、会谈中，秘书要认真做好记录。在会见、会谈结束时，有时要做好合影留念工作。会见、会谈结束后，要与来宾握手告别，重要的来宾则要送至一楼大厅或大门口处再握手告别。

（7）组织参观娱乐。参观游览和娱乐活动都有利于加深双方的了解，增进友谊。在具体安排参观游览时，要结合来宾的兴趣爱好，结合当地的实际，有针对性地选择游览项目，准备好游览路线、内容、交通工具。娱乐活动主要包括欣赏歌舞晚会、戏剧、文艺演出、音乐会等，要事先预订好座位、交通工具，并安排好陪同人员。

（8）送别。在确定来宾离开的时间后，视来宾需要是否预订返程票，提前订好车辆，通知相关人员做好准备。如果是飞机，须至少提前1小时送至机场，在目送来宾乘坐的交通工具启动后，送行人员才可离开。

（9）小结。在接待工作结束后，秘书要及时处理好善后事宜，结算接待经费，落实相关决议，写好接待工作小结，将相关资料信息收集齐全，整理归档。

2. 计划性接待的注意事项

（1）对来宾相关信息的收集要全面、具体，收集的渠道可灵活多样。

（2）要及时拟订接待计划，并报领导审批。

（3）接待工作要按制度办事，避免计划外开支，秘书有提醒、监督之责。

（4）实施接待工作时，秘书要多与相关部门联络沟通，做好协调工作。

实践训练

「某公司秘书接待工作」

1. 课堂讨论

【情景1】秘书琳达是公司人力资源部的行政助理，她今天的主要工作是接待安排应聘者，约定时间是上午10：00。9：30，琳达准备再去看看面试的场地还有没有什么遗漏的地方。走在过道里，遇到销售部经理，要她帮忙搬下椅子，他们下午开会，会议室的椅子不够。琳达同意帮忙，结果发现要搬很多把椅子。等她灰头土脸地回到接待室，发现已经来了好多人，许多参加面试的人员不清楚面试流程，一边大声议论，一边不断拥挤，现场一片混乱。请问秘书琳达的接待工作有何不妥之处？

【情景2】周华是宏大电子公司的秘书，老板吩咐他中午设宴招待西北来的客人，他按照老板平时饮食习惯点了很多猪肉类菜肴，并提前20分钟在包厢里等候。当客人到达酒店后，他把客人安排在临门的地方，菜肴上来时，几位客人都没有动筷子，原来他们都是回族，老板赶紧道歉，并吩咐临时更换菜单，结果这顿饭远远超出了原有的经费预算。周秘书在安排宴请时失误之处在哪里？

2．案例分析

正达公司王总经理原定于2月20日接待宏天公司齐总经理及其助手，商谈有关业务。可是2月18日王总经理接到上级主管部门的通知，要求王总经理于本月20日必须参加一个重要会议，不得缺席。王总经理只得请公司刘副总在约定接待日代替他出面接待宏天公司总经理一行人。

分析与讨论：

（1）刘副总出面接待，此次接待是什么接待规格？

（2）刘秘书作为此次接待工作的具体筹划者，此时应做好哪些工作以应对变化的情况？

3．实务训练

3月18日，洪泰集团贸易公司魏总经理吩咐秘书李小姐，让她明天上午10：00开车到机场迎接从未谋面的海乐公司刘总经理一行3人，接到后先送他们下榻华天宾馆。下午，再接刘总一行到洪泰贸易大厦620接待室会谈。晚上7：00由洪泰公司宴请客人，李秘书陪同。

实训要求：

（1）本实训选择在实训室进行，实训场所可分3个接待区域：机场、接待室、宴会厅。

（2）实训分小组进行，每5人一组，自行确定宾主双方，分别扮演秘书、魏总和刘总经理及其随行人员。

（3）接待时的情节内容自拟，情景要逼真，演示时要真正从角色的角度考虑，角色的措辞既要认真斟酌，合乎接待的规范，又要让学生有所发挥，有所创新。

（4）当一组演示时，其余各组认真观看；当该组演示完毕，其余小组同学就该组演示时的优缺点予以点评。

（5）教师归纳总结，全班同学推选最佳实训小组。

（6）每组实训演示时间控制在6分钟左右；机动时间为10分钟。

（7）除实训室提供必要的设备、物品外，学生还须自备（制作）一些实训道具，如接站牌、名片、座签等。

实训内容：

（1）领导下达任务，秘书向领导咨询、收集相关信息。

（2）秘书在机场迎接客人。

（3）布置接待室及安排座位。

（4）秘书引导客人进入接待室，介绍宾主双方并提供服务。

（5）布置宴会厅及安排座位。

（6）在宴会厅，秘书做好引导、陪同客人工作。

第3单元　随机性接待工作

情景案例

某日下午3：00，宏达玩具实业公司经理李成要接待一位重要的预约客人。秘书何莉按照惯例，她会在 2:30 提醒经理下午的会见，2:55 左右下楼迎接客人。2:50 电话铃响，前台小姐说客人已经来了。何秘书马上乘电梯到大厅，一出电梯门，就向客人走去，并主动伸手相握，欢迎他的到来。随后引导客人乘坐电梯，何秘书按下电梯的按钮，请客人先进，然后自己跟着进去，并按下到达楼层的按钮。到了办公楼层，何秘书按住按钮，让客人先出去，自己再走出。何秘书先把客人带到自己的办公室，请他坐下，询问对方喝什么，征得意见后她倒了一杯茶放在客人座位旁边的茶几上，说："请喝茶。"然后与李经理联系，告诉他客人已经到了，问是否现在带他过去。得到李经理的同意后，何秘书马上把客人带到经理办公室……会谈结束后，何秘书陪同李经理一起送别客人。

次日上午 10:00 左右，何秘书正在前台值班，进来一位中年客人。他自我介绍说是西安某公司负责市场的副经理，希望能与公司经理见面，商谈做陕西总代理的事。何秘书知道公司上个星期就已经确定了陕西的总代理，正说着，工商银行信贷部赵经理也推门而入，说是路过，好久不见公司李经理，想跟他聊聊天。何秘书微笑着请他们坐下，送上茶水和公司的一些宣传图片资料，请他们稍等片刻。然后，转身用内线电话向李经理请示，得到李经理的许可后，她回头对工行信贷部经理说："赵经理，我们李总也很想念您，这不，他正在办公室等您呢，您这边请。"何秘书给赵经理指明方向后，又回过头来招呼西安某公司的副总，"真的不好意思，让您久等了。关于总代理这件事我们当然非常希望能与您合作，不过不巧的是我们公司上星期已经确定了总代理的人选，很遗憾您来迟了一步。"何秘书委婉地表示了歉意，看到对方失望的表情，她马上又补充道："不过没有关系，这次不行我们还有可能下次合作。您看这样行不行，您把资料留下，我会及时向李经理汇报的，如果以后有机会，我们第一时间通知您好吗？"

"好的，谢谢，这是我的名片，以后请多多关照。"

何秘书双手接过名片，仔细浏览："哦，原来是夏经理，失敬失敬，以后我们还要多联系。"

"好的，那我就先告辞了。"夏经理起身告辞。何秘书赶紧起身走在他的左手边送他出办公室，到了门口，握手告别，欢迎他以后再来，目送夏经理远去之后才回来。

项目任务

何秘书是如何做好随机性接待工作的？你得到了什么样的启发？

任务分析

何秘书的随机性接待工作是做得圆满和出色的。随机性接待与计划性接待的一个区别就是秘书在接待前和接待过程中的准备时间不同。特别是随机性接待的非预约性接待有很大的机动性，没有很多的准备时间，主要靠秘书的临场应变，这就给秘书的接待工作带来更大的挑战和压力，它要求秘书要有良好的职业素养和心理素质，具有一定的观察力、判断力和临场应变力，对于不同客人的要求能够迅速做出反应，既要学会挡驾，以免给领导增加不必要的麻烦，又要尊重客人，充分展示公司的形象和个人素质。在预约性接待时何秘书严格按照规范的接待程序进行，讲究礼仪、态度热情，整个接待过程有条不紊、细致周到，使来访客人满意而归。在非预约性接待时，何秘书也做到了有礼有节、及时应变，她首先对来访客人耐心询问，掌握情况、明确客人来意后，立即征求上司的指示，及时做好来访客人的分流，对西安某公司夏经理的挡驾，何秘书没有擅作主张，也是及时征询了上司的意见，委婉、得体、尊重、体贴是何秘书在挡驾过程中体现出来的高超的接待艺术。

要做好随机性接待工作，娴熟、练达的接待技能是一方面，更重要的是要有良好的服务意识和不厌其烦、时时为来客着想的工作态度。

相关知识

随机性接待是秘书日常接待工作中最常见的一种工作，大致分为有预约的接待和未预约的接待两种。这种日常随机性的接待无须制订接待计划，只要按照习惯的程序和礼仪进行接待即可。

1．有预约的接待

预约性接待一般的工作程序如下所述。

（1）主动招呼。秘书在接待客人时，在听到敲门声后，要马上停下正在做的事情，微笑着迎上前问好，招呼对方坐下，准备好茶水。注意茶不要太满，八分满即可，水温不要太烫，避免烫伤客人。在上茶时，以左手托住茶盘底部，右手扶着茶杯外缘，从客人右方奉上，面带微笑，双目注视客人说，"请喝茶""这是您的茶，请慢用"。如果来宾有两人以上，那么上茶时就要按职位的高低顺序先后端给不同的客人，再按职位高低把茶端给自己公司的接待人员。

（2）细心询问。对于客人的来意秘书要细心询问，看可以提供什么帮助，必要时要准备做好记录，留下对方的联系方式，注明客人的要求，及时给出答复。也可以让来宾填写来访登记表，把来访者的基本信息登记在表格上，以便今后查找。来访登记表如表3.4所示。

表3.4　来访登记表

日期	来访者姓名	来访者单位	到达时间	来访事由	被访者
20××.3.6	张××	×××××公司	9：45	商谈业务	销售部经理
20××.3.8	曹××	×××公司	2：50	会谈	总经理
…	…	…	…	…	…

（3）引领客人。对于有预约的客人，秘书在征得领导同意后，要及时引见给领导。对于初次来公司的客人，秘书应主动带路，边走边以手示意，并说，"这边请""请这边走"，在上下楼梯和拐弯处要提醒客人注意。进领导办公室时，秘书要先敲门，如果门是向外开的，秘书要打开门后请客人先进去；如果门是向里开的，秘书在打开门后自己先进去，按住门把手敞开门让客人进来。

（4）及时介绍。当上司与客人是初次见面时，秘书应负责给双方介绍，介绍的顺序如下所述。

① 先将本公司的人员介绍给客人。

② 先将职务低的介绍给职务高的。

③ 先将男士介绍给女士，但在聚会等特殊场合，有时也需要先介绍女士。

④ 在互相介绍时，口齿要简洁、清楚，在说到姓名时，速度要稍慢一些，以便让那些还没有做好准备的人也能听清。

秘书在介绍双方认识后，给他们分别上茶，以目光询问是否有需要代办的事情，如没有，就轻轻退出带上门。注意在走动时不要发出声音，以免影响双方的会谈。

（5）礼貌送别。客人要离开公司时，秘书也要起身微笑相送，欢迎客人下次再来，并提醒他有无遗漏物品。如果是重要的客人，就要送到门口或电梯口，主动帮客人按下电梯按钮，跟客人握手道别，目送其远去再返回。

「如何记住对方的姓名」

♥ **小技法**

接待工作之"迎3送7"

接待工作要学会"迎3送7"，即客人来时先主动向前迎3步，客人离开时主动送7步。小小几步，能让客人感受到接待方的热情和真诚。

---

2. 未预约的接待

对于没有预约的临时来访者，秘书应在了解来意后，根据当时情况及时处理，一般的做法包括以下几个方面。

（1）热情问候。不管在任何时候，秘书都要保持面部微笑，对未预约的来访者，也要主动上前问候，礼貌欢迎。

（2）了解来意。及时了解来访者的来意，看看被访问的部门或人员是否方便。如果来访者要求当时见面，就要设法联系有关部门，确定是否可行。如果可以，就按照预约来访者的工作顺序进行；如果被访问者不方便，则向来访者说明情况，请对方留下联系方式，保证尽快将留言递交给被访者，或尽快安排双方见面。

（3）耐心倾听。秘书在接待来访者时，要保持耐心、细心的态度，对于一些急躁或言语激烈的客人，要心态平和，切不可言语相激，致使事态恶化。在处理投诉时，要细心询问对方的要求，了解可能发生的原因，留下对方的联系方式，向对方承诺会尽快处理此事，解决问题。

（4）学会挡驾。有些来访者是领导不愿意见或暂时没有时间接见的，对于这些客人，秘书要学会巧妙挡驾，找借口婉拒来访者，但是在向对方表明原因时一定要注意言辞的礼貌、客气，不可生硬地一口回绝对方，给客人留下不好的印象。一般可以借口说领导不在办公室，或正在开会，或刚出去了，或建议对方预约下次见面的时间，先留下联系方式，等领导回来后及时禀告，待领导决定后及时通知对方。

📖 **相关链接**

「恒达秘书事务所前台接待」

挡驾的艺术

1. 当确定领导不想见来访者时，可以这样回答来访者："希望我能多给您一些帮助，但某某（领导）近来公务繁忙，见面可能需要过一段时间，您最好先与他邮件联系。"

2. 对于请求赞助的来访者，秘书可以进行如下答复："我们公司每年都有不少团体要求捐款，某某（领导）很乐意做这些事，可是公司的捐助预算有一定的金额，不能超出预算，可以把你的资料留下，我想某某（领导）很乐意在下一年度捐款时将贵团体列入考虑范围。"

3. 如果秘书发现来访者的事情应该找公司的其他人交涉，应该这样答复："这件事应该由某某先生处理，我很乐意为您安排见面。如果他现在不忙，我相信他会很高兴马上见您。"如果来访者同意，秘书应该给某某先生打电话解释，然后告诉来访者相应的安排，比如说："某某先生今天事情比较多，他问您明天上午9点是否可以？"

4. 有些来访者不听任何解释，胡搅蛮缠。对于接待这种固执任性的来访者，秘书应该毫不妥协，不失礼貌地反复进行解释。同时不要忘记向来访者保证：如果对方写信给领导，领导一定会看到这封信。

5. 如果来访者进行威胁，秘书可以悄悄地告诉领导，或者给公司保安部门打电话，千万不要与来访者直接发生冲突。

6. 如果来访者情绪激动，秘书应想办法使他们平静下来，这种时候最好由女秘书出面接待。

实践训练

1. 课堂讨论

【情景1】琳达是公司的前台接待，一天来了一位情绪非常激动的客人，他大声嚷嚷说要投诉公司，要见老板，要求公司马上赔偿他的损失。琳达赶紧代替公司道歉，并把他带到一间休息室，详谈了20分钟了解情况。请问琳达的处理对吗？

【情景2】孙秘书正在接待一位订盒饭的客人，这时经理夫人走进来了，孙秘书马上起身相迎，热情地寒暄、说笑。等经理夫人起身要告辞时，孙秘书才想起还有一位客人在，转身再看，客人不知什么时候已经走了。孙秘书的接待有何不妥？

2. 案例分析

【案例1】小王是销售部的经理助理，她主要负责接待来访客人。销售部每天要接待各种不同的客人，因此小王每天的工作非常繁忙。有一天，一位与销售部经理预约好的客人提前半小时到达了公司。小王立刻通知了销售部经理，而经理正在接待一位重要的客人，所以让对方稍等。小王向客人转告说："经理正在接待一位重要的客人，请您稍等一下。"小王说完就匆匆用手指了指椅子，说了声"请坐"，就去做其他事情了。

分析与讨论：

（1）请问小王在接待过程中有哪些问题？

（2）如果你是小王，你应该如何接待这位客人？

【案例2】"咚、咚"的敲门声打断了正在写投标书的杨秘的思路，小杨头也没抬地说："请进。"门开了，来访者进门后连忙介绍自己姓汤，是约好此时见总经理的。小杨说："请稍等，我去看看总经理有没有时间。"不一会儿，小杨回来对汤先生说："总经理让我带你去会客室稍等一会儿，他马上到。"在去会客室的路上，小杨走在客人的右侧，一边走，一边想着投标书的事。到了会客室门口，小杨打开门，先进去，并请汤先生坐在门口处。然后，他从茶盘中随意拿起一只茶杯给汤先生冲了满满一杯浓茶，单手递给了汤先生，汤先生接过杯子连声道谢。

分析与讨论：

杨秘书在哪些接待环节犯了错误？请进行简要分析。

【案例3】马平第一天到宏大汽车销售公司办公室上班，就接待了3位客人。第一位客人来时，他正在打电话，看到客人时，他点了点头就继续打电话，客人等了10分钟后就起身走了；第二位客人说要找黄经理商谈业务，马平直接告诉他经理的办公室让他自己去找，结果客人找错了地方，耽误了半小时才到，造成经理后面的约会被迫取消；第三位客人没有预约，马平询问他有什么事，他说是经理的表哥，马平就让他进去，结果下班时马平被经理狠狠地批评了一番，说下午的那个推销员浪费他2个小时的时间。

分析与讨论：

请问秘书马平有哪些地方做得不对？

3．实务训练

某天下午，秘书小肖正在接电话，忽然看见两个客人直接去经理办公室。肖秘书赶紧叫住他们，客人不耐烦地说："我找你们经理有事，上午刚来过的，他让我们下午再来，上午的事还没有办完。"肖秘书说："对不起，请你们稍等一下，我马上和经理联系。"总经理在电话里说："我不想见他们，你帮我处理一下。"请演示肖秘书应该如何做？

实训说明：

（1）本实训可选择在模拟的办公室或教室进行，最好能配置电话机。

（2）实训应分组进行，可以4人一组，其中1人扮演秘书，2人扮演客人，1人扮演总经理。每个人都要轮流扮演肖秘书和客人。

（3）教师总结。

第4单元　涉外接待工作

情景案例

常秘书第一次参加涉外接待，为了广交朋友，他靠近外宾身边坐下与之交谈，有时还拍拍外宾的肩膀，显得十分亲热。他先是说些荒诞的笑话，本以为会赢得外宾的笑声，岂料外宾并不买账。他又转换话题，大谈该国的政治与宗教，反而更加引起外宾的反感。常秘书又主动谈起自己的工作经历、学历、工资收入等，外宾同样不感兴趣，常秘书觉得非常郁闷，自己为什么不受欢迎呢？

项目任务

1．请找出常秘书不受欢迎的原因。

2. 涉外接待时应注意哪些问题？

任务分析

常秘书在涉外接待过程中不受欢迎的原因是，在与外宾沟通交流时，首先，没有注意基本的国际礼仪，没有考虑到对方所在国家的风俗礼仪和生活习惯，如公共场合过分张扬、为博取外宾好感言笑晏晏、旁若无人、随意拍别人的肩膀等，殊不知这样做反而适得其反，很容易引起外宾的反感；其次，常秘书没有选择好沟通交流的话题，宗教、政治、个人隐私等都是涉外社交活动中忌讳的话题，不要随意触及。

涉外接待由于接待对象的国家、民族、政治、宗教信仰、价值观、生活习惯等方面的差异，造成了接待工作的特殊性、复杂性、灵活性，涉外接待工作的成败不但关系个人形象，而且还会影响公司利益甚至国家民族的尊严。作为涉外接待工作人员，要遵守的首要接待准则就是明确基本的涉外接待工作立场，要做到热情而不轻浮、友好而不阿谀、谦虚而不自卑、谨慎而不胆怯，举止文雅、落落大方、不卑不亢，处处体现中国人民的精神面貌，严格遵守国际礼仪和接待对象所在国家的风俗、生活习惯。

相关知识

外宾接待和内宾接待的程序大致相同，但是考虑到不同的国家、民族、宗教信仰、传统习惯、文化背景的差异，在接待外宾的工作过程中，更要注意细节的把握。在接待规格、接待计划、接待人员的安排上，既要符合国际礼仪的标准，又要结合我国的国情，既要有礼有节，又要坚守原则、保守秘密。下面介绍涉外接待工作的几个要点。

1. 准备工作

涉外接待的准备工作主要包括对客方信息资料的调查和对己方接待工作的计划安排、物质资料的准备和生活环境的准备两个方面。要想做到知己知彼，就要充分了解相关情况。

（1）对客方。要收集来宾人数、性别、国籍、民族、身份、职位、风俗习惯、文化差异、兴趣爱好等背景资料及抵达日期、要求等情况，对对方的了解越多、越详细，越好。

（2）对己方。作为接待方，要做好大量的准备工作，如制订详细的接待计划，并报请领导或上级主管部门审定，准备相应的文件资料，做好后勤保障工作等。

2. 迎接工作

在迎接过程中要诚实守信、热情友好、不卑不亢、求同存异、遵守国际交往礼仪，具体要做到以下几点。

（1）准确了解外宾乘坐交通工具到达的时间，提前做好准备。

（2）安排好外宾和陪同人员用车。

（3）外宾到达时，安排好人员迎接，包括主要迎接人员（身份相称）、陪同人员、译员等。

（4）准备好客房和休息室。

迎接外宾的注意事项

1. 当接待对象职位较高时，应在机场（车站、码头）安排休息室（备好饮品）。

2. 如客人首次来访，双方又互不认识，则应事先联系好或制作特定标志牌，方便对方辨认；行李票的交接、行李的运输要有专人负责；要客的行李要先取，及时派专人送，以便客人使用。

3. 提前联系办理出入境手续，办理边防海关等部门的免检、免验手续。

4. 客人抵达后，应留点时间让客人稍稍休息，然后再安排活动。

5. 不能将外宾安排到非涉外宾馆下榻。

6. 对参观、游览、会见等活动场所要事先了解，做到心中有数。

7. 准备中外文日程，如有变动，要及时通知有关人员。

3. 日程安排

要事先将日程安排传给对方，征求意见后再修改定稿，在外宾到达后，还要再次确定日程安排有没有异动，要充分考虑因时差等原因造成的临时变动，以便及时做出相应的调整。

4. 会见会谈工作

会见会谈工作是接待工作的重点和核心，秘书要事先确定好时间、地点，通知有关领导和参与会见会谈的人员。在会见会谈正式开始前，要检查会谈室的仪器设备、环境卫生、文件资料、座位次序、茶水饮料、水果点心、安全保障等工作是否安排妥当，要在外宾到达前，在门口迎候。

涉外社交中禁忌的话题

1. 年龄。2. 收入。3. 家庭婚姻状况。4. 过去的病史。5. 宗教信仰。6. 政治。7. 民族习俗。8. 大谈自己的成就。9. 言及别人的缺陷。10. 议论他人是非。

5. 宴请工作

宴请外宾常采用宴会、冷餐（自助餐）和酒会的形式，还可以举行茶会招待客人。宴请一般遵守入乡随俗的国际原则，但是也要考虑客人的特殊要求，如在菜肴的选择上，要特别注意不同国别、民族的饮食习惯，再如，宴请西方人，要规避日期为 13 的时间，尤其是某月 13 日与星期五为同一天的时间。

「宴会的形式」

6. 参观游览

参观游览工作是增进双方感情，促进交流合作的一种工作方式。在安排参观游览的景点和路线时，首先，要确定有相应部门的负责人陪同，做好介绍服务工作；其次，选择参观游览的地点，最好能体现单位的新面貌，展现祖国的大好河山和优秀的传统文化；最后，在涉外活动中，要做好安全保密工作，注意交谈分寸。

7. 赠送礼品

根据我国礼尚往来的传统，如果客人赠送了礼品，作为接待方一定要回赠对方，在礼品的选择上要注意如下几点。

（1）根据对象，事先准备好礼品。

（2）礼品的选择要有纪念价值，经济价值则不用很高。

（3）赠送的礼品要登记在册，以免下次重复。

相关链接

不同国家的送礼学问

在国际商务交往中，礼尚往来是建立人际关系、拓展业务范围不可缺少的一部分。因此，必须懂得各国的送礼习惯，掌握好送礼的规则和艺术。若运用不当，则会造成双方关系的不和睦，严重时甚至会导致关系中断。

美国：美国人对礼品的喜好主要讲究奇特性。只要礼品能满足他们的好奇心，他们就会对送礼者有一个好印象。可以送一些具有独特风格或民族特色的小礼品，例如，我国产的仿兵马俑，在美国人心中就是一种难得的礼品。此外，包装礼品时不要用黑色的纸，因为黑色在美国人眼里是不吉利的颜色。同时，要注意赠送礼物的时机，不应在生意交谈的开始，而应在结束的时候。

英国：在英国，请吃饭或看歌剧等可代替送礼。给英国人准备礼物时，应准备一些价格不太高的礼品。如果礼品价格很高，可能会被误认为是一种贿赂。送一些精致巧克力、一束鲜花，都能得到收礼者的喜欢。但要注意，最好不要送印有公司标志的礼品。对英国人来说，除非你跟他们很熟，否则不要给他们送礼物，不然他们会认为送礼的人很庸俗，是想得到他们的报答。

法国：初次结识一个法国人，不要送礼。法国人崇尚艺术，因此，所送礼品最好带有一些艺术性，如一件有特色的仿古礼品。如果应邀到法国人家中用餐，应带上几支不加捆扎的鲜花，菊花除外。

德国：德国人很注意礼物的包装，切勿用白色、黑色或棕色的包装纸或丝带进行包扎。如果礼品包装粗糙，他们会认为是对人的不尊重。另外，不要送尖锐的东西，因为德国人视其为不祥之兆。邀请去郊游，是德国人极喜欢的，那样会大得人心，但一定要进行细致周到的安排。

日本：给日本人准备礼品时，不要一次送4样或9样东西，因为在日文中"4"与"死"字谐音，而"9"则与"苦"字谐音。日本人喜欢名牌商品，但对装饰着狐狸和獾的东西很反感。他们认为，狐狸是贪婪的象征，獾则代表狡诈。到日本人家中做客，携带的菊花只能有15个花瓣，因为只有皇室的帽徽上才能有16个花瓣的菊花。日本人认为，赠给个人礼品应当在私下赠送，不应在公开场合赠送，除非给在场的每个人都赠送礼品。

中东地区：中东地区人士多信奉伊斯兰教，禁酒，因此切忌送酒给他们，而且还应注意千万不要送礼物给他们的妻子。

非洲国家：非洲国家对礼品的价值不太讲究，但重视礼品的实用性，不宜送高档礼品。

阿拉伯国家：阿拉伯国家的人们也像日本人一样，把礼尚往来看成是一件自豪的正经事。精美、华丽的礼物，比平淡简单的礼物更受欢迎；有名的东西，比无名的古董更受喜欢；智力玩具和工艺品，比单纯实用的东西更受偏爱。各种酒类，以及那些描绘有动物的礼物，不受欢迎。

实践训练

1. 课堂讨论

【情景1】张总吩咐秘书小王设宴招待德国方维科技有限公司来的三位客人，小王接受任务后，就去酒店点菜。为了体现地方菜系特色，他点了口味蛇、红烧青蛙等。在就餐时频频向客人敬酒以示热情，在餐桌上大声地说笑，结果客人没等菜上齐就借口不适提前退场了。王秘书的待客有何不妥？

【情景2】华威集团的斯密斯先生和夫人准备来中国分公司考察一周，分公司接到任务后，所有部门都进行了紧张忙碌的准备工作。斯密斯先生和夫人到达后，先视察了分公司的发展情况，深入车间考察了生产流程，又听取了分公司周总经理的汇报，整个过程没有差错，就在大家松一口气时，斯密斯夫人突然提出想看看员工的宿舍。这是大家没有想到的，赶紧临时去安排车辆和人员，通知宿舍管理员，一阵手忙脚乱之后，才匆匆到达。宿舍里一片凌乱，垃圾随意放置，衣服洗漱用品随处可见，斯密斯夫人皱皱眉头就退出去了。分公司的接待工作存在什么问题？

2. 案例分析

某省茶叶进出口公司罗经理与英国客商詹姆斯商谈一笔价值20万英镑的茶叶出口合同，江秘书做接待工作兼翻译。詹姆斯先生一进门，秘书马上引其进会客室，罗经理已经等在那里了，经过一番简单介绍，他们发现詹姆斯先生略通中文，能听懂不少中国话。罗经理与詹姆斯寒暄的时候，江秘书前去泡茶，她用手从茶叶罐中取出一撮乌龙茶放在茶杯内，冲上滚开的水，把杯子递给了詹姆斯先生。

罗经理和詹姆斯先生都看到了这一幕，詹姆斯先生疑惑地问："听说你们中国在加工碧螺春时，姑娘们用手蘸着唾液把茶叶卷起来，是不是？"罗经理没来得及回话，江秘书立即抢先答道："那种茶叶样子特别好看，味道特别香呢！"罗经理连连解释："不，不，不，几十年前是那样，但现在茶叶的种植、采集、加工都是严格按照国家出口标准进行，不会再出现类似的情况。"詹姆斯说："那刚才那位小姐不正是用手抓的吗？"

罗经理赶紧转移话题，引导詹姆斯到茶叶样品前，双方就合同事宜洽谈起来，在价格上双方争执不下。最后，罗经理说："我按最低价格打九折给你。"詹姆斯沉默不语，江秘书见状马上说道："我们已经给你最低成本价，你应该要接受了，而且你连茶都没喝一口，怎么知道质量不好呢？"

詹姆斯听了，耸耸肩，说了声抱歉，拔腿就走。

望着詹姆斯的背影，罗经理冲着江秘书一顿责备："好好的一笔生意，被你给搅没了！"

江秘书不知所措："经理，我不是一直在帮忙吗，怎么做错了呢？"

分析与讨论：

（1）江秘书在这次接待工作中有没有错误？如果有，错在哪？

（2）江秘书作为秘书兼翻译，应该要具备怎样的角色意识？

3. 实务训练

美国红帽软件的副总裁将于下周二来我公司进行参观交流，此行还有该公司的营销总监和相关人员。他们将在我市停留 2 天，之后要去北京参加一个国际交流峰会。公司非常重视这次来访，为做好接待工作，公司专门成立一个接待小组负责本次接待工作。如让你担任这个接待小组的组长，你将如何筹办本次接待工作？

实训说明：

（1）本实训可选择在实训室进行，最好能配置真实的接待室。

（2）以组为单位，成立接待筹备组，选出接待小组长，分工负责相关接待事务。

（3）按照实训内容拟写此次涉外接待的方案、设计演练的脚本（包括情节和台词），并给本小组成员分派角色。

（4）在实训室分组演示涉外接待的整个过程，其余小组观看并进行点评。

（5）教师总结。

知识小结

本模块主要介绍了几种不同接待工作的程序和方法，重点介绍了计划性接待和随机性接待的工作细节，比较涉外接待与内宾接待的不同，详细说明了接待过程中需要注意的具体事项。总体而言，接待工作主要分为 6 个部分的内容，即了解来宾情况、确定接待规格、制订接待计划、做好接待准备、实施接待工作、做好接待总结。接待工作的前期准备是接待工作成功的基础，接待计划的制订是决定接待工作能否成功的关键，接待计划的具体实施则是整个接待工作能否完成的核心。做好接待工作，对树立单位形象起着至关重要的作用。

阅读资料

企业秘书接待文化思考

接待工作是企业秘书的一项重要工作。随着社会经济的快速发展，各企业之间信息、技术、资金的交流日益频繁，由此带来大量的人员流动，上级领导的视察、兄弟单位及合作伙伴之间参观、学习及业务洽谈的频次也与日俱增，这就使得接待工作越发重要。在新形势下，企业秘书的接待工作应重视以下几个方面。

1. 更新观念、传播文化。在新形势下，企业秘书应及时更新观念，充分认识到接待工作是企业看似被动、实则主动的一种广义的公关行为，是企业联系内外的纽带和桥梁。通过接待工作，企业可以展示实力、树立形象，可以积累丰富的关系资源，可以吸引投资、扩大合作，从而推动经济的快速发展。因此，必须把接待工作看作企业经济工作的一个重要组成部分，不能仅仅停留在迎来送往、安排食宿的低层次上。做好接待工作不仅是企业长远发展的需要，也是从更高层次上展示企业形象的需要。秘书对每一项接待工作都要高度重视并树立强烈的机遇意识、责任意识，将其作为一项政治任务来完成；要树立"每个人都代表企业形象，每个人的一言一行都是企业文化的折射"的思想意识，保证高质量地完成每一次接待任务。有些客人可能一生只到某企业造访一次，如果这一次的接待工作热情周到、精心细腻，企业良好的精神风貌、浓厚的文化氛围和高水平的服务将会给客人留下终生的印象。

2．精心策划，突出特色。要做好每一项接待工作，首先必须进行方案的策划与制定。只有精心策划、充分准备，接待活动才有可能成为成功的公关活动，否则就可能沦为低层次的迎来送往的应酬活动，甚至可能损害企业的形象。每项接待活动，都要以实现来宾的目的和企业的公关期望为原则，制定出符合来宾身份的完善的接待工作方案和实施细则，详细安排日程、接站、用车、就餐、住宿、参观等各项活动，充分考虑到各方面的细节，并体现一定的创意与创新。每个企业都有自己的企业文化，作为展示企业形象的"窗口"，接待工作同样需要有自己的特色和风格。因此，要通过公关接待活动的每一个环节着力体现企业的特色。不论是宏观的整体方案的策划还是微观的接站牌的设计、汇报材料的写作，甚至接待车辆的停放，都要努力凸显企业与众不同之处，让来宾从接待工作的点点滴滴中感受到企业的个性，感受到企业文化的特色。

3．优化流程、规范运作。接待方案制定后，就要严格按照方案进行程序化运作，使接待工作中的各个环节有序衔接、首尾相连，必要时可以制作接待工作清单，对接待工作中的各要素进行全面清点，以确保工作进程的有序性、稳定性和连续性。同时，对接待工作中的每道程序都要事先进行规范，这样才能确保整个接待工作有序进行。秘书还要对接待效果进行科学的评估与监测，及时做好来宾反馈信息的收集和处理工作，不断优化接待流程，力求接待活动效益的最大化。

4．关注细节、注重实效。细节决定成败。接待工作来不得半点马虎，必须处处留心，周密考虑，谨慎行事。在重大的接待工作中，接待工作负责人在对全局进行总体把控的前提下要随时根据接待工作的需要对接待方案予以调整；具体接待人员则要主动进行全程模拟思考，从准备会议室到用车，从参观到进餐，对每一个细节都要细致地思索一遍，以便及时弥补可能存在的疏漏。接待工作人员要"眼观六路、耳听八方"，对来宾的一个眼神、一个动作、不经意的一句话，都要留意和体会，以便及时采取应变措施。这就要求秘书要加强灵活应变、临场发挥能力的训练，提高处理突发事件、意外发生能力的训练，以便将各类有损企业形象的细节问题解决在萌芽状态，确保接待工作实现"零失误"。秘书要充分利用接待工作的每一个细节展示企业的全新风采和企业独具魅力的特色文化，利用每一次接待机会增强企业的凝聚力和向心力，提升企业的知名度和影响力。

在新形势下，秘书只有结合企业自身的实际，自觉创新公关工作思路，丰富公关工作内容，才能推动接待工作不断创新。要积极探索能够更好地反映企业精神与企业亮点，体现企业文化的接待方式和方法，与时俱进、开拓创新，使接待工作在企业发展中发挥更大的作用。

（百度文库.http://wenku.baidu.com/view/9d7ff8dd5022aaea998f0fd5.html）

模块 4
会议组织工作

学习目标

知识目标	能力目标	素质目标
● 了解会议组织的基本程序 ● 熟悉会议组织的各项内容	● 能够做好会前筹备、会中服务及会后善后落实等实际工作 ● 具备相应的会议组织协调能力，确保会议圆满成功 ● 掌握会议相关文件的写作技巧	● 培养务实干练、认真谨慎的工作作风 ● 培养并逐步具备管理者应有的宏观视野和全局意识 ● 具备保密意识和奉献精神

第1单元　会议概述

情景案例

宏达商业集团公司办公室今年上半年组织了公司几次大型的会议活动，但效果不尽如人意，会务组织工做出现了许多问题，公司罗总经理很不满意。为此，总经办主任赵华成在提交的本部门上半年工作总结中对前段时间的会务工作进行了反思，指出出现问题最主要的原因在于办公室工作人员在会议组织工作上缺乏经验。因为前段时间对办公室工作人员的人员结构进行了很大的调整，在新进员工中，有部分员工并不是秘书专业的科班出身，而是从其他职业岗位转岗而来的，因此，办公室要加强对新进员工的培训工作。

公司第一期新员工培训班定于下周一开课。资深秘书、经理助理李路明是主讲教师之一，他的授课内容是会议的组织与筹划。在备课时，李助理觉得第一堂课很重要，应该从最基本的内容讲起，只有把会议的基本知识讲清了，学员才能真正理解和掌握会议组织与筹划的具体方法和技巧。

项目任务

如果你是李路明，你将向新员工讲授会议的哪些基本知识？

任务分析

出席会议与组织会议是完全不同的两码事。会议开得是否成功，不仅取决于与会人员的态度与智慧，更取决于会议的组织工作。会议组织得当，准备充分，就等于成功了一半。但一些秘书，要么因为并非专业出身，要么就是经验欠缺，往往导致组织会议的成效不大。

经验是慢慢积累的，但组织会议的知识却是一个秘书人员必不可少的，是其组织会议的基础。一般而言，一个会议组织者，必须要懂得会议的基本要素。大中型的会议，只要会议的一个要素没有处理好，就会出现顾此失彼、全盘混乱的现象，从而影响会议的质量与成功。会议的分类也是应当加以注意的，因为不同的会议其组织方式常有不同。另外，秘书人员必须具备高度的会议意识，只有对会议功能有清醒的认识，才会尽心尽力地把会议的组织工作做好。

相关知识

单位组织的正常运转，离不开大大小小的各种会议。秘书日常工作的重要一项，就是把这些例行或临时的会议熟练地组织好，以推动工作的开展。

1. 会议的概念、种类及功能

（1）会议的概念。会议是指三人以上聚集在一起，就某个或某些议题进行讨论或解决的一种多向沟通方式。两个人谈话或讨论叫作交谈或会谈。会议必须是三人以上，按一定的组织原则聚集在一起，遵循一定的程序进行的。

（2）会议的种类。从不同的角度出发，可以将会议划分为不同的类型，如表4.1所示。

表4.1 会议种类

划分标准	类型
规模	小型、大型和特大型会议
性质	决策性会议、专业性会议、动员性会议、纪念性会议、外事性会议和综合性会议
时间	常规型定期会议和非常规型不定期会议
会议采用的媒介	集中性会议和远程会议（如电话会议、电视会议、网络会议等）
会议地域	国际性会议、全国性会议、地方性会议等
会议召开的阶段	预备会议和正式会议

（3）会议的功能。会议功能即会议所发挥的作用，会议具有其他沟通形式不可替代的功能，主要有决策、执行、监督、协调、咨询等功能。

2. 会议的要素

要使会议成功，取得理想的效果，秘书必须了解会议组织的基本规律，掌握会议的6个要素，即与会者、主办者、会议议题、会议名称、会议时间和会议地点。

（1）与会者。与会者就是参加和参与会议的成员。与会者的数量决定了会议的规模。与会者一般可分为以下几种，身份不同，在会议中的权利和义务也不同。

① 主持人。会议主持人是负责控制和推进会议进程的人员，往往也是会议的组织者和召集者，对会议的正常开展和取得的预期效果起着领导和保证作用。

② 出席人。会议出席人员有 4 种，正式成员、列席成员、特邀成员、旁听成员，他们在会议中的作用各有不同。

💙 **小技法**

如何为上司外出参加会议做准备

如果上司要参加外面的会议或聚会，秘书应做好以下准备工作。

1. 收到通知后，马上向上司请示是否参会。

2. 根据上司的意见，与举办方进行联系。

3. 如果要求以书面形式答复，就以书面的形式答复。

4. 如果上司参会，应马上记入上司的日程表，并办理配车手续。

5. 在出席会议或聚会的时候，会前、会后在时间上要留有一定的富余，以便上司在会前、会后与有关人员进行临时会谈。

6. 准备好参加会议或聚会所必带的材料。

---

③ 记录人。会议记录是一项技术性的工作，一般由训练有素的秘书担当。记录人应提前介入会议，了解会议议题和会议出席人员，还应该如实记录会议内容，不能根据自己的理解决定记录内容的取舍。会议结束后，应向主持人提交会议记录，供其审核。

④ 会议工作人员。通常是来自机构内部担任会务工作的秘书，或者是来自专业的会议（会展）机构的技术人员和经营管理人员，主要负责会议的筹备工作、会议材料准备工作和会间事务性工作。

（2）主办者。会议的主办者是会议的具体组织者，其主要任务是确定会议目标和规则，制定会议方案，提供会议场所、设施和服务，以确保会议的顺利进行。

（3）会议议题。会议议题是会议所要讨论、报告的主要内容，所反映的是会议的目的、主题、任务，以及为了完成任务而将要采取的措施。

会议议题主要有 3 个来源：来自上级机关和领导人；来自下级部门提交的、需要以会议的形式研究和决定的问题；来自本层次的管理活动中需要研究和决定的事项。

（4）会议名称。正式会议必须有一个恰当、确切的名称。俗话说，名不正则言不顺。会议的名称要求能概括并显示会议的内容、性质、参加对象、主办单位或组织、时间、届次、地点或地区、范围、规模等。会议名称必须用确切、规范的文字表达。它既用于会前的"会议通知"，使与会者心中有数，做好准备；又用于会后的宣传，扩大会议的效果；更用于会议过程中使与会的全体成员产生凝聚力和庄严感。

大中型的会议名称被制作成横幅大标语或 LED 显示屏，置于会议主席台的上方或后方，作为会议的标志，简称"会标"。

（5）会议时间。会议的时间即会议的开始和结束时间，以及会议的时间跨度。会议时间有以下的相关术语。

① 会期。会期有两个方面的含义：一方面是指会议的时间跨度，从几点到几点，应在会议通知上注明；另一方面是指周期性会议召开的固定时间，如我国的全国人民代表大会一般在每年三月份召开。

② 会议周期。会议周期是指同一性质和同一系列的两次会议之间的时间跨度，如我国的全国代表大会每年举行一次，会议周期为1年。

（6）会议地点。会议地点又称"会址"，既指会议召开的地区、城市，又指会议召开的具体会场。为了使会议取得预期效果，选择会议的最佳会址必须考虑多种因素。传统的会议形式是把与会者召集起来进行面对面的信息传递和沟通。现代会议出现了电话、电视、网络会议等形式，会议的地点可分成若干个会场，用电话机、电视机和计算机等通信终端连接各分会场，从而使会议的形式更多样化，会议效率也有很大的提高。

单位如果缺乏相宜的会场，就需要租借。在租借会场时，应注意以下几点。

① 确认租借的日期和具体时间，并确认在开会当日是否可以使用。

② 确认会场大小是否合适。

③ 确认会场的租金是否在预算之内。

④ 考虑抵达会场的交通是否便利，有无足够的停车位。

⑤ 确认会场的各种设备，如麦克风、投影仪等会议所需设备及物品是否齐全。

⑥ 确认会场周围是否有配套的餐饮设施等。

相关链接

几种常见的会议

董事会会议：由公司董事会成员出席，定期召开，一般在董事会专用的会议室，由董事长召集或由董事长授权委托的人召集，讨论涉及单位组织发展的重大事项、战略和政策等。

股东大会：每年召开一次，由公司的股东就重大问题进行讨论，表决通过董事会提交的事项，形成股东大会决议。

管理人员会议：由公司经营决策层人员参加，讨论解决企业经营管理的具体问题。

颁奖仪式：为表彰和奖励在某项工作中业绩突出的单位或个人而举行的庆典性仪式。

洽谈会：又称谈判会，是指有关各方代表充分阐述己方的各种设想，听取他方的不同意见，并通过详细陈述己方的理由，反复同对方交换看法或做出某种让步，消除相互间分歧，最后各方取得一致同意，达成协议。

签字仪式：单位组织之间经过会谈、协商，形成了某项协议、协定，互换正式文本的仪式。

新闻发布会：又称记者招待会。政府、社会团体或个人都可公开举行。邀请各新闻媒体的记者举行发布会，主要是为了把较为重要的成就及信息通报给所有的新闻机构。所以，在发布会上发布的消息对产品和产品形象、组织和组织形象，都有重要的价值。

展览会：是一种非常直观、形象、生动的传播方式。展览会通常以展出实物为主，并进行现场示范表演。这种直观、形象的活动，容易给参观者留下深刻的印象。

实践训练

1. 课堂讨论

会议的要素有哪些？

2. 实务训练

组织一次主题班会，确定主持人、记录人、会议主题、会议程序与会标，并在会前拟写一则会议通知。

第2单元 会前准备工作

情景案例

宏达科庆实业公司董事会召开会议，讨论从国外引进某生产设备的问题。秘书夏冰负责为与会董事准备会议所需文件资料。因有多家国外公司参与竞标，所以所需准备材料很多。由于时间仓促，夏冰就只为每位董事准备了一个文件夹，将所有材料放入文件夹内。有三位董事在会前回复将有事不能参加会议，于是夏冰就未准备他们的资料。不想，正式开会时其中的两位又赶了回来，结果董事会上有的董事因没有资料可看而无法发表意见，有的董事面对一大摞资料不知如何找到想要看的资料，从而影响了会议的进度。

项目任务

秘书夏冰在会前准备工作上存在哪些方面的问题？如果你是公司的秘书，应该从哪些方面来做好会前的准备工作？

任务分析

从上述案例可以看出，会议的准备工作是多么重要，一点点的疏忽，就会给会议的召开带来很大的问题。一个有经验的会议组织者，对会议的任何一项准备工作都应是一丝不苟、落实到位的。

秘书夏冰由于经验不足，责任心不强，没有把会议的准备工作真正做好，文件夹中的资料过于散乱，与会人员的资料也不是人手一份。时间再紧，可以加班或找人帮忙，把每位与会人员的资料按次序叠放整齐，并要充分考虑到原先说不参加会议的人员因事变更有可能会出席会议的情况，因此，在准备资料时，要按应当参加会议的人数来准备文件资料的份数。

相关知识

做好会前的准备工作，是会议顺利召开的先决条件。小型的会议，准备工作比较简单；大型的会议，准备工作比较复杂，而且越是重要的会议，准备工作越是复杂。对于大中型会议来说，会前准备工作主要有以下几个方面。

1. 拟定会议预案

会议预案就是会议的筹备方案。预案拟定是否合理与可行，直接关系到会议能否取得预期效果。大中型会议必须在会前制定周密的会议预案。会议预案除了标明会议名称、时间、地点、会期、与会人员、会议日程，还应有会议筹备人员和职责分工、会议经费来源及成本等。每项任务必须有具体要求和具体负责人。会议预案报请领导批准后，应及时组织实施。

2. 会议目标、议题的确定

无论什么类型的会议，都必须有明确的目标和任务。会议目标决定会议议题。会议议题的确定应该及时、准确，即议题是必要的，而且需要立即讨论的；议题数量应适量，要分清主次轻重，明确中心议题或主要议题；相关议题应集中或汇总讨论；议题的表述要清楚准确，内容不能超出会议的职权范围。

会议议题应该在会前提出，有些会议的议题需要经过议案审查委员会审核，才能决定是否列入会议议程。临时提出的议题称为动议，动议的提出也必须符合会议的规则。组织内部如工作会议的议题应相对集中、具体，应有必要性、可行性，并力求解决问题。秘书应根据领导意图，或从工作实践，或从反馈信息中综合提炼出每次会议的议题。

议题的形式有书面形式和口头形式两种。书面形式包括方案、最后文件草案或讨论稿、会议议程、提纲等。小型事务性会议可将议题口头传达给与会者。

小技法

安排会议议题应注意的问题

1. 下一级会议可以解决的或者分管领导可审批解决的问题，一般不要安排上级会议讨论。

2. 单位组织的业务会议同党、团、工、青、妇等会议讨论的议题要有所区别。

3. 提交会议讨论的议题，一般要有简要的文字材料，并在开会前几天经领导审批后，发给有关负责人阅读，准备意见。

4. 临时提出的一般议题不宜仓促安排，以保证会议质量。

5. 一次会议议题不能安排过多或过少，要测算每个议题大致所需时间，合理分配，一般安排1个主要议题和1~2个小议题为宜。

6. 尽可能地将同类性质的议题一次提交会议讨论。

7. 应准备一些后备议题，以便在会议进展顺利、时间充裕的情况下提供会议讨论内容。

3. 会议议程、日程的确定

（1）会议议程。会议议程是把会议的议题按照主次、轻重，按照其内在联系有机地排列起来，印成文书（就是议程表）。议程表应在会前发给与会人员。会议议程表的样式如表 4.2 所示。

表 4.2　宏达公司××会议议程表

宏达公司××会议议程表
一、公司总经理致欢迎词
二、王××经理宣读去年优秀销售商名单和奖项
三、总经理就资源状况和对客户政策的讲话
四、宏达分公司领导就资源状况和对客户政策的讲话
五、公司张××经理宣读合作倡议书
六、与会贵宾发言与讨论
七、公司对贵宾发言的回答
八、签约与订购促销产品

（2）会议日程。如果会期是一天或一天以上，就应该排定会议的日程表。会议的日程安排是把会议议程规定的各项活动按照单位时间具体落实，不仅包括会议议题内容，还包括其他活动，如聚餐、参观、考察、娱乐等。会议日程表如表 4.3 所示。

表 4.3　宝山巴士公司会议日程安排

（11 月 7 日～11 月 11 日）

日期	星期	时间	内容	出席对象	召开部门	地点
7	一	上午 9：15	总经理办公会议	原定人员	总经理室	202 室
		下午 13：30	车辆更新工作协调会	业务部（全体）、人保部、票务中心、修理厂、郊区公司负责人	总经理室	202 室
8	二	下午 13：30	84000 维修系统演示	业务部（技术、仲裁）、投资部、结算中心负责人，各分公司正副经理、机务主管，修理厂、修理公司、物资中心负责人，公司计算机室及有关人员	总经理室	公司俱乐部
10	四	下午 13：30	服务工作会议	二分公司、三分公司、四分公司、五分公司、郊区公司、旅游公司党支部书记、业务经理、各线线长	党政	公司俱乐部
11	五	上午 9：15	中心组学习	原定人员	党委	202 室
		上午 9：30	安全例会	各分公司副经理、安全管理员	总经理室	202 室

注：周五上午 9：30，各部室自行安排学习。

4. 会务工作分工与会议成本核算

（1）会务工作分工。为保证会议的顺利进行，应挑选工作人员组成会务组，会务组下面还可以再分工作小组。一般大型会议设秘书处来负责会议的组织和协调工作，下设的工作小组可以是以下几类。

① 秘书组，负责会议日程和人员安排，以及文件、简报等方面的文字性工作。

② 总务组，负责会场、接待、住宿、交通、卫生、文娱活动，以及车辆调度、设备保障、用品发放与管理，经费预算及筹措，财务管理等工作。

③ 宣传组，负责制订会议公关计划，组织、安排记者采访，提供新闻稿、承办记者招待会，录制会议音像资料等工作。

④ 保卫组，负责大会的安全保卫工作。

（2）会议成本核算。大中型会议投入的成本比较大，必须进行成本核算。会议成本包括两部分：一部分是"显性成本"，即会议明显的耗费，如会场租借费、文件材料费、与会者的交通费、住宿费、活动费及服务人员的工资等，这些费用是可以明确计算出来的，又是直接消费的；另一部分称为"隐性成本"，即与会者因参加会议而损失的劳动价值，一般不大为人们所注意。通常会议成本主要是指"显性成本"。

「会议成本核算」

5. 会场布置及会议文件的准备

（1）会场布置。会场布置有以下几点需要注意。

① 气氛和色调应与会议目标相称。根据不同形式的会议，以及不同会议目的，会场布置应该在整体上呈现不同的气氛和色调。例如，纪念性大会、人大会议应庄严、肃穆；商贸洽谈、探讨合作的会议应轻松、简洁；庆祝会、联谊会应喜庆、热烈等。

② 面积和设施应满足会议需要。秘书应根据会议的规模选择会场，在此基础上再考虑会场的功能。现代会场除了有为会议服务的电影、幻灯、录音等设备，还有会议专用的音响设备、同声传译设备、电子图形设备、电子表设备、电子签到机和计算机计票系统等。有的会议桌前还有计算机终端，可以显示屏幕阅读文件、查询大会表决结果、调阅资料等。

大中型会议的用品除了以上这些，还应包括桌椅、照明电器、卫生用具、安全通道、消防设施等会场基本设施，笔、纸等常用文具，茶水、茶杯、毛巾等生活卫生用品，打印机、复印机等印刷设备，传真机、电话机等通信设施，以及专门性会议所用的物品，如颁奖会用的奖品与证书、选举会用的选票和投票箱等。

③ 会场形式和桌椅摆放应符合会议要求。一般而言，会场形式依会场的大小、形状、会议的需要、与会人数的多少而定，通常呈圆形、方形或其他形状。

a. 圆桌式或方桌式。在圆桌或方桌的周围安放椅子，可以让与会者互相看得见。领导和会议成员可以进行无拘无束的自由交谈，适合召开 15～20 人的小型会议。

b. "口"字形。如果出席会议的人较多，用"口"字形的排列形式，外侧可以安排几层与会者。

c. "U"字形和"V"字形。"U"字形多用于学习型会议，在人数多，并且需要使用黑板的场合，这种排列大家都能看得很清楚。"V"字形是用在有幻灯片或录像机时，参加的人不用移动，也能观看。

d. 教室形。这是大中型会议所采用的会场形式，其主要特征是主席台和代表席采取上下面对面的形式，突出了主席台的地位，还可以分为礼堂式、"而"字形等，适合召开代表大会、总结表彰会等。说明会等以传达信息为目的的会议，也可采用这种形式。

④ 按照不同惯例排列主席台席位。主席台席位视人数设一排或数排，席位的次序应以主席团成员的职务高低，及对会议的重要程度而定。按照我国惯例，先左后右，左高右低，前排为主，后排为次，其他的依次类推。

具体排列方式为：如果主席台上的人数是单数，则第一排的正中为首席，其次是左位，再次为右位，依次类推；如果主席台上的人数是双数，那么身份最高者坐于中间靠左的座位，第二位坐于其右边。

如果按照国际惯例，座次安排应是右高左低。在确定主席台成员后，秘书在席位前应放置姓名牌，便于按位入座。

在主席台前右侧还可设置讲台，用于发言人讲话。主席台上可适当摆放鲜花，主席台背后悬挂会标或旗帜。

⑤ 根据需要安排与会人员的座次。大型会议对与会人员的座次应事先安排好，可以采用以下方法排列：按姓氏汉字笔画多少排列、按地理位置排列、按行业系统排列。

「会场布置图」

（2）会议文件的准备。除了上述会议议程和日程等程序性文件，对提交会议审议和参考的文件材料，应事先准备好，在会前数日送与会人员供其审阅、研究和准备意见。

① 会议文件的种类。会议文件有领导指导性文件，如开幕词、领导讲话、主题报告等；审议表决性文件，如工作报告、决定、决议等；成果性文件，如会议纪要、合同、条约、声明等；传达宣传性文件，如会议公报、会议简报；学习交流性文件，如经验介绍、学术论文等；以及会谈、会议记录、会议通知、议事规则等文件。其中，开幕词、工作报告、领导讲话稿、会议通知等必须在会前准备妥当，其他文件则在会议过程中或会议结束时形成。

② 会议文件的准备工作。会议文件的准备工作包括起草和印发。起草会议文件有多种形式，有的由秘书负责起草，有的由秘书部门协助领导起草，还有的由秘书部门配合业务部门起草。不管采用什么形式，秘书都必须领会会议主题和领导的意图，这是写好会议文件的首要条件。在这个基础上，深入调查研究，围绕主题收集素材，力争按时、优质完成起草文件的任务。

会议文件初稿经过修订确定后，必须报请领导审核签发。文稿一经签发，应及时印刷，并按规定范围分发。

6. 会议通知的拟写和发送

（1）会议通知的拟写。会议通知包括以下内容：会议召开的时间、需用时间或会期、地点（会址）、会议名称和主要议题、参加对象、需做什么准备，或加注报到日期、地点、接站办法等，还包括召集单位署名、联系方式、通知发出日期等，并要加盖公章。

为准确统计与会人数，做好相应准备，邀请性会议通知的发放应提前三周以上并附加回执。回执中需有受邀者姓名、性别、年龄、工作单位及地址、职务或职称、是否参加会议、预订住房标准、提交论文题目或资料名称、返程车、船、机票登记等。

（2）会议通知的发送。会议通知的发送有很多方法，单位内部重要会议通知应当面送达与会者，并请对方签收，其他人代为签收的，通知人应事后跟踪落实，确保通知到人。外部会议可邮寄通知，但要检查信封上与通知上的姓名是否一致，并把握好会议通知的发送时间，以便与会者早做

「会议通知漫画」

准备。有些会议如学术性会议需要提前三个月发预备性通知，等收到回执后再发正式通知，对重要的邀请对象可用发送书面通知或请柬，再加电话征询、确定的双重方式。会议通知样式如表 4.4 所示。

表4.4　会议通知样式

×××会议通知

××××会议通知

____先生（同志）：

　　兹定于20××年5月中旬在××省××市召开××××会议，特请您出席会议。

一、会议内容

　　1. ……

　　2. ……

二、会期与时间

　　3天，自20××年5月10日至5月12日。

三、会议地点

　　××省××市×××

四、与会人员

　　1. ……

　　2. ……

　　3. ……

五、报到时间、地点

　　20××年5月9日；××市××路×××号××××酒店（宾馆）

六、其他

　　1. 与会人员每人缴纳会务费××元。食宿由大会统一安排，住宿费每人每天××元。

　　2. 与会人员请事先将抵达本市的车次、航班和时间通知会务秘书处，以便接站。

　　3. 接到本通知后，请填妥回执，于4月10日前寄达会务组。

　　会务组地址：××市××路××号

　　联系人：××××

　　邮编：××××××

　　电话：××××－×××××××

　　特此通知

××××公司（公章）
20××年×月×日

姓名	性别	民族	年龄	职务（称）	单位及电话号码	回程安排	交通工具及时间
此回执请务必于20××年4月10日前寄达会务组							

7. 会前检查

在会议正式开始前，应对会议的所有准备工作进行检查，主要包括以下方面内容。

（1）检查会议文件的准备情况。秘书必须对会议文件的准备情况进行仔细检查。会议文件如有差错，小则影响会议的进程，大则产生严重的不良后果。因此，要对文件的起草、校对、印刷、分装等各个环节进行严格的检查。

（2）检查住宿条件情况。较大型的会议在开会前一天，一定要进行住宿检查，这是为了确保能满足第二天的到会人数，检查是否有突发情况发生，并保证与会人员有一个较为舒适的住宿环境。

（3）检查会场的准备情况。秘书还必须对会议场馆的准备情况进行检查。场馆设施是会议得以顺利进行的基本物质保证。检查范围包括主会场及分会场，检查内容主要是基本设施、安全保卫措施等，包括电力通信设备、影像设备、茶点供应、警卫部署、票证检查、人员的定岗定位等。

（4）检查物品的准备情况。确保有足够的笔、纸张、纪念品及日程表和文件的备份，这一检查工作对于秘书人员极为重要，足以体现秘书的细心程度。

相关链接

××集团公司首届职代会暨工会代表大会筹备方案

为了推动××集团公司××年各项工作的开展，实现集团公司"十×五"战略发展目标，总结第四届工会委员会的工作，做好新一届委员会的换届选举工作，经集团公司研究，决定召开××集团公司首届职代会暨工会代表大会。为使会议取得圆满成功，现拟定会议筹备方案如下。

一、会议时间和规模

拟定于20××年3月25日（星期六）上午10点至下午5点，会期一天。参会人员约170人，其中正式代表150人。

二、会议地点

××集团公司大礼堂

三、大会的主要任务

听取并审议集团公司20××年"十×五"发展战略和工作目标，总结第四届委员会成立以来取得的成绩和经验，讨论制定今后三年工会工作方针和任务，选举产生新一届工会委员会、主席、副主席。

四、会议议程和日程安排

（一）会议议程

1. 大会执行主席、工会副主席致开幕词。

2. 董事长代表集团公司作工作报告。

3. 工会主席作工会工作报告。

4. 经审委员作工会经审委员会工作报告。

5. 宣读集团公司创建优秀"职工之家"的意见。

6. 宣读集团公司创建学习型企业的意见。

7. 签订集体合同。

8. 签订工资协商合同。

9. 分组讨论。

10. 董事长对代表意见作表态性发言。

11. 选举第五届工会委员会、工会经审委员会、工会主席、副主席。

12. 通过有关决议。

13. 党支部书记代表党支部致贺词。

14. 上级工会领导讲话。

15. 工会副主席致闭幕词。

（二）日程安排

（见附表：首届职代会暨工会代表大会日程安排）

五、会务筹备和分工

成立大会筹备工作领导小组，统一领导、指挥大会的各项筹备工作。

组长：×××

副组长：×××、×××、×××

成员：……

领导小组下设 3 个工作组，负责大会前期的各项筹备工作。×××负责全面工作，×××负责组织组工作，×××负责材料组和宣传组工作，×××负责会务组工作。

（一）组织组

组长：×××

成员：……

主要工作职责：

（1）起草大会主席团名单、主席团常务主席名单；

（2）起草代表资格审查委员会名单；

（3）分配代表名额；

（4）指导基层选举参会代表、审查代表资格及编写代表名册；

（5）起草代表资格审查报告；

（6）印发代表证、特邀代表证；

（7）收集代表提案，征求职工意见和建议；

（8）起草第五届工会委员会、经审委员会组成人员和人事安排的原则意见；

（9）起草大会选举委员会名单；

（10）起草大会选举办法；

（11）起草大会选举计票人、监票人名单；

（12）印制选票；设立计票箱，负责大会选举、计票、公布选举结果；

（13）作关于追认增选第四届部分委员的决议及说明；

（14）组织召开预备会。

（二）材料组和宣传组

组长：×××

成员：……

主要工作职责：

（1）起草职代会暨工会代表大会筹备工作方案；

（2）起草《关于召开×××集团公司首届职代会暨工会代表大会的报告》，分别上报至××市总工会、××镇工会和公司党支部；

（3）起草大会主持词（将开幕词、闭幕词串在其中）；

（4）起草×××董事长工作报告；

（5）起草×××工会工作报告；

（6）起草×××经审会工作报告；

（7）起草开幕词；

（8）起草闭幕词；

（9）草拟、修改分组讨论董事长工作报告和工会工作报告的汇总稿；

（10）起草×××董事长对代表意见和建议表态性发言稿；

（11）起草会议日程；

（12）会议材料的打印、校对、复印、装订（会议材料装订成册、装袋）；

（13）起草、下发会议通知；

（14）会议结束后，写出"两代会"报告，填写相关表格，一周内报上级工会；

（15）摄影，对外报道，公司网站、报纸、杂志、电子显示屏、网络媒体平台等配合宣传。

（三）会务组

组长：×××

成员：……

主要工作职责：

（1）会议场地的联系和落实，主会场和各代表组讨论地点的安排；

（2）主会场的设计，会标、主席团座席、报告席、会徽、盆花、音响、《国歌》、《国际歌》、票箱、封条、托盘、茶水的安排；

（3）会议经费的申请和经费预算、开支计划；

（4）纪念品的订制、发放；

（5）做好领导、嘉宾的邀请及接待工作；

（6）落实参会人员，签到（注意统一服装），发放会议材料；

（7）落实合影事宜；

（8）会议卫生、保卫等服务工作。

六、会议经费预算

（见附表：首届职代会暨工会代表大会经费预算）

×××集团公司办公室

20××年×月×日

实践训练

1. 课堂讨论

（1）如何确定会议的议题？

（2）会议预案应包括哪些主要内容？

（3）会场布置要注意哪些方面？

（4）会议文件有哪些？如何做好会议文件的准备工作？

2. 案例分析

刘思思是新时代石化股份有限公司总经理的秘书。一天下午，上司对刘思思说："我准备开一个用户座谈会，你准备一下。"在确认了会议日期后，刘思思还就其他事项向上司进行了确认，下面有 5 个选项：

　　a. 这次座谈会大概有多少人参加？

　　b. 我想还是租用长城大饭店的会议室，可以吗？

　　c. 如果在长城大饭店开会，什么时候去预定会议室比较合适？

　　d. 会场上的桌椅摆"口"字形合适吗？

　　e. 我在这个星期五之前将邀请函发出去，可以吗？

分析与讨论：

请从上面 5 个选项中挑选出 1 个你认为不合适的，并说明理由。

3. 实务训练

实训背景：

朝阳家电公司是国内一家大型国有企业，公司资产雄厚，员工众多，著名科技人员和高层管理人员云集。公司在做好内部管理工作的同时，也注重客户管理工作。最近几年，公司推出了一系列新产品，占领了国内 50% 以上的家电市场，在国外也产生了很大的影响。最近，公司又在计算机、手机、电视等多个项目上研制生产出新型、新款产品，准备推向市场。

9 月，公司高层召开有关会议，讨论关于近期召开全国各地客户咨询洽谈会的有关事宜。在这次客户咨询洽谈会上，公司的新产品将隆重亮相，以此引起客户和消费者的关注。在讨论会上，营销部主任提供了一份本公司客户名单，各种单位和个人有二三百个。公司决定给这些单位和个人发出邀请信，邀请他们参加本公司关于新产品的大型客户咨询洽谈会。公司派办公室王主任负责此项工作。王主任迅速成立了会务筹备处，拟定会议方案，准备大会所用各种材料。会议定于 20×× 年 10 月 10 日在北京国际会议中心召开，食宿也安排在北京国际会议中心，会期暂定 5 天，其中，第一天开幕式，第二天专家讲座，第三天专家咨询，第四天专项合作项目洽谈，第五天组织客户游览长城。公司要求大会必须圆满成功，以达到公司举行这次活动的目的。

会务筹备处成员有 10 人。他们首先召开会务工作会议，明确将要召开的咨询洽谈大会的主题，即宣传新产品、洽谈新业务。围绕主题，拟定大会筹备方案。确定参加会议的正式人员 280 人，特邀有关领导和专家 10 人，工作人员 10 人。

实训内容：

（1）假设你是会议筹备处的秘书，请你为新产品咨询洽谈会拟定一份会议筹备方案。

（2）准备会议所需文件。主要包括：会议通知、公司总经理的开幕词、有关领导的讲话稿、有关新产品的情况资料、与会议有关的背景资料等。

实训说明：

（1）此实训在配有计算机的实训机房进行。

（2）要求学生在计算机上完成会议筹备方案、会议通知和总经理开幕词的撰写，排版后打印出来上交，文档要求格式规范、内容正确、条理清晰、表达精确、编辑打印精美。

第3单元 会间工作

情景案例

宏达商城某新产品推介会刚刚开始，李秘书却在会议大厅外急得团团转，他已拨了好几次电话，但商城赵副总的手机总是处在关机状态。前几天他出差在外，今天乘飞机赶回商城参加推介会，按理说现在应该到了。赵副总的发言在会议议程中被安排在了第二位，现在离他发言的时间只剩十几分钟了，但他还未赶到会场。这时李秘书的手机响了，是赵副总的电话，他说刚下飞机，飞机晚点了，现在正赶往会场，估计要半个小时……

负责会议签到和资料发放的小张向李秘书反映，参加推介会的单位和来宾人数大大超过预计，有些来宾还没有领到推介会的宣传折页和相关资料，事先准备的宣传折页和相关资料已经发完……

李秘书还发现，安排会议记录的小胡或许是经验不足，在记录时有些手忙脚乱，明显跟不上会议发言者的速度，记录的格式和内容也不符合规范和要求……

推介会现场人声嘈杂，手机声此起彼伏，坐在后排的来宾反映听不清主席台上的发言……

项目任务

如果你是李秘书，应如何处理商城新产品推介会进行中出现的问题？

任务分析

只有经过充分准备的会议，才能开得有序并有效。上述案例中出现的会议情况，显然是问题重重、危机四伏，弄不好，此次会议的效果就会大打折扣，会议的目标也不能完全实现。

此次商城推介会开始以后，至少出现了4个问题：（1）商城赵副总因飞机晚点而影响会议议程；（2）会前准备的宣传折页和相关资料因来宾超过预计而不够用；（3）会议记录员未能做好会议记录；（4）会场秩序较乱，影响发言与倾听。

会间工作不仅仅是一些程序性的工作，它是会前准备工作的延伸，是对会前准备工作的检验。准备工作做得好，会中出现的麻烦就少，准备工作不足，麻烦就多。当然，也有一些问题是在会议召开中发生的，与会前准备关系不大。但无论哪种情况，秘书都应当有魄力、有能力及时去解决。尤其重要的是，要与各方面协调好，不能专断行事，议程该调整的要调整，材料该补办的要补办，人员该调换的要调换。总之，要保证会议的顺利进行。

相关知识

会间工作，指的是会议从开始到结束期间秘书应做的工作，包括会议的接站、报到及签到工作，会议记录工作，会间调度和服务工作，会议文件的编写工作等。

1. 会议的接站、报到及签到

（1）接站工作。接站是跨地区、全国性和国际性会议重要的接待工作，也是会议开始的第一个环节。秘书首先应统计好与会者的名单和人数，掌握每位与会者抵达的时间和方式，并准备好接站标志、手提式扩音器、其他器材和车辆等。迎接重要宾客，要事先确定迎接的规格，并派相应身份的人员前去。如有必要，应布置好安全保卫工作，并与新闻单位联系，准备采访和新闻报道。

（2）报到工作。报到是指与会者在到达会议所在地时所进行的登记注册手续。秘书人员应做的工作包括以下几个方面。

① 查验有效证件，如会议通知、介绍信、身份证等。

② 在登记表上登记与会者的个人信息，便于统计与会者人数，做好各项会议服务工作，又可据此编制通信录。

③ 统一接收与会者携带的需要在会议上分发的资料，经审查后再统一分发。在会前要分发的文件也应提前装订、分装，在与会者报到时一并分发。

④ 需要收取会务费、住宿费、材料费的会议，应在报到现场安排有关人员收取费用，并开具收据。接待人员还应根据与会者的身份和要求安排住宿，并在会议登记表上标明相应的房间号码，以便会议期间的联系。

（3）签到工作。会期较短、无须集中接待的会议，一般只需办理签到手续。会议签到可统计会议实到的人数，并准确反映缺席情况，便于采取弥补措施。有些庆典性、纪念性会议的签到簿可留做纪念。签到工作一般包括以下几种类型。

① 秘书点名。由秘书在预先拟好的与会人员名单上点名、做记号。这种方法适用于单位内部的小型会议和工作例会，秘书对与会人员比较熟悉。

② 本人签到。由与会者本人签名报到，签名应用毛笔或钢笔，签在专用的签到本上。这适用于邀请性会议，亲自签名还有纪念意义。本人签到分簿式和表单式两种。人数较多时，可事先多准备些签到单，会后应装订成册，与会议文书一起立卷归档。

③ 电子签到。根据与会者的信息，在会前制作的电子签到卡通常与代表证组合起来。与会者用磁卡出席证，在进入会场时插入（接触式）专用机，或靠近（非接触式）签到机，与此相连的计算机就会自动记录和显示与会者的姓名、性别、单位、代表性质，组别、代表证编号等信息，在签到结束后能立即统计出出席人数和缺席人数。这种方法适用于与会人数较多的大中型会议。会议签到单如表 4.5 所示。

表4.5　会议签到单

会议名称			
主办单位			
时间		会议地点	
出席单位	签名	出席单位	签名
××××		××××	
××××		××××	
××××		××××	
××××		××××	

2. 会议记录工作

如果秘书被安排做会议记录，那就要做好各项准备工作，如足够的签字笔、铅笔、笔记本和记录用纸；必要时还得准备好录音机或录音笔，用来补充手工记录。为了使会议记录完整准确，最好在会前就收集好会议的相关背景材料，这样在需要核对相关数据和事实时，不会措手不及。

「会议记录模板」

会议记录应包括如下事项：会议名称、会议记录人的姓名、时间（开始时间、结束时间）、会议地点、议题、主持人、主席、出席者名单、会议的经过情形及结论、相关的资料、下次会议预定日期。

3. 会间调度和服务工作

在会议进行过程中，会议秘书处担负着承上启下、联系左右、照应内外的任务，必须做好各方面的调度指挥工作。如在召开各分组会议时，安排会议地点，并通知有关人员准时出席；召开大会时，安排车辆的调度，维护好会场的秩序；大会发言时，协助领导安排发言顺序等。

会场服务包括引导与会者入席、退席，茶水供应，指引与会者使用会场的生活设施，照顾与会人员会间休息，满足与会人员的临时需要等。

如果是组织内部的会议，会场服务还包括接听会场外打来的电话、接待来访的客人等，要尽可能排除场外因素对会议的干扰。

会议期间还要做好与会者返程票的预订工作。

💕 **小技法**

打破会议僵局的方法

在许多情况下，会议的车轮似乎只在原地打转。与会者不是倦了、心烦意乱、精力不集中、毫无热情，就是缺乏创造性、犹豫不决。此时不妨尝试下列建议，帮助与会者释放自己，让会议的车轮重新向前转动起来：（1）休息一下；（2）与会者相互交换座位；（3）让与会者分组讨论；（4）写下各自的看法；（5）关掉或关暗照明；（6）站立式讨论；（7）对与会者的观点与看法进行民意测验；（8）对讨论的问题设定时间限制；（9）转换话题；（10）将某个问题分配给某个小组来处理。

4．会议文件的编写

会前准备的文件主要有开幕词、工作报告等，但在会议过程中，即会议开始后至结束前所形成的文件，主要有会议简报、闭幕词、会议决定等。

相关链接

如何做好会议记录

会议的目的、类型、规模不同，对会议记录的要求也不同，主要有以下几类。

（1）详细记录。有些重要的会议记录必须有专门的速记人员逐字逐句详细记录，包括发言中的插话等，记录时不能变更原意。也可用录音设备录音后整理。

（2）摘要记录。一般会议只须简要地记录会议经过情形或会议结果即可，主要记要点、结论、讨论的问题和通过的决定、决议等。要求记录人员边听发言边判断，分析哪些该记，哪些不该记。摘要记录不是归纳记录，不能以自己的话来概括归纳，以致歪曲、篡改发言者原意而造成失实。

（3）简易记录。经常召开的会议或单位内部的会议，如例会的会议记录，只记录各人发言中的实质性意见即可，主持人根据大家讨论、会谈而得出的结论性意见，则要比较详细地记录下来。

会议记录要有条理性，每个记录要素宜单独成行。发言记录应以一个发言者为一个记录单元换行分隔。有时会场的笑声、掌声，与会者迟到、早退情况也应记录在案。因会议记录是立卷归档的重要材料，现场的会议记录必须用签字笔记。如用录音设备记录，秘书在会后应迅速根据会议的录音资料和备忘录整理成书面记录，并把草稿交给领导确认，草稿确认后就成了定稿。有些企业可根据需要，把完稿后的会议记录印刷若干份，分发给有关人员。

实践训练

1．课堂讨论

（1）如何做好会议的接站、报到及签到工作？

（2）会议记录的方法有哪些？

（3）如何做好会间调度和服务工作？

2．案例分析

经过精心准备，各方人员如期到会，朝阳家电公司新产品咨询洽谈会按时召开。在与会人员报到时，负责接待签到的小张发现，有十几个会员在报到单上注明"回族"或其他民族。小张及时把这一情况报告给王主任，王主任马上通知有关人员安排不同民族风味的饭菜，令与会人员都非常满意。会议按计划顺利进行，与会人员对该公司的新产品非常满意，专家的讲解、介绍更使与会人员大开眼界。利用会议休息时间，公司还应与会人员的要求，组织参观了公司的生产车间等场地。会务筹备处还安排了舞会等娱乐项目。最后一天的游长城更是其乐融融、热闹非凡，大家像老朋友似的说笑着、唱着，登上长城，年轻人还进行了登长城比赛。公司王主任在长城上即兴演说，把长城的历史同当今中国经济的繁荣结合起来，使得客人们群情激昂、振奋不已。客人们都表示，对这种形式的会议很满意，他们了解了生产公司的情况，了解了公司产品的特点，经销这种产品时就会有的放矢地进行介绍，这增加了他们销售的积极性。游长城回来后，很多单位立即同公司签订了合同。这次洽谈会取得了圆满成功。

分析与讨论：

朝阳家电公司的会务工作人员是如何做好会间服务和协调工作的？

3. 实务训练

实训背景：

重华消费电子有限公司（重华）显示器厂是一家显示器制造基地，2017年其营业额为17亿元人民币，其产品的50%出口海外，其生产的显示器在国内市场也占有很大份额，深受广大消费者喜爱。

"不断钻研、力求创新"是重华一贯坚持的信念，因此，重华努力开发新技术，务求领导显示器科技新潮流。为了使用户获得最全面和放心的服务，重华更是在全国建立了专业服务网络；重华显示器始终致力于呈现更好、更完美的画面，让用户更放心、更满意。

重华一直以来由三大代理商以华北、华东和华南地区进行分区代理。在长期的成长过程中，地域的局限难免造成彼此之间竞争。因竞争而产生的矛盾，在某种程度上对市场的发展不利，甚至阻碍了各自的发展。在当前竞争日趋激烈的显示器市场上，重华作为一个成熟的领先品牌，各大代理商不应该只是简单地扩展自己的销售渠道，更不能单纯采用盲目降价的市场行为来扩大市场，只有完善渠道管理，建立一个和谐顺畅而稳定坚固的销售渠道，才能为经销商和最终消费者带来更多利益。

为此，重华2020年显示器总代理商会议，决定于阳光明媚的5月在重庆召开。重华显示器三大总代理商共聚一堂，针对国内显示器市场的渠道管理达成共识：携手合作，共同建设维护统一的重华经销渠道。

如果此次合作成功，必将给渠道管理带来正面的影响，通过总代理之间的沟通协作增加彼此之间的信任感。显示器在我国有很大的市场潜力，只有合作共同发展才能占领更多的市场，在互谅、互让中形成一个健康发展的市场秩序，将消极的竞争变成相互之间的促进，给经销商带来充足的信心，给消费者带来更好的服务。显示器这样的高科技产品非常需要一个通畅的渠道将信息及时传播给消费者。此次合作的成功将会实现厂商、总代理、渠道和消费者的共赢，从而保证重华显示器在我国的健康发展和巩固多年的领先地位。

实训内容：

重华消费电子有限公司2020年显示器总代理商会议，决定于5月10日至5月12日在重庆乐园度假村举行，重华显示器厂办公室负责所有会议筹办事宜。

本次会务工作实训分7个场景。

【场景1】 3月25日上午，总经理吴××打电话将秘书李××叫到办公室，告诉她这次代理商会议的主要内容、时间和地点，并向她强调此次会议的重要性，让她尽快写好会议计划，以便各部门早做准备。同时，吴总还让李秘书为他准备一份发言稿，用在正式开会时的欢迎词，发言时间不超过3分钟。请拟制一份会议计划和一份总经理发言稿。

【场景2】 3月29日，李秘书将写好的会议计划交给吴总，吴总看过后认为可行，在会议计划上签字批准。李秘书根据计划内容，写好了书面的会议通知，分别以邮件和快递的形式将通知发送给三位代理商，并在发出后第二天，打电话与这三位总经理联系，得到的信息是他们将准时赴会。请拟写一份会议通知，并演示发送会议通知的过程。

【场景3】 4月1日，李秘书到重庆乐园度假村酒店去预订会场，与酒店张主管讨论会场布置情况。张主管让酒店技术助理小刘协助李秘书进行现场布置，李秘书向小刘提出布置会场的要求：会场座位格局为半围式"马蹄"形，有投影仪和投影屏，安排好座次，准备横幅、鲜花装饰等。请演示讨论会场布置的过程。

【场景4】 4月15日，李秘书打电话到重庆乐园度假村酒店，为三方面客人预订酒店房间，三位总经理将各带一名助理于5月9日下午到达，重庆乐园度假村酒店前台接待员为徐小姐。请演示秘书的电话预订过程。

【场景5】 5月10日上午8:30，李秘书将三位代理商引至会场，总经理吴××和副总经理郭××到门口迎接，吴总与客人们都认识，郭副总与客人们是初次见面。请演示接待过程。

【场景6】 5月10日上午9:00，第一次会议开始，与会者进入会场签到，负责签到的工作人员是小陈，出席本次会议的主要有吴总经理、副总经理、商务执行经理、人事执行经理、技术执行经理、李秘书、三位代理商及其助理，公司各主要部门成员也一同出席了会议。会议由副总经理主持，他先把三位代理商介绍给大家，吴总经理致欢迎词，会议由李秘书负责记录，会场工作人员小陈负责发放会议资料，同时负责倒茶等后勤服务。请演示会议开始过程。

【场景7】 会议期间，李秘书应北京客人王××总经理和助理钱×的要求，为他们预订5月13日的返程机票。请演示秘书为客人预订机票的过程。

实训说明：

（1）学生每10人为一组，教师为10名学生编号，即1~10号，在实训室进行。

（2）学生可先制定文稿，每位学生都必须制作三份文稿：会议计划、总经理发言稿和会议通知，并打印。要求完成时间不超过70分钟。每组在实训过程中还须制作一份会议签到单。

（3）文稿完成后，再按场景顺序分角色进行演示。要求7个场景总过程不能超过80分钟。

（4）会务工作的情景演示要逼真，演示时要真正从角色的角度考虑，角色的措辞既要认真斟酌，合乎会务工作的规范，又要让学生有所发挥，有所创新。

（5）一组演示时，其余各组认真观看；当小组演示完毕，其余小组同学就该组演示时的优缺点予以点评。

（6）各实训小组上交所有会务筹备的文本资料，教师归纳总结，全班同学推选最佳实训小组。

（7）除实训室提供必要的设备、物品外，学生还需自备（制作）一些实训道具，如横幅、名片、座签等。

第4单元 会后工作

情景案例

　　为期两天的会议终于结束了，宏达商业贸易公司的行政助理孙梅总算可以松一口气了。因为这是公司领导第一次让她全面负责的一次会议，居然没有什么差错，而且代表们都已离会，这怎么不令她高兴呢。想想开会前、会议中的种种事情，那根紧绷的弦也该放松了。现在孙梅坐在办公桌前，准备拟写会议总结。这时，电话突然响了起来，孙梅迅速抓起电话听筒，电话是刚离会不久的一位代理商（会议代表）打来的，他在电话里焦急地询问，有没有人在会场拾到他的小公文包，因为会议结束时，他有要事急于回家，于是急急忙忙提着会议纪念品离开会场，而把公文包遗落在会场了。包里的两千元钱倒是小事，问题是里面有他的许多证件，还有一份商务资料。孙梅一听，蒙了。公司里没听谁说拾到公文包了。她一边控制住自己的紧张情绪安慰着他，一边答应代为查找。放下电话后，她赶快给公司租用会场的鸿天宾馆打电话，询问公文包的下落。对方回答说，宾馆里没人看到遗失的公文包，而且宾馆里人来人往，来宾的贵重物品都是自己随身保管的。孙梅不放心，亲自去了一趟鸿天宾馆，查找了会场，询问了许多工作人员，依然没有下落。孙梅一下子茫然无助，回去该怎样向失主回话，向上司交代呢？

项目任务

　　宏达商业贸易公司行政助理孙梅在公文包失落问题上有没有责任？如果你是孙梅，应当在会议结束后做好哪些方面的工作？

任务分析

　　会议结束后，与会人员可以离开会场了，但秘书人员的会务工作依然没有结束，还有许多后续工作要做。远的来说，有对会议精神贯彻落实的检查督促工作；近的来说，秘书人员应送别与会者，并及时清理会场，清场工作就包括了检查会场有无物品遗漏，携带进会场的资料和会议用品一定要带回等，至于撰写会议总结还在其后。

　　案例中的孙梅显然是高兴得太早了一点。总结还没动笔，麻烦事就找上身了。对于代理商遗失的公文包，她是有一定责任的，因为秘书会务工作其中一项就包括秘书会后应及时检查会场和与会者的驻地，以免遗失文件和物品，而孙梅显然对这项工作疏忽了。

相关知识

　　会议结束，并不意味着会务工作的结束，对秘书而言，还有很多重要的工作要做。

「开会必知」

1．与会人员离会工作

会议领导人或接待人员应尽可能安排时间欢送与会者，可以到与会者的房间走访告别，也可以在会议闭幕式结束后在会场门口告别。与会者离去时，要安排好车辆，并将与会者送至机场或车站，身份较高者应由会议领导人亲自到机场或车站送别。

> ♥ **小技法**
>
> **会后车辆的安排**
>
> 会议即将结束的时候，秘书就要开始安排与会者乘坐的车辆。这个时候，最忌讳的就是秘书只顾安排自己上司的车辆，而不管其他代表的乘车。会议代表一共需要多少车辆，秘书要做到心中有数。当代表出来时，车应当已在门口等候。

2．会场清理工作

会场清理工作包括：会议过程中有外部人员留言时，会后务必传达到位；检查会场有无物品遗漏，携带进会场的资料和会议用品要带回；桌、椅若有移动，必须还原；洗涤烟灰缸、茶具等，并收拾妥当，倒去垃圾；检查烟灰缸、字纸篓有无易燃物，如有，则必须妥善处理；关紧门窗并上锁；通知会场的管理单位会议已经结束。

3．编写会议纪要

会议纪要是根据会议的主旨，用准确而精练的语言综合记述会议要点的书面材料。它是在会议记录的基础上分析、综合、提炼而成，用来概括反映会议精神和会议成果的文件。会议纪要的写作有以下 3 点要求：①实事求是，忠于会议实际；②内容去芜存精，提炼归纳；③条理清晰，层次分明。

注意，并非所有会议都要产生会议纪要。

4．结算费用

秘书在汇总会议通知时就应该仔细登记与会者对返程票的具体要求，并及时与交通部门联系订票事宜。与会者在报到时，接待人员就可与其交割返程票及票款。报到时如果预先收取了费用，在与会者离会之前，要结清由与会者承担的费用，多退少补，并开具正式的发票。

会议过程中的一切花费，应严格按照预算计划开支。各种花费应在决算表中注明情况，然后提交领导审核，再到财务部门结账。办会应注意节约，切不可大手大脚，铺张浪费。

5．会议文书立卷

会议结束时，秘书要做好会议文件资料的收集、整理和归档工作，及时送交有关人员妥善保管。

（1）文件收集范围。会议文件，包括决定、议案、提案、会议记录、会议纪要等。一些重要的会议文件资料还要立卷归档，因此，会议结束后要依据会议文件的内在联系加以整理，分门别类地组成一个或一套案卷，归入档案。

（2）录音录像资料整理。整理录音录像资料的工作，就是根据所录内容的主题，删除不必要的语言，补充和修改没有录进去的内容，使整理稿成为中心明确、条理清楚、文从字顺、内容连贯的书面材料。

录音整理主要是针对那些发言没有文稿或发言与文稿差距较大的情况。对于那些照本宣科所做的录音，只把录音文件保存好就行。

6. 会务工作的检查和总结

秘书对会务工作应进行检查和总结，以供下次会议时参考。例如，大中型会议要检查会议预案所制定的各项会务工作是否准确到位，有无脱节现象；检查每个工作人员是否达到最佳工作状态；在提高会议效率方面，无论是组织还是个人，有哪些方面还可以改进等。

7. 会议传达和催办

（1）会议传达。会议总是少数干部或代表参加的，而会议精神或决议的贯彻执行则往往是大多数甚至是全体成员的事情。因此除少数秘密会议外，大多数会议内容都要进行传达。会议传达必须确定内容、程度、范围、层次、时间、方式等。

（2）会议催办。会议催办是指会议决议、决定等贯彻执行的催办，是管理过程中非常重要的一个环节。通常开会、发文件只是决策和部署，只是管理过程的开始，更重要的还是在于会后的执行与反馈，而催办则是会议决议、决定贯彻执行结果的重要督促和检查手段。催办的形式主要有三种：发文催办、会议催办和派员催办。

相关链接

××公司总经理办公会会议纪要

20××年2月22日下午，公司召开第一次总经理办公会议，研究讨论公司经济合同管理、资金管理办法、机关20××年3～5月岗位工资发放等事宜。会议由张××总经理主持，公司领导，总经办、党群办及相关处室负责人参加。现将会议决定事项整理如下。

一、关于公司经济合同管理办法

会议讨论了总经办提交的公司经济合同管理办法，会议认为对船舶修理、物料配件和办公用品采购实施对外经济合同管理，有利于加强和规范企业管理，会议原则通过。会议要求，总经办要根据会议决定对公司经济合同管理办法进行进一步修改完善，并发文执行。

二、关于职工因私借款规定

会议认为，职工因私借款是传统计划经济产物，不能作为文件规定。但是从关心员工的角度考虑，在职工遇到突发性困难时，公司可以酌情借出10 000元内的应急款。计划财务处要制定内部操作程序，严格把关，并由人力资源处配合。借款者本人要做出还款计划。

三、关于公司资金管理办法

会议认为，计划财务处提交的公司资金管理办法有利于加强公司资金管理，提高资金使用效率，保障安全生产需要，会议原则通过。计划财务处修改完善后发文执行。

四、关于职工工资由银行代发事宜

会议听取了计划财务处提交的关于职工岗位工资和船员伙食费由银行代发的汇报。会议认为，银行代发工资是社会发展的必然趋势，既方便船员领取，又有利于规避公司存放大额现金的风险。但需要2个月左右的宣传过渡期，让职工充分了解，并接受。会议要求，计划财务处认真做好该政策实施前的准备工作，由人力资源处配合，下半年计划实施。

五、关于公司机关 11 月份效益工资发放问题

会议听取了人力资源处关于公司机关 11 月份岗位工资发放标准的建议。会议对机关员工 3~5 月份岗位工资发放做出决定：对已经下文明确的干部，执行新的岗位工资标准；没有下文明确的干部，暂维持不变，待三个月考核、明确岗位后，一律按新岗位标准发放。

会议最后强调，公司机关要加强与运行船舶的沟通，建立公司领导每周上岗接船制度，完善机关管理员工随船工作制度，增强工作的针对性和有效性。

总经理办公室
二〇××年二月二十四日

实践训练

1．课堂讨论

（1）如何做好会议费用的结算？

（2）哪些会议文件和资料应该立卷？

2．案例分析

朝阳家电公司的新产品咨询洽谈会结束了。送走客人后，公司进行会后总结。总结会上，公司总经理认为，这次会议开得很成功，会务筹备处的准备工作做得周密细致，会议的组织接待工作做得很好，为公司赢得良好的人气打下了基础。再加上新产品过硬的质量，专家精辟的讲解等，使得这次会议达到了预期的目的，圆满成功。王主任也讲了话，他主要指出这次大会上的一些疏漏之处，比如，在准备期间，把一个常识性的问题给遗忘了，即少数民族人员的就餐问题，虽说是一个小问题，但处理不好也会造成不好的影响，幸亏发现及时，及早解决，才没有影响客户的情绪，使大会能顺利进行。为此王主任表扬了秘书小张工作细致，发现问题及时反映，使之尽早解决。另外，王主任还指出会议简报出得不够及时，没有把会议上的情况及时通报给有关人员，尤其是最后签订合同的情况。这可能是会期结束，有些人员思想松懈造成的，以后要吸取这方面的教训。总结会上还通报了这次咨询洽谈会上的收获，80%的与会者都同公司签订了合同，超出了预计的数量。这也对公司下一步的工作提出了更高的要求。总经理决定，对会务筹备处的人员每人奖励一个月的奖金。最后，要求会务筹备处尽快把与这次大会有关的材料都整理出来。

分析与讨论：

朝阳家电公司的会务工作哪些地方可取，哪些地方不可取？

3．实务训练

实训背景：

××啤酒（杭州）有限公司是一家成立较早的外资公司，占地 15 万平方米，初期仅以生产白云啤酒为主。公司建立至今，研发生产的啤酒种类日益繁多，有 11 度的白玉啤酒，6.8 度的白云啤酒，1 度的灵泉啤酒，7.8 度的灵泉啤酒。今年又根据市场需要，开发了新品，大

力推出了"清爽一夏"系列9度的白云啤酒、9度的灵泉啤酒和9度的冰啤。

"清爽一夏"系列是2019年推出的新品种，量少而精，采用100%进口麦芽为原料，秉承了德国传统小麦啤酒的酿造工艺，并充分考虑了中国人的口味，添加40%小麦麦芽和使用独特的酿造工艺生产。酿造过程中杜绝酒体与氧的接触，啤酒的保鲜期因此大大延长。先进的进口设备，优质的原料酿制，其品质超乎寻常，系列中每种啤酒都力求纯正爽口的饮用口感。而采用冰晶化高科技酿造的"清爽一夏"冰啤，因为彻底去除了啤酒中的杂质，从而确保了啤酒品质的稳定，使口味更纯正爽口，酒体更协调柔和。

"清爽一夏"系列产品特点：色泽呈浅金黄色，清亮透明，泡沫洁白细腻，具有明显的麦芽香气，酒体醇厚，口味清爽，包装高雅。

公司决定于2020年4月10日和11日召开短期的新品介绍和订货会议，邀请"杭州十佳"食品公司之一的雅士食品批发部经理胡××，以及杭州市著名的三家饭店的总经理——瑞云楼总经理贾×、新星饭店总经理谢×、留云饭店总经理刘××，白云啤酒定点经销单位——天龙糖烟酒公司总经理，浙江食品公司总经理参加此次会议。会议大力推出2020年新品"清爽一夏"系列的9度的白云啤酒、9度的灵泉啤酒和9度的冰啤。

实训内容：

本次会务工作实训分6个场景。

【场景1】 2020年3月1日上午，总经理华××和市场部经理吴××把王秘书叫到办公室，告诉她这次订货会议的时间、主要内容，地点定在松运宾馆。华总让王秘书尽快写好会议计划，以便各部门尽早做好准备。同时，华总让吴经理负责"清爽一夏"啤酒宣传海报的设计工作，海报用于布置会场。要求海报的设计新颖、独特、有创意。

请拟制一份会议计划，设计一份啤酒宣传海报（可以用PowerPoint制作）。

【场景2】 3月11日，王秘书来到松运宾馆预订2020年4月10日至11日短期会议的会场。她和宾馆经理许先生一起布置会场，先对"清爽一夏"系列的宣传海报做了适当的贴置，安排了椭圆形会议桌，并在上面摆放好"清爽一夏"系列的啤酒，准备开会时请与会者品尝。接下来，王秘书安排好了座次。

请演示会场布置的过程。

【场景3】 4月10日上午8：30，××啤酒（杭州）有限公司总经理华××、王秘书、生产部经理沈××、采供部经理潘××、销售部经理蔡××和市场部经理吴××，在松运宾馆门口迎接各位被邀请人。与会者陆续来到宾馆，王秘书一一介绍后，再将与会者引领至休息室休息。

请演示接待工作的过程。

【场景4】 4月10日上午9：00，新品介绍和订货会议开始，××啤酒（杭州）有限公司华总经理、总经理秘书王××、生产部经理沈××、采供部经理潘××、销售部经理蔡××和市场部吴经理，各位被邀请的客人均出席会议。华总经理首先致欢迎词，生产部沈经理向大家介绍了新的酿造技术、新的灌装设备和新产品的特点，对本公司产品的质量做了保证。华总经理最后讲话，提出了2020年企业的工作目标——开发新品啤酒10 000吨以上。接着，请各位客人品尝今年的新品"清爽一夏"系列，并请客人当场给出评价，提出意见。品尝结束后，在场客人纷纷点头称赞，并表示非常乐意订购。会议由秘书小王负责记录，市场部经理吴先生和销售部经理蔡先生负责开启啤酒、斟酒及后勤服务等工作。

请演示会间工作的过程。

【场景5】 会议第二天，双方签订合同后，王秘书和采供部经理潘先生，邀请并陪同6位客人到江南水乡同里游玩。同里是王秘书的家乡，所以王秘书主动担任导游，并向客人介绍了同里的情况，游玩了退思园等名胜，给客人留下了美好的印象。

请演示王秘书组织会间活动的过程。

【场景6】 会议结束后，王秘书回顾两天的会议内容，总结出一些经验，比如，可以在会议期间安排新闻媒体参与并进行报道，以扩大影响，起到更好的宣传效果；后勤部门应将会间的生活服务安排得更为妥当，争取今后此类会议办得更好等。王秘书将会议经验写成小结，上报给华总。

请演示会议总结及汇报的过程。

实训说明：

（1）学生每12人一组，教师为12名学生编上号数，即1~12号。

（2）每名学生都必须完成会议计划和啤酒宣传海报的拟制。要求打印，完成时间不超过60分钟。

（3）按场景顺序进行演示，实训在模拟公司进行，同里的场景可以虚拟，但秘书必须能较详细地介绍同里的名胜和特点。要求6个场景演示总过程不超过80分钟。

（4）各组可以通过6个场景的演示，灵活总结出各自的会务工作经验。场景中提供的总结内容仅供参考。

（5）会务工作的情景演示要逼真，演示时要真正从角色的角度考虑，角色的措辞既要认真斟酌，合乎会务工作的规范；又要让学生有所发挥，有所创新。

（6）一组演示时，其余各组认真观看；当小组演示完毕，其余小组同学就该组演示的优缺点予以点评。

（7）各实训小组上交所有会务筹备文本资料，教师归纳总结，全班同学推选出最佳实训小组。

（8）除实训室提供必要的设备、物品外，学生还须自备（制作）一些实训道具，如横幅、啤酒瓶、名片、座签等。

知识小结

会务工作是秘书的一项常规性的基础工作，也是各个单位组织管理中的一项重要工作。会议类别多种多样，规模大小不一。每次会务工作，无论规模大小、级别高低，秘书人员都应当认真对待。会务工作分为会前准备、会中调度与服务、会后善后与落实三个阶段。表面看来，会前事务要繁杂一些，其实，每个阶段都很重要，无论在哪个环节上出了问题，都是秘书的失职。秘书在会务工作上，尤其要养成认真负责、善抓细节、临变不惊的良好习惯。

阅读资料

组织会议细节ABC

秘书经常要组织各类会议，虽然会议内容千差万别，参会人员层次不同，会议范围有大有小，但如果不处理好一些细节，往往会闹出笑话，造成不良影响。处理好办会细节，可从以下几个方面入手。

1. 方案细防漏洞

有上级领导参加的会议，一般要制定方案，方案越详细，操作起来漏洞越少。如笔者在筹备一次信息员培训会议时，制定的方案包括时间、地点、参加人员、讲课人员、日程安排、宾馆招待等，将会前、会中、会后各个环节都考虑到了，并将每个环节任务明确到人。方案经领导批准后，一项一项落实，确保准确无误，不至于到时手忙脚乱。虽然听课的都是本单位人员，还是考虑到了购买笔记本和签字笔这样的细节，如不准备，万一有个别同志没有带，就显得对授课老师不够尊重。还考虑到了所请授课老师的爱好，在赠送礼物时有的放矢、投其所好，起到了联络感情的效果。如果会议有户外活动，还要考虑天气因素，雨季时要准备好雨伞。

2. 早准备双保险

筹备会议，各项工作一定要提前，最好在会议开始前 20 分钟将一切准备就绪。写会议记录是秘书的基本功。有这样一道面试题，"如果你是一位秘书，在一次会议记录中突然发现钢笔没有水了，应该怎么办？"有一位应聘者回答："作为会议活动中的秘书，我每次都会带两支笔参加会议。"现在有些会议，经领导同意还可以使用录音笔，就不怕因漏掉了关键内容而到处找人核对了。有一次举行庆典仪式，由单位主要领导主持，并邀请了一位上级领导参加并讲话。笔者将起草好的主持词和讲话稿一并交给了单位主要领导，到会议开始时，主要领导发现把上级领导的讲话稿忘在了办公室，导致最后上级领导没有讲成话。此后，凡是给领导的讲话稿、主持词等，在参加会议时都应多准备一份带在手上，以备急用。还有一次组织开工奠基仪式，因为户外条件差，所以音响设备、电源线都准备了两套，确保万无一失。

3. 多检查少失误

在会议正式开始前，秘书要对所有环节进行一次全面检查。有一句顺口溜说，"领导不讲我先讲，试试话筒响不响"，说的就是会前的检查工作。会前要对席签、会议材料、音响话筒、投影仪、灯光等进行全面检查。以前有会议室开着紫外线灯开会造成与会人员伤病的报道，教训十分深刻。检查无误后要安排专人看护，防止其他人员无意破坏。一次，我们举行"党风廉政目标责任书签字仪式"，会标内容用 QQ 发给了广告公司，下午两点的会议，中午一点检查会议室时突然发现，广告公司的职员不小心把"廉政"印成了"廉正"，由于发现得早，及时做了更正。对特别重要的会议，如奠基、剪彩、颁奖等，甚至要组织会议服务人员模拟演练，防止出现差错。

4. 防意外快反应

经验表明，事物是千变万化的，会议也是如此，往往会发生许多意料之外的事，让你猝不及防。这就要求秘书在会前要充分考虑到各种意外情况，一旦发生意外状况，确保能及时补救和积极应对。参加会议人员变动是经常发生的情况，往往是席签刚摆好，马上又变了，有时要变动好几次。我们的办公室紧挨着会议室，开会前计算机桌面印制席签的软件一直打开着，万一出现"突然袭击"的领导，键盘噼里啪啦一响，鼠标一点，30 秒钟轻松搞定席签。还有一些重大意外情况更需要积极应对。在一次培训会议上，一位与会人员突发心脏病，情况十分危急，会议组织者立即停止了会议，一边安排车辆送病人，一边与医院急诊科联系做好抢救准备，然后才向单位主要领导汇报，通知家人到医院，因抢救及时保住了他的生命。

5. 多观察勤思考

秘书要对会议的各个环节仔细观察，认真思考，堵塞漏洞。有一次举行表彰会议，颁发锦旗时两个锦旗上装饰的黄丝线缠绕在一起了，解了好几分钟，把领导和领奖人员晾在了台上，场面十分尴尬。如果会议组织人员认真观察，早注意到这个问题，把锦旗换成奖牌，或者把锦旗分开摆放，就不会出现这样的尴尬场面。有时会议室大而参加会议的人员较少，与会者往往喜欢坐在后面的座位上，前面空荡荡的，好像一盘散沙，场面很冷清，领导很不满意。如果在布置会议室时充分考虑参会人数，把后面多余的座位拿走或叠放起来，与会人员就会自动往前坐，会场就紧凑了，形成紧密团结在一起的场面。

（清凉. 秘书之友. 2010. 04）

学习目标

知识目标	能力目标	素质目标
● 了解文书管理的内容和要求 ● 了解公文的行文制度 ● 掌握公文处理的程序与方法 ● 掌握文书整理归档的程序与方法	● 具备办公室文书处理的能力 ● 掌握文书的整理归档及保管、利用的工作技能	● 培养恪尽职责、严守机密的职业道德素养 ● 养成严谨、规范的文书处理工作作风 ● 培养求真、务实的职业素养

第 1 单元　文书管理的内容

情景案例

宏达科庆实业公司近年来发展迅速，业务量增加，公司经常有大量的订单、询问函、协议书、意向书、合同等业务往来文书，也有很多与相关政府职能部门的往来文书。为了更好地整理公司文件，防止文件的流失或遗漏，公司特意招聘了一位新秘书陈媛，让她专门负责文书的管理工作。上岗不久的小陈工作了一段时间后就感到了很大的压力，公司每天收发文的工作量大，公司领导对文件的立卷归档、保管利用也有很高的要求，小陈有点不太适应。她向原来负责文书管理工作的公司行政部主管邓苹请教，希望能讨得一些做好文书管理工作的速成的技巧和方法。邓苹说："做秘书可不能偷懒啊，尤其是从事文书管理工作的秘书，更是要踏踏实实地做事，来不得半点浮躁。速成的技巧和方法是没有的，但文书管理工作也不是很难，只要你具备一定的工作方法，掌握好常规的工作程序，文书工作还是有规律可循的。如收发文工作，你可以去看看我们办公室墙上那张收文和发文处理程序的流程图就很清楚了。"

项目任务

作为公司从事文书管理工作的秘书新人小陈，如何才能最快地适应工作？

任务分析

正如宏达科庆实业公司的邓苹所言，文书管理工作没有速成的方法和技巧，这项工作对办公室文书管理者要求很高。除了业务上的要求，更重要的是作为从事这项工作的秘书，首先要有正确的思想认识、较高的职业素养，要热爱并重视这项工作，要甘于平凡，耐得住寂寞，品行端正，做事严谨，只有这样，才能真正做到细致、耐心、准确、保密。对秘书新人小陈而言，首先要上的就是思想认识上的第一课，这是她尽快进入职业角色、适应文书管理工作的关键。至于具体的业务工作，是没有速成的捷径的，能否尽快上手，小陈可以从以下几个方面入手。

（1）熟悉公司的工作流程和业务范围，尽快掌握行业知识，这是做好文书工作的基础。

（2）熟悉公司文书管理相关的规章制度，了解文书管理工作的内容。

（3）积极向前辈们学习有关文书管理的专业知识，多请教，勤动手，可以大大缩短适应工作的时间。

（4）在工作中学会工作，逐步积累经验，摸索工作规律，业务能力一定会逐步提高。

相关知识

1. 文书管理的概念

文书是单位组织在内部管理和对外交往过程中形成并使用的具有一定惯用格式的文字材料。在单位中，文书包括上级来文，本单位内部文件及与外单位往来文件，同级单位或非隶属机关发出的与本单位业务有关并且有参考价值的文件，下级单位报送的有关方针政策性、请示性的或反映重要活动及反映较长时间内全面情况的文件等。

文书工作是一个单位的组织或机构管理活动的重要组成部分。所谓文书管理，是指管理的各部、室、中心或各公司（含事业部、业务部门）内部及与外界来往的文书（包括签呈），自收（发）文至归档全部过程的办理与控制。

2. 文书管理的要求

（1）迅速、及时。文书不仅是各种信息的载体，而且也是企业管理的重要工具，其所承载的信息能否迅速及时地传播，直接影响着组织或企业的工作效率。作为秘书，必须对文书处理工作有时间观念，并能及时解决问题，迅速处理完毕，避免拖拖拉拉。文书工作的每道程序，都应该分清轻重缓急，对有明确时间要求的紧急文件，首先要保证及时处理。按规定，"特急"文件24小时内处理完毕；"紧急"文件要求3天内处理完毕；对没有十分明确时间要求的文件，也应抓紧处理（一般文件要求7天内处理完毕）。

（2）细致、周密。文书处理工作涉及一系列的程序，而且文书还具有一定的法律效力，代表了一个单位或部门的意志。因此在文书的处理过程中一定要细致、周密，对于文书处理的每个环节都要细心、谨慎，做到环环相扣、步步有序。任何一个细微的失误都有可能造成很大的损失，给单位带来不利的影响，甚至引发官司纠纷。

（3）求真、务实。求真是指文件的内容一定是真实的，务实就是避免形式主义、文牍主义，避免加入一些虚假的、空洞的内容，造成文件的滥用。作为秘书，特别是企业秘书，应该在文件的内容处理上开门见山、言简意赅、文字精练、篇幅简短。

（4）安全、可靠。文书包含了大量的单位内部机密信息，因此，安全、可靠是处理文书工作的前提。安全、可靠主要包括物质安全和信息安全两个方面。物质安全是指做好文件的收集、整理、立卷、归档等工作，保证文件的完整性，不要遗漏、丢失，从而影响文件的质量。信息安全是指对文件内容的保密，所有文件资料应注意区分不同的保密期限，对于绝密文件应有专人负责并有安全的保管设备，对于在保密期内的文件，不得随便给无关人员借读或传阅。

3. 文书管理的内容

（1）收文处理，包括对所有收到文书的签收、登记、初审、承办、传阅、催办、答复等诸环节。

（2）发文处理，包括对所有即将发出文书的复核、登记、印制和核发等诸环节。

（3）文书存档，包括对应归档文件材料的收集、整理、鉴定、保管等诸环节。

💗 **小技法**

对于纸质文件，要注意防潮、防霉、防蛀、防火、防盗，要准备专门的文件柜或档案室，并派专人定期整理、维护。

如果有需要借阅文件的，应该严格履行登记、签收、借阅手续，明确责任，秘书不得将文件擅自携带回家，以免造成失密、泄密。

（4）文件的管理，包括对登记、运转、暂存等诸环节文书的管理，以及构成公文要素之一的机关印章的管理。

（5）文件的利用，它是单位、领导及各有关人员在文书的运转、暂存等诸环节中对文书的利用。

4. 文书行文制度

文书行文制度包括两个方面的基本内容，即行文关系与行文方式。

「文书行文制度图解」

（1）行文关系。行文关系，是指行文过程中发文单位与受文单位之间的关系，这是根据每个单位所属系统的隶属关系及其职权范围来确定的。行文关系大致分为以下两类。

① 隶属关系。隶属关系一般分为两种情况：一是同一系统的上下级机关之间构成的领导与被领导的关系（属行政关系）；二是同一系统的上下级部门之间构成的指导与被指导的关系（属业务关系）。

② 非隶属关系。非隶属关系是指行文机关之间不是上下级的关系。一般也有两种情况：一是同一系统的同级机关、部门之间或不同系统的同级机关、部门之间；二是非同一系统的非同级机关、部门之间。

（2）行文方式。根据行文关系的不同，我们把行文方式大致分为三类，上行文、平行文、下行文。

① 上行文，主要用于下级机关、部门向上级机关、部门行文，如请示、报告。

② 平行文，主要用于平级、同级或不相隶属机关、部门之间行文，如函、协议、合同等。

③ 下行文，主要用于上级机关、部门向下级机关部门行文，如命令、通知、通报、决定等。

除以上三种比较单一的行文方式外，还有一些特殊的行文方式，如越级行文、联合行文、多级行文等。

相关链接

什么是转发行文

转发行文是指一个单位转发其他单位的文件，可分为批转和转发两种情况。

上级机关转发下级机关的来文，称"批转"，重点在"批"字上。通常，上级机关是应下级机关的请示而批转文件。批转行文具有权威性，文件一经批转，就代表批转机关的权威和意见。

一个机关转发上级机关、平级机关或不相隶属机关的来文，称为"转发"，重点在"转"字上，转发行文可以是应来文机关的要求而转发，也可以是转发机关根据需要而主动转发。

实践训练

1. 课堂讨论

（1）文书管理的内容和要求是什么？

（2）根据行文关系的不同，行文方式大致分为哪几类？

2. 案例分析

金刚铝业有限公司赵总明天要去北京出差，上午10点他有急事要出去，临走前吩咐张秘书下班后把打印好的合同直接送到他家里。张秘书打印好合同后，准备去赵总家，临走时接到一个老同学的电话，说今天到这边开会顺道请她吃饭，车子已经在楼下等了，要她赶快去。于是，张秘书就把合同书随手放进手提包里出去吃饭了，等到了家才想起合同没给赵总送过去，打开包一看，里面的合同不翼而飞了，这时已经是晚上十二点了。

分析与讨论：

（1）案例中这位秘书的做法有何不妥？

（2）她在文书管理工作中要注意什么？

第2单元　收文工作

情景案例

　　宏达商城的总经理助理李强收到了一份市政府的文件通知，通知说将在12月8日组织召开冬季防火工作会议，要求全市所有大中型企业的主要负责人都参加，并且要准备好相应的汇报材料。通知还特别提到，如果发现在这次会议中出现无故缺席或汇报材料不详细的企业，将给予一定的处分。李助理粗略一看标题，认为不过是常规性的工作安排，跟商城钱总经理直接言语一声就可以了，因此他没有把文件给钱总经理过目，而是随手塞进办公桌上一堆文件里。

　　12月7日，李助理给钱总经理汇报说："钱总，明天下午2：30您有个会，是市政府组织召开的冬季防火会议。"

　　钱总经理一听就说："这么急啊，我明天还有个重要的客户要谈呢，这样吧，你让赵副总去一下。"

　　李助理说："那也行，我这就去通知赵副总。"

　　赵副总一听是冬季防火工作会议，就随口问了句："需要汇报吗？"

　　李助理一听愣住了，"汇、汇报啊，这个，我想想，哎呀，好像是有提到过什么汇报计划什么的，我也没太在意，以为又是常规例会呢。"

　　"那赶紧找来看清楚。"赵副总果断地说。

　　"好，好，这就去。"李助理边说边擦了擦额头冷汗，他飞快地冲进办公室，一阵翻箱倒柜后，终于找到那份文件，仔细阅读完后，半天没回过神来，心里想："坏了，坏了，这下要倒霉了，竟然把这么重要的内容给忽略了，怎么办？怎么办？自己受处分不要紧，关键不能影响公司声誉啊，赶紧补救吧。"他马上把这份文件复印了几份，给钱总和赵副总人手一份，并主动承认自己的过失，表示愿意加班把材料赶出来。钱总和赵总虽然很震惊、生气，但想想现在不是发脾气的时候，先应付难题才是上策，马上组织召开公司紧急会议，共同研讨汇报材料的内容。经过大家的共同努力，终于在中午的时候完成了汇报材料的写作，及时地弥补了过失。

项目任务

　　1. 李助理为什么会出现这样的失误？如果你是李助理，应该按怎样的程序处理市政府的来文？

　　2. 通过这件事，李助理要吸取怎样的教训？

任务分析

　　收文工作是办公室秘书的日常性工作，做好收文工作的关键就是要注意区分来文的单位和文件的内容。一般而言，上级单位的文件，公司重要客户、合作伙伴的来电、来函，下级部门的请示、报告等这类文件应该及时送交领导审阅，对于常规性的文件应把重点圈阅出来，送领导过目。李助理的失误，首先是没有仔细阅读文件的内容，仅凭文件的标题就判断来文的内容，造成判断失误；其次，没有按照收文的处理程序进行，既没有登记，又没有传阅，更没有存档，而是随手一放，以致领导需要这份文件时，他还得到处去找，延误了时间，造成整个工作被动的局面。不过他后来能够及时把文件复印几份送给公司几位领导一起研究，这样避免了来回折腾的时间，反应还算及时。

通过这件事，李助理应进行深刻的反思，吸取教训，对文书的收发工作一定要按程序办事，要注意每个细节的处理，任何环节都不能疏忽大意，否则就会造成难以弥补的过错。

相关知识

1. 收文处理程序

收文处理工作，即指对所收文书的签收、登记、初审、承办、传阅、催办、答复等环节处理过程，如图 5.1 所示。

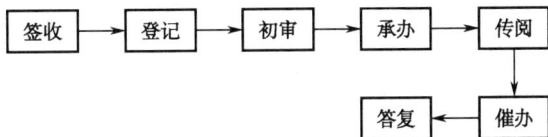

图 5.1　收文处理程序

（1）签收。签收是收文处理的第一个环节，是指秘书部门对收到的文书进行清点确认的过程，包括清点、检查、签字三个环节。签收要注意两点：一是要清点信封或文件包数量，检查密封是否完好，核对信件实际件数、信封编号与签收单上的记载是否相符；二是要逐份清点核对所收文书的编号、份数与签收单上的记载是否相符。核对无误后，要签名或盖收文章收件。

（2）登记。登记就是对拆封的文书进行的记录，收文登记的形式有簿册式、联单式、卡片式。公文登记的内容主要包括编号、收文时间、来文单位、来文号、标题、密级、紧急程度、主送单位等。登记不是一次完成，边办边登，多环节登记。

办公室秘书在进行收文登记时，要确定登记与不登记的范围，不需要登记的文书，主要有以下几种。

① 各种公开的和内部无密的刊物和简报。

② 一般性抄件。

③ 行政事务性的通知、介绍信和请柬等。

④ 公开信、公开发布的公文和私人信件等。

（3）初审。收到下级机关上报的需要办理的公文，秘书部门应当进行审核。审核的重点有以下几点。

① 是否应由本机关办理。

② 是否符合行文规范。常见问题：请示中一文多事，报告中夹带请示事项，将下级机关的请示事项原文转报上级机关，党委、政府办公厅（室）之外的业务部门擅自向下级党委、政府发布指令性公文。

③ 内容是否符合国家法律、法规及其他有关规定。

④ 涉及其他部门或地区职权的事项是否已协商、会签。常见问题：未经协商就报文，已协商未达成一致意见且没有说明情况就报文，多个机关联合行文未会签完毕就报文等。

⑤ 文种使用、公文格式是否规范。常见问题：该用"请示"的用了"报告"；主送、抄送机关标注不规范；上行文未标注"签发人"；主附件分离，附件不全；缺页、错页、中间有空白页；印制歪斜等。

⑥ 是否符合公文起草的其他要求。

初审不符合规定的公文，要及时退回来文单位并说明理由，可以在退文时附上退文单并注明退文原因，或者将退文原因电话告知来文单位。初审合格的公文才能进入承办程序。

（4）承办。承办是指单位有关部门或人员按照来文的要求进行具体工作或办理复文。

承办阅知性公文，阅件应合理确定分送范围并分送，在分送范围的确定上，以充分满足工作需要、发挥文件最大效用、符合保密要求为原则。承办批办性公文应提出拟办意见报本机关负责人批示或者转有关部门办理。需要两个以上部门办理的，应当明确主办部门。紧急公文应当明确办理时限。承办部门对交办的公文应当及时办理，有明确办理时限要求的应当在规定时限内办理完毕。

（5）传阅。传阅是指根据领导批示和工作需要将公文及时送传阅对象阅知或者批示。办理公文传阅应当随时掌握公文去向，不得漏传、误传、延误。

需要传阅的文件有以下两种。

① 文件经过主要领导批办后需要其他领导及有关人员传阅，以掌握批示意见。

② 对于抄送文件，只要求有关单位、部门人员了解即可，这时需传阅。只有一份文件且需多人阅批的公文传阅可以采用按顺序传批。按顺序传批包括正传与倒传，正传是按阅批人排序，由前往后依次传阅，一般多用于阅知类公文，倒传是按阅批人排序，由后往前依次传阅，一般多用于请示类公文。

「传阅必知」

（6）催办。催办是指秘书按照承办期限，对承办部门定期进行检查与催促，防止文件处理被延误，催办要区分情况适时催办、跟踪催办、重点催办、定期催办。

（7）答复。答复是指对文件承办的情况和结果，由经办人员在文书处理单上做简要注明。

2. 收文的注意事项

（1）从文书处理部门的角度来说，收文处理环节主要是抓承办和催办工作。

（2）对已经办理完毕的收文，可按照标准进行分类，进而进行整理保存。

相关链接

文书处理单

收文登记表

来文单位		来文编号		收文编号	
文书内容					
处理意见					
上级批示					
办理结果				收文日期	

文书传阅单（一）

来文单位			性质		份数	
办公室拟办意见						
阅者签名	时间	阅后意见	阅者签名	时间	阅后意见	

文书传阅单（二）

来文单位		来文字号	
文书标题			
收文日期		收文字号	
传阅者签名	时间	传阅者签名	时间
备注			

××市××局收文处理传阅单（三）

收文日期：年月日收文字号

发文机关				发文日期	年月日		
				发文字号	字[　]　号		
来文标题							
拟办意见							
领导批示							
传阅	×××	×××	×××	×××			
阅办	办公室	××科	××科	××科	××科	××科	
办理情况					承办人		

××局办公室

✏ 实践训练

1. 课堂讨论

（1）收文的处理程序是什么？

（2）传阅中正传与倒传具体在何种情况下使用？

「一份紧急公文滞后传递引起的反思」

2. 案例分析

【案例1】 恒达公司是一个新公司，很多部门都是刚刚设立的，职权划分不是非常明确，为了保证工作不出错，办公室王秘书决定将所有来文一律以三天为单位，每三天分送一次。

【案例2】 兴盛服饰有限公司的张秘书一天早上收到了一封来信，拆开一看，原来是一个跨国公司发来的询问函，想了解天剑公司一员工的表现情况。张秘书一看了解的对象是自己的好友，马上提笔给对方回复了一封热情洋溢的信，极力表彰该员工在公司的表现，并大力推荐，信写好后她加盖了单位公章就立即寄出了。

分析讨论：

王秘书和张秘书的收文处理工作有何不妥？

【案例3】 某市工业局的公文处理依照如下的基本程序进行：

（1）局办公室外收发人员将收到的文书拆封登记后再送内收发人员签收；

（2）内收发人员将文书清点登记后，加盖收文章，然后将文书全部送局办公室主任批阅；

（3）办公室主任对所有文书进行拟办，提出初步办理意见后送局长、副局长在文书上批办；

（4）局领导批办后，将文书直接交各业务处室的业务人员承办。

分析与讨论：

这几个工作步骤中各有哪些不当之处，为什么？

3．实务训练

实训内容：

（1）讨论在案例分析的"案例2"中，张秘书有哪些地方做得不妥？

（2）演示张秘书收文后的正确处理程序。

实训说明：

（1）实训以小组为单位，每组至少4人，分别扮演秘书、钱总、赵副总、送文书的人。每个人都要轮流扮演秘书。

（2）实训小组要自行准备好各自的台词和情节，允许自己加入相应的情节，使内容更连贯。

（3）每组同学在表演时，其他各组同学要认真观摩，给出评价。

（4）教师负责监控全场进程，可以适当的根据情节临时增加内容。

（5）教师总结。

（6）实训材料的准备：收文登记表、文书传阅单等。

第3单元　发文工作

情景案例

　　宏达房地产开发公司刚成立不久，公司各方面的工作还在适应和调整中。这天，公司销售部萧经理代拟了一份以公司名义发出的急件，他将文稿打印在空白的复印纸上送到公司办公室。办公室的秘书小何一看是急件，二话不说就盖了公章，萧经理拿着盖了章的文稿急忙送到汪明总经理处签字。汪总经理看了觉得有某些地方还不太满意，于是又用笔在文稿上修改，最后在文稿的下方空白处签上了自己的姓名和日期，吩咐何秘书立即发送出去。

项目任务

1. 你觉得上述人员的发文处理是否正确，为什么？
2. 你认为发文工作正确的程序是怎样的？

任务分析

　　公文是制定政策、发布法规、下达指示、开展对外联系的重要工具，公文的内容是单位最高权力意志的体现，具有权威性和约束力，因此公文的制发一定要按照规范的程序进行，绝不能草率行事。案例中宏达房地产开发公司的发文处理程序是极不规范的，首先，部门经理的文稿不能打印在复印纸上，而应该打印在公司的专用文件纸上；其次，秘书在接到这份待发出的公文后应立即请领导审阅，待领导同意签发后方可盖章，而不是未经审核擅自盖章；最后，公司的总经理在已经盖章的文书上再次进行了修改，就不能用修改稿作为最后的成文发出，而应要重新打印一份盖章后发出。

相关知识

「某公司的发文规范」

1. 发文处理程序

发文处理程序指的是本单位制发对外或对内文件的处理程序，一般包括复核、登记、印制和核发，如图5.2所示。

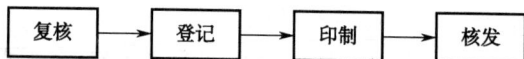

复核 → 登记 → 印制 → 核发

图5.2　发文处理程序

（1）复核。复核是发文过程中的审核，是在正式公文印制出来前，秘书部门对签发的文稿进行复核审查。主要检查项目：文稿查阅、审批、签发的手续是否完备，流程是否合乎规定；文稿所附带的文件资料是否齐全，是否存在错漏；文稿的格式是否统一规范。

（2）登记。公文印成发出前，应当对所发公文的份数、序号及发往单位、日期、文号、标题、密级、附件和封发情况等进行登记。发文登记工作应该在编制发文字号后、印制前进行，以便准确地计算好份数和做好发放的准备工作。发文登记，有卡片、活页和账簿等多种形式，从便于保存和查找的角度考虑，采用簿记式的为好。

小技法

退回的公文该如何处理

当收到退回的公文时，应先看退回的理由说明，然后根据具体情况具体办理。如果是一般公文格式的问题，只需要重新修正后再上报即可；如果是未经协商独自办理的公文，应按程序重新履行会签程序，取得一致意见或列明各方理由后再报；对内容改动较大或有实际性改动的公文，应送有关领导人重新审批后签发。修改后的公文仍可用原编文号，但必须将原印发件作废处理。

（3）印制。首先，印制要确保质量，公文印制必须以经过机关负责人签发的定稿为依据。其次，要确保时效，尤其是对于标注特急或要求限时发出的公文，要严格按照时限印制完毕，不得延误。最后，要确保安全保密，涉密公文应当在具有国家秘密载体印制资质的单位或机关内部非经营性印刷厂、文印中心印制。

（4）核发。要认真检查成品公文质量，准确及时分发成品公文。凡有条件的，均应尽量直接投递或者送达，以便加快公文的投递速度。特别急切、重要或绝密的公文，最好是派两个人专送。直送和专送的公文，要严格履行签字手续。不要请别人代劳，以免出现不必要的意外情况，造成损失。

2. 发文的注意事项

（1）可以通过口头汇报、请示或者当面协商的，都不需要行文，尽量减少程序，提高工作效率。

（2）要保持文稿与过去所发公文之间的连续性、逻辑性。

（3）签发公文应当符合存档要求。不得使用圆珠笔和铅笔，不得使用除蓝黑色和黑色以外其他颜色的墨水。

（4）对已经办理完毕的公文，可按照某种标准进行分类，进而形成案卷进行保存。

相关链接

单位公文拟稿稿纸示例

发文编号[   ]　　　　　　　　　　　　　　　　　　　密级

上级签发：	部门审稿人：
	主办单位和拟稿人：
发文标题：	会签部门签字：
	附件：
主送单位：	
抄送单位：	
校对：	打印　本文共铅印份
打字：	本文于年月日印发

发文登记表示例

序号	发出日期	发文字号	公文标题	成文时间	密级	缓急	附件	份数	主送单位（机关）	抄送单位（机关）	签收人	归卷日期	存档号	备注

实践训练

1．课堂讨论

（1）发文的处理程序是什么？

（2）发文登记采用哪种形式较好？

2．案例分析

洪远贸易有限公司是一家集服饰、餐饮、住宿、美容于一体的大型综合性公司，随着公司经营范围的扩大，公司现有的职工宿舍出现了紧张现象。许多职工距离单位上班很远，因而迟到早退现象日益突出，严重影响了公司的正常运转。为了严格执行考勤制度，规范公司运作流程，经公司经理会议研究决定，对没有单位住房的职工实行交通费补助，办公室秘书张慧负责起草相关文件。张秘书在计算机前飞快地写完了草稿，直接输出之后盖上公章，复印了二十份后就发给各个部门。结果整个公司人心浮动，许多部门员工打电话来问，究竟公司会补助多少交通费，有住房的员工是否也享有同等待遇，原来张秘书在起草文件时并没有写明具体的补助对象和数额，才造成了这种后果，事后老总严厉地批评了她。

　　分析与讨论：

　　（1）张秘书在发文处理的哪些环节出现了错误？

　　（2）张秘书在以后的发文工作中应做如何改进？

3．实务训练

　　经理交给秘书高英一个任务，让她起草一份"公司产品展销会保卫工作意见"，并于两日内发出。高秘书接收任务后，遵照草拟文件的要求，很快地拟写好了文稿。她自己先检查格式、字词、标点符号等，在确认无误后再交给经理审核，经理仔细地审查了几分钟，在文稿纸上修改了个别地方，让她回去重打一份，高秘书按照经理改动的地方重新进行修改，又在计算机上仔细核对后，用空白的 A4 纸打印一份并附上文件签发单一并交给经理审查。经理在确认没有错误后，在签发单上签上了自己的名字，高秘书拿着签好的文件再次回到办公室，按照现有的格式重新用公司的文件纸打印了二十份，装订后小心地盖上公司的公章，再分发给各个部门，并要求他们在收文单上签字。

　　实训说明：

　　（1）本次实训可以在模拟实训室进行，最好配有计算机、打印机、文件纸。

　　（2）实训以小组形式进行，每组4人，轮流演示发文处理程序，注意每个环节的处理。

　　（3）指导老师实施监督评价，对实训学生进行相应的指点提示。

第4单元　文书的整理归档

情景案例

「新版公文处理条例解读」

　　宏达商业贸易公司的行政助理孙梅在文书整理归档过程中，发现上次公司某大型商务活动中的文书缺少一些新闻报道和相关图片，邀请的上级领导的讲话稿也不见了，同时还有些重要的机密文件跟一般文件放在一起。几经查找，她将文书收集齐全，并将机密文书和一般文件进行了分开处理。事后她将发现的问题总结后写了份报告交给领导，分析文书收集不全及机密文件与普通文件混杂的原因。据她分析，文书归档出现遗漏的原因主要如下：一是有些承办人员不愿意将自己认为有用的文书归档，担心用起来不方便；二是有些文书人员未按归档范围收集文书；三是公司内部未进行文书整理的分工，存在遗漏整理和重复整理的情况。另外，在区分机密文件与普通文件的问题上，主要是归档人员没有注意保管期限的划分标准，针对这些现象她提出了一些合理化的建议，受到了领导的表扬。

项目任务

1. 对宏达商业贸易公司文书出现缺失和遗漏的情况，你认为该怎样补救？
2. 根据孙助理分析的原因，你打算怎样做好文书的整理归档工作？有何建议？

任务分析

文书的整理归档是档案管理工作中一个十分重要的环节，它直接决定了档案的案卷质量，而案卷质量的高低直接影响档案的检索、利用和信息资源的开发。上述案例提到的宏达商业贸易公司之所以会出现文书缺失和遗漏情况，就是因为单位的文书整理归档工作没有做到位。实际上，文书的整理归档就是对文书进行收集和鉴定，这是档案工作的基础。案例中的孙梅助理在整理文书时发现了公司的文书在收集方面出了问题，她及时进行收集补充，找全了资料，从而避免档案不全错误的产生。这也提醒办公室秘书以后对所有需要归档的文书应该在第一时间归档，以免出现遗漏遗失。在归档的时候，注意要按照公司相应的文书分类归档的方法进行，虽然文书归档有通用的方法和原则，但是鉴于每个单位的实际情况不同，需要归档文书的范围、内容、分类方法、保管期限也随之不同。这就需要秘书在文书整理归档时，首先要熟悉公司有关工作流程，掌握文书整理归档的分类方法，列出准确的文书检索条目，为文书的检索利用提供及时准确的信息。

相关知识

文书的整理归档是指对已经办理完毕的文书，挑选其有保存价值的，按照一定的规律进行排列整理归档的过程。文书归档有利于保证文书的完整与安全，便于日后的查找和利用，它是档案管理的基础。

1. 文书材料归档的范围

（1）需要归档的文书材料有以下几种。

① 本单位或者部门为开展工作而形成的请示、报告、通知、计划、总结、调查报告、制度、统计表和情况反映等文书材料的原稿、正件、重要的修改稿；会议中的工作报告、讲话、会议纪要、会议记录等各种文书材料的原稿、正件、附件和重要的修改稿；本单位对外的正式发文，如命令、条例、通报、通知等；本单位干部任免的文件、职工的录用、转正、定级调资、评定职称、退职、退休、离休、奖惩、抚恤、死亡等有关文书材料；本单位的组织规则、规章制度，人员编制材料，干部、职工、党团员名册，干部年报表，干部、职工转移行政，党团组织关系介绍信存根；本单位及本单位批准的下属单位的成立、合并、撤销、更改名称、启用印签的文书材料。

② 上级单位发来的通知、决定、批复、计划、规定、命令等指令性和指导性的文书材料，一般需要正件；上级开会带回的需要单位贯彻执行的有关文书材料。

③ 下级单位的报告、统计报表等重要文书材料。

④ 与同级或者其他单位为联系工作或共同工作所形成的函件、合同、协议书等文书材料的原稿和正件。

⑤ 其他文书材料，如反映单位历史沿革、重要活动的大事记、剪报、照片、录音文件、电报等。

（2）不需要收集和归档的材料有以下几种。

① 重份文件（特别重要的文件保留两份，其他只需一份）。

② 无查考利用价值的事务性、临时性的文书材料，如一般性会议通知、不相隶单位的迁址通知、洽谈业务的介绍信、节假日通知等。

③ 未经签发的文书草稿，一般文书的历次修改稿，内部互相抄送的文书，其他单位抄送来的供参考的文书材料或征求意见的未定稿。

④ 无特殊保存价值的信封，一般性的询问、表态的群众来信。

⑤ 本单位负责人兼任外单位职务时形成的文书材料，越级抄送或下级单位送来的不必抄送的文书材料。

2. 收集文书材料的要求

（1）严格管理制度。对于各类收集来的文书材料实行收发登记制度和整理归档制度，认真做好文书材料的登记、核实、检查工作，对不需归档或不符合要求的文书及时进行清退。

（2）注意文书材料完整。秘书在收集文书材料时，要留心收集散落在个人或部门手中的零散文书，尽量保存原件，以保持归档材料的完整统一，同时也可配合制定一定的奖惩措施，弥补归档制度的不足。

3. 文书整理归档的程序

（1）收集文书。文书整理的第一个程序就是将单位组织在上一年度所形成和运转的文书材料中需要整理归档的部分全部收集摆放在一起，以便及时发现遗漏或者不齐全的部分。一旦发现，则要立刻收集补充，确保整理归档文书材料的齐全和完整。公文办理完毕后，应当及时将公文定稿、正本和有关材料交本部门秘书整理、归档。个人不得保存应归档的公文。

（2）分类整理。分类整理就是按照文书的来源、内容、时间和形成的异同，分成若干层次和类别，构成有机体系。其原则就是把需要整理归档的文书分门别类，使其更加具体、更加细致化。归类的方法一般有3种：年度归类法、组织机构归类法、问题归类法。

① 年度归类法。年度归类法就是把文件资料按照时间来区分，每年的1月1日至12月31日为自然年度，这一年内形成的各类文件都归为一类，如图5.3所示。运用年度分类法应正确判定文书的所属年度。文书上有属于不同年度的几种日期，以最能说明该文书特点的日期作为分类的根据。如法律、法令和条例等法规性文件，以批准日期为根据（公布生效的文件，以公布日期为根据）；指示、命令等领导性文件以签署日期为根据；会议记录以开会日期为根据；计划、总结、预算、决算、统计报表以内容针对的时间为根据，跨年度的计划可放在开始年度，跨年度的总结可放在最后年度。

文书上没有注明日期，判定和考证文书的准确日期或接近日期，通过分析文书的内容，研究文书的制成材料、格式、字体和各种标记，或者与已有准确日期的同类文书比较、对照来判定该文书的日期。特殊部门如学校、科技考察等采用专业年度。

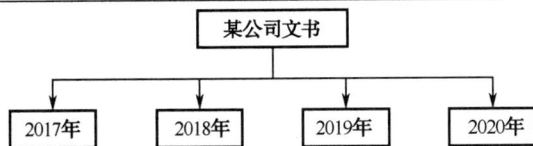

图 5.3 年度归类法

② 组织机构归类法。这种归类法最主要的是确定制发文书的单位或部门,将文书归入其制发机构中,如图 5.4 所示。具体方法如下所述。

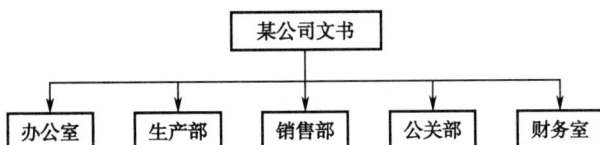

图 5.4 组织机构归类法

a. 对于一般文书,以文书上的发文机关标识归类;

b. 对于几个部门共同承办的文书,则将其归入牵头机构或最后经办机构;

c. 以单位名义召开的综合性会议文书,归入办公室;以单位名义召开的专业性会议文书,归入对口业务部门;

d. 单位领导外出开会学习带回的文书资料,归入办公室。

③ 问题归类法。问题归类法是相对比较复杂的一种,由于各单位性质的不同,文书的内容也不一致,因此在文书的归类中可能会出现文书资料不易查找的现象,因此我们在具体的整理归档中,要根据情况的需要,更进一步细分案卷。该类归类法如图 5.5 所示。

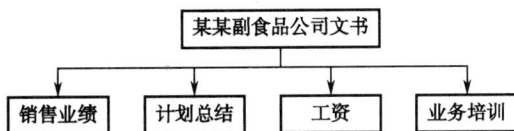

图 5.5 问题归类法

在全宗内档案分类工作中,通常将几种分类方法结合使用,形成复式分类法。如果归档的文书数量大、形式多,单纯采用一种分类方法不能达到实际分类的要求,可以进行多层次分类,将两种或两种以上的分类标准结合运用,不同层次适用不同的分类方法。如年度-组织机构分类法,先将立档单位内的档案按年度分开,然后在每个年度内再按组织机构进行分类。例如:

2018 年

公关部

营销部

    财务部……

2019 年

公关部

营销部

　　　　　财务部……

2020 年

　　　　　公关部

营销部

　　　　　财务部……

「复式分类法」

♥ **小技法**

文书的保管期限

　　按照文书的保管期限立卷：案卷的保管期限分为永久、长期、短期三种。凡是记载和反映本机关或者部门的主要职能活动和基本历史面貌等文书，有长远查考利用价值的文书，都属于永久保管类；在相当长一段时间内开展工作，总结经验需要查考的文书，属于长期保管类，时间为 30 年；其他一些只在短期内需要查考的文书，则为短期保管类，一般时间在 10 年以下。

　　（3）案卷排列。在存放案卷的时候，需要考虑确定案卷的先后次序，以便更好理解案卷之间的逻辑联系，方便查考。一般来讲，可以按照以下几种方法进行排列。

　　① 按照案卷所反映的工作上的联系排列。

　　② 按照案卷内容所反映的一定问题排列。

　　③ 按照案卷所属的起止时间进行排列。

　　④ 按照文书的作者、收发单位或部门及内容所涉及的地区进行排列。

　　⑤ 按照姓氏、汉语拼音字母等顺序排列。

　　（4）编制案卷目录。在案卷的开始，都需要有一个《卷内文书材料目录》（以下简称《卷内目录》），主要用以介绍卷内的文书材料内容，方便以后查找。一般《卷内目录》包括件号、责任者、文号等要素。卷内目录如表 5.1 所示。

表 5.1　卷内目录

件号		责任者	文号	题名	日期	页数	盒号	备注
室编件号	馆编件号							

　　件号是每件文书被编成的号码，按案盒文书排列的顺序填写；责任者是指公文的发文机关名称，名称过长时，可用规范化简称；文号是指公文的发文机关字号，由发文机关代字、年号、顺序号三部分组成，如国发〔2015〕8 号；题名是指公文的标题，填写标题时可省略发文机关名称，如原件无标题，需标出事由；对带有附件的文书，应在正文标题后另行登记所属附件；日期是指文书的制发日期，日期的填写可省略"年、月、日"三个字，用 8 位阿拉伯数字进行标注；页数填写每件文书的总页数；盒号是指文书放置盒子的编号；备注填写文书的变化和需要说明的情况，如"缺第×页""缺附件"等。

对于公文的整理归档，还要注意以下几点。

① 归档范围内的公文，应当根据其相互联系、特征和保存价值等进行整理，保证归档公文的齐全、完整，正确反映本机关的主要工作情况，便于保管和利用。

② 归档范围内的公文，应当以"件"为单位进行分类、排列、编号、编目、装订、装盒。"件"是指密切相关的文书合称为一件。如文书的正本与定稿、正文与附件、原件与复印件、转发文与被转发文、来文或去文与复文等应视为一件；简报可一期一件，会议文书较多时也可以每份为一件；原则上，会议记录一次会议记录为一件，采用会议记录本的也可一本为一件；重要文书须保留历次修改稿的，其正本为一件，历次修改稿为一件。以"件"为单位进行装订时，正本在前，定稿在后；正文在前，附件在后；原件在前，复印件在后；转发文在前，被转发文在后；复文在前，来文或去文在后；定稿在前，历次修改稿在后，非诉讼性案件的结论、决定和判决性文书在前，依据材料等在后。装订后首页右上部空白处加盖"归档章"，打印文书目录。

③ 联合办理的公文，原件由主办机关整理、归档，其他机关保存复制件或其他形式的公文副本。拟制、修改和签批公文，书写及所用纸张和字迹材料应当符合存档要求。归档公文的用纸应当是中性纸，字迹材料应当使用墨汁、碳素或蓝黑墨水。

（5）装盒。装盒就是将已经整理好的文件按顺序装入档案盒，并填写封面、盒脊及备考表项目。档案盒封面应注明全宗名称。档案盒还应根据摆放位置不同，在盒脊上写明全宗号、年度、起止件号、盒号等必备项，还可设置机构等选择项。归档文件目录封面如图 5.6 所示；侧脊标签模板如图 5.7 所示。

图 5.6　归档文件目录封面　　　　　图 5.7　侧脊标签模板

4．文档的管理与查阅

（1）文档中的文件应每年清理一次。

（2）新增的文件需要归档时，应依据其内容、文种等归入相应的文件夹，并及时在该类文件的首页目录中添加相关内容。

相关链接

「某大学综合档案室
院系档案立卷类目」

什么是档案立卷类目

立卷类目也称立卷计划、立卷方案，是各个部门在每年年初根据本部门工作活动的规律，预计该年度可能形成文件的类别和数量，主要依据各部门文件材料的归档范围，拟制出来的归卷条目，作为平时文件材料立卷的指南。

立卷类目主要由类和条款组成，每个条款准备一个卷盒（或卷夹），将立卷类目中的条款和顺序号打印在纸条上，贴在准备好的卷盒背上。卷盒按条款的顺序排放，文件处理完毕，秘书即可将文件"对号入座"归入相应的卷盒内，并在收（发）文登记簿上注明文件存入的卷号，以备查找。

✏️ 实践训练

1. 课堂讨论

（1）什么是文书的整理归档？

（2）文书整理归档的程序是什么？

（3）文书归档分类的方法有哪几种？

2. 案例分析

【案例1】 汉阳纸品印刷有限公司羊城分公司在年底清理文件时，发现了这样一些文件：

（1）汉阳纸品印刷有限公司员工考核制度；

（2）汉阳纸品印刷有限公司羊城分公司2019年生产计划；

（3）汉阳纸品印刷有限公司羊城分公司关于加强安全生产的通知；

（4）汉阳纸品印刷有限公司关于元旦放假的通知；

（5）汉阳纸品印刷有限公司关于召开2018年年终总结大会的通知；

（6）汉阳纸品印刷有限公司羊城分公司关于扩大2号生产线的请示；

（7）汉阳纸品印刷有限公司关于任命公司副总经理的通知；

（8）汉阳纸品印刷有限公司关于上半年生产销售情况的通报；

（9）汉阳纸品印刷有限公司羊城分公司关于组织参加总公司职工文艺会演的通知。

分析与操作：

请将上述材料调整类别，按相应的方法分类，并说明理由。

【案例2】 杨晴是一名即将毕业的文秘专业的学生，为了更好地提高自己的实践能力，她申请去系部档案室帮忙整理档案。第一天去档案室，打开文件柜一看，发现里面塞满了档案盒，档案盒外面还有很多散乱的文件，她随手把这些散乱的文件抽出来看了下，发现有以下几份文件：

（1）××大学关于人事分配制度改革的方案（草案）；

（2）××大学关于调整学位评定评委会组成人员的通知；

（3）××大学××学院关于增加实训室的请示；

（4）×××大学关于"十一"放假的通知；

（5）××大学××学院关于期末寒假及开学安排的通知；

（6）××大学关于做好2014级毕业论文指导工作的通知；

（7）×××大学关于成立2019年招生工作领导小组的通知；

（8）×××大学×××学院关于组织开展学生技能大赛的通知；

（9）×××大学×××学院关于开展学生技能大赛的方案；

（10）×××大学×××学院关于开展学生技能大赛的总结；

（11）×××大学关于实施《岗位聘用方案修订意见》的通知；

（12）×××大学迎接省评估专家组来校指导工作的活动安排；

（13）×××大学×××学院 2017 年工作总结；

（14）×××大学×××学院 2017 年工作计划。

分析与讨论：

（1）哪些文件在归档范围内？哪些文件可以剔除？

（2）所组成的案卷如何拟制案卷名？

3．实务训练

实训内容：

（1）学会制作收发文登记簿，制作文书处理单，制作模拟文书，并对文书的制作、收发、传递、收集、整理、立卷、归档的全部流程进行演示。

（2）最好在计算机上进行电子文件的制作、处理。

实训说明：

（1）本实训可选择在模拟的实训室进行，最好能配置档案盒、文件夹、计算机、打印机等。

（2）实训分组进行，4～6 人一组，每组同学分工合作，实行流水作业，演示文书管理工作的全过程。

（3）指导老师负责监督评价，也可临时加派任务。

知识小结

　　文书管理是办公室工作中一个重要的内容，是对工作中产生的各种类型的文书进行收文和发文处理并整理、归档，使一些有关联的文书衔接有序，便于管理和查找。文书工作强调时效性、严谨性、求实性及安全性。收发文工作必须按照规范的程序和要求进行，要掌握一定的工作方法和技能。对已经办理完毕的收发文，能按照某种标准进行分类，进而形成案卷进行保存。要做好办公室的文书管理工作，必须养成严谨、规范的工作习惯，具备一定的职业素养。

阅读资料

信息电子化与文书档案管理

　　文书档案是档案工作的重要组成部分，它记载着社会发展的历史过程，客观地反映着问题处理、领导决策、基本建设、研究开发等方面的过程和成果。随着改革的发展，如何提高文书档案管理水平，及时、准确、系统、完整地提供档案信息，以满足各方面的需求，适应日趋发展的新形势，是文书档案工作的新课题。

　　应用信息电子化的文书档案管理有如下优点。

1. 办公效率大幅提高

计算机强大的信息处理能力是信息电子化的最大优点。在以往的档案管理工作中，工作人员主要依赖手工操作，要求收集完整、齐全，避免漏写、漏抄；用笔规范、耐用；字迹工整、清楚；分类、统计准确无误，结果又费时、又费力。在应用了计算机技术后，使文书资料收集、储存、分类、统计和查阅等环节变得十分方便、有序，因而无论是起草还是办理传递，都变得简单易行。

2. 文件和文字信息得到充分交流与共享

在原始的手工操作管理中，企事业单位由于不能做到信息共享，使得大量信息闲置在文件柜中，不仅造成资金和资源的浪费，还造成文件和信息的查找困难。运用计算机技术对档案进行管理后，档案管理由案卷级深入到文件级，由单途径管理发展为体系管理，由对档案外部特征（目录）管理到内、外部特征（目录和内容）合并管理。随着计算机及其网络技术的进一步发展，实现档案信息与载体分离利用，可与其他信息系统建立共联。提供信息的横向与纵向、历史与现实记录，从而极大地提高档案利用工作的质量和效率，可以对所调阅的信息资源做出适时响应和脱机处理，可以保证很高的查全率和查准率，可以不受空间的限制，并且通过网络这个宽广的平台，了解其他档案工作部门概况、工作的重点和最新、最快的档案管理信息动态。

3. 电子文件保存的稳定性

商业科技与纸质档案载体相比，电子文件载体材料的寿命要长得多。纸张的耐久性取决于纤维素的性质，纤维素在一定的条件下容易受到破坏，如在高温、高湿、酸、酶、氧化剂等情况下，可发生水解和氧化反应，在档案工作过程中稍不注意就可能发生不可挽回的损失。而电子文件则不同，随着电子技术日新月异的发展，储存、读取电子文件的设备日趋成熟，我们可以根据不同的需要，选择不同的电子载体（DVD 光碟、小容量的闪存 U盘，大容量的移动硬盘等），这些载体的普遍特点都是存、读方便快捷，易于传递，且储存时间长，受外部环境影响小，不易损坏，具有很强的稳定性。

4. 提高了文件传递的速度和安全性

日常公文办理过程中，办理人员私存文件或文件在传递过程中丢失的情况时有发生，文件传递的传统手段是靠邮政系统传送，时间受距离长短的限制。同时，文件还可能因为其他原因造成丢失或延误，给档案人员归档和其他人员检索利用带来很大不便，在计算机网络技术下，直接通过网络进行传递，大大提高了文件传递的安全性和时间性。

（南剑茜．商场现代化．下旬刊．2011.1）

学习目标

知识目标	能力目标	素质目标
● 了解调查研究工作的特点和作用 ● 了解调查研究工作的类型和内容 ● 掌握调查研究的主要方法	● 能运用多种调查方法进行调查研究 ● 具备一定的观察能力、分析综合能力 ● 能设计和编写调研方案和调研报告	● 培养爱岗敬业、恪尽职责的职业道德素养 ● 培养并逐步具备管理者应有的宏观视野和全局意识 ● 养成严谨、敏锐、勤奋的工作作风

第1单元 秘书与调查研究工作

情景案例

宏达玩具实业公司的李成经理对最近公司产品质量经常出问题的情况十分重视。他向公司质量检测部门、装配部门负责人强调了多次，问题仍未得到彻底解决。为了找到问题症结所在，李经理要求经理助理余浩民对产品质量问题涉及的几个相关部门进行一次调查，一周内必须将调查结果上报，以便在下次公司办公会议上制定应对性措施。

余助理接到任务后，立即和秘书何莉一起深入相关部门开展调查工作。在调查中，质检部门反映，由于市场销路好，销售部要求放宽质检尺度，提高产品销售率，增加企业经济效益，质检部对产品质量都有准确的测定，而生产装配部门却未能及时改进。生产装配部门却反映，产品质量问题主要出在生产设备检修不及时上，设备的毛病直接影响产品质量。设备维修部门则反映，人少设备多，加之维修人员是固定工资，加班加点没有与生产、销售部门一样体现多劳多得的原则。余助理和何秘书跑了几个部门后，掌握了许多第一手调查资料。何秘书认为可以进行结论了，余助理却说，这还只是初步的调查，为了弄清质量问题的真相，还需要进行深入的调查研究，对一些问题进行局部的或进一步的补充调查，只有这样，才能摸清情况，对症下药，切实地解决工作中的实际问题。

果然，两个人深入调查后发现，各部门反映了一部分情况，还有一部分情况未能如实反映。如质检人员凭个人感情放宽检验标准、生产装配人员为了追求产量对设备上的小毛病不愿停机检修等。一周将尽之时，余助理和何秘书已将调查材料整理研究完毕，及时向李经理做了汇报，并建议相关部门按职能分工各负其责，督促各部门、各岗位按规程和标准办事，对违规操作者按公司的制度进行严肃查处。李经理对他们的调查成果高度重视，根据两人提供的调查材料，在公司办公会上，经公司领导讨论研究，对解决产品质量问题做出了一系列的举措，如加强设备维修部门的力量，将维修人员的固定工资改为工资与设备完好率挂钩，体现多劳多得的原则；制定公司生产经营管理的相关制度和技术规程并落实相关责任人等。通过此次决策的逐步落实，公司产品质量问题得到了彻底地解决。

秘书何莉是第一次参与调研工作，这一周来她跟随经验丰富的余助理紧张忙碌，四处奔走，虽然辛苦，但她对调查研究工作有了一定的认识，得到了锻炼，收获不小。

项目任务

如果你是秘书何莉，通过此次产品质量的调研工作，对秘书的调查研究有了何种认识？

任务分析

秘书何莉是第一次参与公司的调研工作，这次弥足珍贵的工作经历应该会使她对企业的调研工作有了一定的认识。随着现代经营管理理念和模式的发展，调研工作已成为决定经营管理成败的一个关键因素。秘书作为领导的助手，在调研工作中扮演着重要的角色，他们的工作效率，直接关系着领导决策管理活动的效率。此次针对公司产品质量的调查，如果没有秘书卓有成效的工作，公司也不可能及时拿出针对性的措施使产品质量问题得以彻底解决。

何莉亲身感受到：调研工作是复杂的，此次调研涉及的部门多、人员广，又都因局部利益站在各自的立场说话，众说纷纭，如果没有清醒的头脑和敏锐的判断力，很难找到问题的真相；调研工作是辛苦的，当掌握了大量的一手资料，似乎可以下结论的时候，是经验丰富的余助理坚持要做更深入的调查，这样才能排除表象，更准确地找到产品质量问题长期得不到解决的关键，秘书在调查工作中如果缺乏坚强的意志力和持久的耐力，是很难有重大突破的。

调研工作是一项重要的社会实践，也是一项较为复杂的技能性工作，它对秘书的素质要求很高。秘书何莉通过参与此次调研工作，个人的综合能力得到了提高，从余助理身上也学到了许多宝贵的经验，而这些，是在学校和书本里学不到的。此次调研带给何莉的收获，将会成为她以后做好秘书工作的宝贵经验。

相关知识

1. 调查研究的含义

调查研究是调查与研究这两项活动的有机结合。调查是运用各种方法、手段和工具有目的地收集信息材料的行为活动；研究则是对调查所得材料进行分析、综合、归纳、推理，从而把握客观事物内在本质规律的过程。调查是研究的基础和前提，研究是调查的目的和深化，两者虽然有先后之分，但又是互相贯通不可分割的。

调查研究是秘书的一项经常性的职能工作，它与秘书的其他办公室工作密切相连。它既是辅助决策、为领导服务的重要手段，又是撰拟文稿、筹办会议、处理信访等工作中不可缺少的重要环节。随着管理科学的不断深入及秘书部门在单位内部行政管理职能的不断加强，秘书的调查研究任务将会不断增加。

2．秘书调查研究工作的特点

（1）调研任务的指令性。秘书的调查研究要根据领导工作的需要而定，领导决策的需要是秘书调研工作的出发点。领导决定什么问题，需要什么材料，秘书就应及时组织调查，力争在领导决策前提供有预见性、有深度的调查资料或报告。

（2）调研方法的综合性。秘书要获得真实准确的调查材料，仅仅靠一两种调查研究方法是不够的，必须综合运用多种调研方法，取长补短，才可能有成效。秘书可以根据工作要求，通过文件往来、报纸阅读、网上查询、来信来访主动收集信息，也可以组织工作人员深入基层进行实地调查，获取相关资料。

（3）调研时间的限制性。秘书的调查研究，有时不是按某一时期的工作计划来进行的，往往带有不同程度的临时性、突发性的特点。这种临时、突发进行的调查研究，需要急事急办，要求在第一时间把调研结果报告给上司，使上司能及时采取相应的措施。

（4）调研内容的广泛性。办公室秘书的调研往往结合办公室其他日常工作来展开，由于办公室日常事务的综合性，秘书为领导的管理和决策所开展的调查研究内容多、范围广，只要涉及领导的管理和决策活动，不管其大小、性质，都可能成为秘书调研的内容。

3．秘书调查研究工作的作用

办公室秘书的调查研究工作具有以下几个方面的作用。

（1）辅助决策的关键。领导决策是否正确，关键在于能否从实际出发，使主观认识与客观实际相一致。秘书要辅助领导做出符合实际的决策，首先必须了解实际。调查研究可以促使秘书的辅助决策更具客观性、针对性和有效性。在执行决策过程中，还需要调查研究来检验决策的正确程度与执行效果，秘书也必须通过多种调查方法与调查渠道取得反馈信息，作为领导修订或重新决策的依据。

（2）做好常规工作的基础。办公室秘书的各项常规工作，无论是撰拟文稿、筹办会议、处理信访还是督促检查，都离不开调查研究。可以说，调查研究贯穿于秘书工作的全过程与各个环节，是秘书做好常规工作的基础。

（3）处理突发事件的必要手段。秘书部门是一个综合性事务的处理部门，其工作性质决定了秘书部门必然要面对大量临时性、突发性的事务。处理突发事件，更是要依靠调查研究。只有掌握了第一手的信息，掌握了第一手的材料，再通过科学的分析，才可能选择正确的处理方法。

（4）提高秘书自身素质的有效途径。经常参加调查研究活动可以促使办公室秘书不断提高自身素质。秘书通过调查研究可以加深对各项方针政策的理解，学习基层的新鲜经验，发现社会上的一些不良现象，可以提高观察能力、分析综合能力、交际能力、表达能力等。

💙 **小技法**

秘书调研工作"十要十忌"

一要有客观的观点，忌主观；二要有全面的观点，忌片面；三要有深入的观点，忌表面；四要有具体的观点，忌抽象；五要有灵活的观点，忌一刀切；六要有比较的观点，忌自以为是；七要有反复的观点，忌过急；八要有辩证的观点，忌形而上学；九要有发展的观点，忌一成不变；十要有群众的观点，忌个人专断。

相关链接

「什么是公关调查」

秘书如何把握上司"隐性"的调研需求

领导的调研需求往往是"显性"的，表现为领导直接向秘书下达指令，秘书必须依据领导指令展开及时的调研工作。但有时也可能是"隐性"的、潜在的还未明确的需求。因此，在日常工作中，办公室秘书要保持与领导之间的经常性沟通，了解领导的信息需求，不仅要了解自己的上司主管哪些工作，而且还要了解上司目前最关心的是哪些问题，工作中有哪些新的打算等。只有这样，秘书才能把握上司"隐性"的调研需求，从而有针对性地开展调查研究活动。

实践训练

「"一反常态"的老板意图」

1. 课堂讨论

（1）怎样认识调查研究在秘书工作中的重要性？

（2）秘书调研工作有何特点？与一般的社会调查有何不同？

2. 案例分析

中国首份网瘾调查公布北京孩子游戏瘾全国第二

首份关于青少年网瘾问题的调查显示北京孩子的网瘾比例高达 23.5%，在全国名列第二。也就是说，北京孩子当中，10 个人上网，至少有 2 个孩子成瘾。调查显示，尽管男孩上网成瘾的比例要比女孩高出 7 个百分点，但是女性青少年网民上瘾比例也高达 10.04%。

这次调查将青少年上网的目的分为两类：娱乐性目的和实用性目的。数字显示，与非网瘾群体相比，网瘾群体的上网目的更倾向于娱乐性，即上瘾网民更偏重于玩网络游戏，而普通网民则更偏重于借助网络获取信息。

"北京青少年网络犯罪率惊人，90%的青少年犯罪与上网成瘾有关。"面对媒体，网瘾研究专家陶宏开教授在分析北京网瘾问题时透露出这一数据结论。

专家表示，目前网吧遍布大街小巷，而相关部门对网吧尚缺乏有效的管理措施。在现实生活中缺少与亲人情感交流、缺乏老师和家长的有效引导，中学生会更多地把计算机网络当成一种娱乐工具。另外，当他们在学习上经常遭受挫折，为宣泄心中的苦闷，少男少女们往往在网上寻求安慰、刺激和快乐，以宣泄平时的压抑情绪。

中国青少年网络协会秘书长郝向宏特别以此告诫说:"正确引导青少年利用网络获取信息,可以在一定程度上抑制上网成瘾,而对于青少年玩网络游戏的放纵则可能促使其上网成瘾。"

(中新网.2005年11月23日)

分析与讨论:

(1)该份调查收集了哪些有价值的信息资料? 通过研究,得出了什么结论?

(2)谈谈调查研究在解决当今社会问题中的重要作用。

第2单元 调查研究的内容与程序

情景案例

宏达电子通信公司的拳头产品——T29型手机在市场上曾很受顾客欢迎,但最近两个月销售额连续下降。第二季度销售结果统计表明,该主打产品的销售业绩迅速下滑,已经由第一季度的3%的市场占有率下降到了1%。为夺回市场,总经理王刚召集各部门经理召开紧急会议商讨对策。在会上,市场部经理、客服部经理指出,T29型手机销售业绩下滑原因的一个方面可能是这个季度华为、苹果、小米等公司推出几款新的机型,对T29的销售冲击很大,另外,T29型的款式设计存在一些问题,性能本身也有些地方不够完善。会议结束时,王总经理进行了总结,他说,公司近期决心制定有关措施,在第三季度扭转市场下滑局面。为了使公司的决策更有针对性,他要求大家在最近一段时间里做好有关手机产品的市场调研,具体实施由办公室主任高明负责。

项目任务

如果你是办公室主任高明,在这次调研工作中,你将如何指导下属顺利地完成调研任务?

任务分析

在市场经济条件下,随着各行各业市场竞争的加剧,市场调研受到越来越多企业的重视,它已经成为企业决策的一个重要依据,也是重要商业信息的一个来源。宏达电子通信公司此次的市场调研目标十分明确,即制定有关措施扭转公司的主打产品——T29型手机在市场的销售业绩迅速下滑的局面,希望通过市场调研使公司的决策更有针对性。

高明作为此次市场调研工作的组织者,他首先要使参与调研的工作人员了解此次调研的目的,使调查工作做到有的放矢。其次,要明确此次调查的对象:可以采用重点调查锁定公司的主要竞争对手,如华为、苹果、小米等公司推出的几款新机型,了解它们的款式、性能、技术研发、销售网络及价格等内容;也可以采取抽样调查,针对目标消费人群,了解他们对本公司的主打产品T29型手机在款式、性能等方面需要改进的地方,收集反馈意见。人流集中的闹市大街及大型商场的手机销售柜台是较为理想的调查场所,另外,网络等公共媒介也是收集相关信息的重要目标载体。为使此次市场调查科学有效，高明还需要制订完备的调查计划，确定调查主题、调查方法、调查人员及调查费用等内容，使此次市场调查能顺利进行。

相关知识

1. 秘书调查研究的内容

秘书进行调查研究的内容主要有以下几个方面。

（1）基本情况调研。基本情况是指反映本地区、本系统、本单位的基本面貌和基本要素的情况，是领导工作的原始基础。秘书要经常地、定期或不定期地进行调研，以便积累丰富的资料，供平时工作之需或领导咨询之用。

（2）辅助决策调研。辅助决策是秘书工作的一项重要内容。凡须做出决策的事项，往往事关大局，领导决策前常常派秘书进行相关的调查研究。辅助决策调研的目的非常明确，就是要为领导提供准确的信息，增强领导对决策课题和决策依据的清晰认识，以便做出正确决策。

（3）典型经验（教训）调研。企业或组织在工作、生产中经常会出现一些典型的经验或存在的问题。秘书应及时进行调查研究，总结经验以树立榜样，发现问题并找出原因以杜绝类似事件的发生。

（4）突发事件调研。秘书经常跟随领导或受领导的委托，在单位内部或到有关部门和基层调查一些突发性事件。只有通过调研对事件的全貌有一个完整的掌握后，才可能采用合理的方法将问题解决好。

2. 秘书调查研究的类型

按照不同标准，秘书调查研究可划分为不同类型。按调查对象的范围，可分为全面调查和非全面调查；按调查的时间，可分为一次性调查、经常性调查和追踪调查；按调查的内容，可分为综合性调查和专题性调查等。在多种多样的分类中，最基本的是按调查对象的范围分类，即全面调查和非全面调查。

「不同调研类型的区别」

（1）全面调查。全面调查又称普遍调查，简称普查，是指对总体对象中每一个具体的单位无一例外地进行调查。它适用于重大事件的基本情况调查，如全国人口调查等。其优点是调查面广，对象多，全面准确；缺点是耗时费财，组织工作复杂，只能一般性地了解概况，无法对个案进行具体深入的研究，所以一般只适合在对有关全局性的基本情况进行调查时使用。

（2）非全面调查。非全面调查是对调查对象总体中的一部分所进行的调查，它又分为典型调查、抽样调查、重点调查、个别调查等。

① 典型调查。典型调查是指从总体或不同类型的对象中选择个别有代表性的单位进行调查，从中找出具有普遍性的规律。典型调查的优点是调查范围小，调查者可以集中注意力对调查对象进行深入细致的调查研究，从而得出正确的结论；缺点是所选择的典型容易受调查者主观因素的影响。

正确选择典型是保证典型调查科学性与准确性的关键。因此，秘书在进行典型调查时，应尽量多层次、多类型地选择典型，以提高典型调查的准确性与科学性。

小技法

典型调查法的要求

1. 选取的典型必须能反映事物的共性。
2. 典型的数量多少可依实际需要而定，可以是一个，也可以是多个。
3. 实事求是，调查过程中要体现典型的本来面目，不可任意拔高或贬低典型。
4. 典型事例最好有推广和借鉴价值。
5. 典型调查可采用访谈的形式进行。

② 抽样调查。抽样调查就是从总体中抽取部分样本进行调查，以其结果推断整体。它按一定原则抽取调查单位，并以足够数量的调查单位组成"样本"来代表和说明总体。所以，从某种意义上说，抽样调查集中了普遍调查与典型调查的优点，既能保证一定的调查面，同时也节省了人力、物力和时间。

按随机原则抽取样本，称随机抽样，它是抽样调查的主要方法。随机抽样的具体方法主要有：简单随机抽样、等距随机抽样、类型随机抽样、整群随机抽样、多段随机抽样等。除按随机原则抽样外，有时也可以按非随机原则抽取样本，如判断抽样、配额抽样等。

③ 重点调查。重点调查就是对调查对象总体中部分起主要作用的若干个单位进行调查，以其结果推及其他一般单位。重点调查的对象是一个或几个单位，从这点上来说，它与典型调查相似，但选择调查对象的标准不同。重点调查是选择在总体中占有较大比重和较大影响的对象进行调查，而典型调查是选择在总体中最具代表性的对象进行调查。

重点调查的优点是调查的单位不多，花销不大，但能掌握到对全局有兼容性影响的情况，因此它的使用相当广泛。

④ 个别调查。个别调查也称个案调查，是指为解决某一问题，对特定的人物或事件所进行的调查，如对某一人物的调查、对某一纠纷的调查等。个别调查的调查对象是个别的，因此与典型调查也很类似，但我们仍可以从调查对象的选择标准上看出它们的不同。个别调查的对象是特定的，不能用其他调查对象来代替，而典型调查的对象得经过主观的认真选择。秘书部门对突发性事件的调查便属于个别调查。

3. 调查研究的过程

调查研究的过程是了解问题、分析问题和解决问题的过程，有很强的逻辑性和条理性。按时间的推移与任务的不同，调查研究的过程大体可以分为四个阶段：准备阶段、调查阶段、研究阶段和总结阶段。

（1）准备阶段。准备阶段的主要任务是确定调查任务，设计调查方案，组织调查人员。秘书首先要对调查任务做一些概括和规定，包括调研的对象、范围和目的。其次是设计调查方案，包括调研目的、调研内容、调研对象、地区与范围、调研方法、调研步骤、调研的具体时间安排、调研人员的组织、经费与物质的调配等。最后是组织调查人员。在这一步中应做到精心选择、恰当安排、合理搭配，如果是一些大型的调查，最好进行针对性的培训。

准备阶段是整个调查研究的起始阶段，准备工作的好坏直接影响整个调查的效果，所以秘书在进行调查研究时首先必须做好准备工作。

（2）调查阶段。调查阶段是调查方案的执行阶段，也是秘书调研的最重要的阶段。其主要任务是根据调查方案中确定的调查方法，以及调查设计的具体要求，搜集各方面的资料。在这个阶段，秘书可以采用各种调查方法，如访谈法、问卷法等，来收集资料。

（3）研究阶段。在调查结束后，需要对新收集的资料进行整理和分析。在这一阶段，秘书的工作首先是鉴别材料，去伪存真，对收集到的材料的可行性与准确性做具体的分析。其次，需要按一定标准对所收集的材料进行分类整理。最后，运用统计学的原理和方法，对所获得的调查资料进行全面系统的研究分析，从中找到领导决策时所需要的数据。

♡ 小技法

调查阶段的"三勤"

在调查阶段，不管采取哪种调查方法，秘书都应该做到勤问、勤看、勤记，尽可能多地掌握第一手材料。掌握的材料越多，对下一个阶段的分析研究就越有利。

（4）总结阶段。总结阶段的主要任务是撰写调查报告、总结调查工作，它是调查研究成果的集中体现。调查报告要侧重说明调查结果或研究结论，并对调查过程、调查方法、调查成果等进行系统的叙述和说明，同时提出建议和意见。

调查过程基本完成后，秘书要做的最后一项工作是对调查工作进行回顾与总结，包括整个调查工作的总结和每个参与者的总结，为今后进行类似的调查研究提供必要的经验和教训。

秘书调研工作的基本程序如图6.1所示。

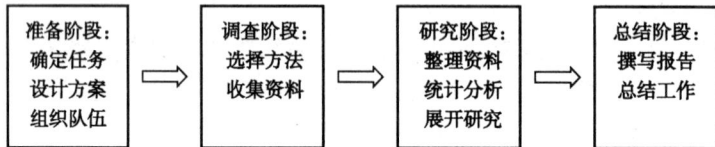

图6.1　调研工作的基本程序

相关链接

什么是网络调查

所谓网络调查，就是调查者和被调查者通过网络建立起一种纵横的联系，开展大规模的调查活动，这是随着互联网的发展而在近年新兴的一种调查方法。网络技术与传统调查方法的"联姻"，为巨大信息量的获取提供了极大便利，越来越受到人们的青睐。

和传统的调查方法相比，网络调查的优点明显，例如，访问速度快、回复率高、费用低、调查对象覆盖面广、统计速度快捷等。

实践训练

1．课堂讨论

（1）秘书调研工作有哪些内容？具体可分为哪些类型？

（2）通常我们可以分几个阶段进行调研工作？

2．案例分析

长城饭店的日常调查

北京长城饭店是 1979 年 6 月由国务院批准的全国第三家中外合资合营企业，1983 年 12 月试营业，是北京五星级饭店中最早开业的，也是北京第一座玻璃大厦，是北京在 20 世纪 80 年代的十大建筑之一。随着改革开放的深入发展，北京新建的大批高档饭店投入运营，餐饮业竞争日益加剧。长城饭店之所以能在激烈的竞争中立于不败之地，除了出色的推销工作和优质服务，饭店管理者认为公共关系工作在塑造饭店形象上发挥了重要的作用。

一提到长城饭店的公关工作，人们立刻会想到那举世闻名的里根总统的答谢宴会、北京市副市长证婚的 95 对新人集体婚礼、颐和园的中秋赏月和十三陵的野外烧烤等一系列使长城饭店声名鹊起的专题公关活动。长城饭店的大量公关工作，尤其是围绕为客人服务的日常公关工作，源于它周密系统的调查研究。

长城饭店日常的调查研究通常由以下几个方面组成。

1．日常调查

（1）问卷调查。每天将表放在客房内，表中的项目包括客人对饭店的总体评价，对十几个类别的服务质量评价，对服务员服务态度评价，以及是否加入喜来登俱乐部及客人的游历情况等。

（2）接待投诉。几位客服经理 24 小时轮班在大厅内接待反映情况的客人，随时随地帮助客人解决困难、解答各种问题。

2．月调查

（1）顾客态度调查。每天向客人发送喜来登集团在全球统一使用的调查问卷，每日收回，月底集中寄到喜来登集团总部，进行全球性综合分析，并在全球范围内进行季度评比。根据量化分析，对全球最好的喜来登饭店和进步最快的饭店给予奖励。

（2）市场调查。前台经理与在京各大饭店的前台经理每月交流一次游客情况，互通情报，共同分析本地区的形势。

3．半年调查

喜来登总部每半年召开一次世界范围内的全球旅游情况会，其所属的各饭店的销售经理从世界各地带来大量的信息，相互交流、研究，使每个饭店都可以了解世界旅游形势，从而站在全球的角度商议经营方针。

这种系统的全方位调研制度，宏观上可以使饭店决策者高瞻远瞩地了解全世界旅游业的形势，进而了解本地区的行情；微观上可以了解本店每个岗位、每项服务及每个员工工作的情况，从而使他们的决策有的放矢。

综合调查表明，任何一家饭店，仅有较高的知名度是远远不够的，要想保持较高的"回头率"，主要是靠优质服务，使客人满意。怎样才能使客人满意呢？经过调查研究和策划，喜来登集团面对竞争提出了"宾至如归方案"。计划中提出，在3个月内对长城饭店上至总经理，下至一般服务员进行强化培训，不准请假，合格者发证上岗。在每人每年100美元培训费的基础上另设奖金，奖励先进。其宗旨就是向宾客提供满意的服务，使他们有宾至如归的感觉。随着这一方案的推行，饭店的服务水平又有了新的提高。

分析与讨论：

（1）北京长城饭店靠什么成为五星级饭店中的佼佼者？

（2）面对激烈的竞争靠什么赢得五大洲朋友的高回头率？

（3）他们在调查方法上有哪些值得借鉴之处？这样的调查属于哪种类型的调查？

第3单元　调查研究的主要方法

情景案例

宏达电子通信公司办公室主任高明接受了关于手机产品的市场调研任务后，立即组织办公室和销售部相关成员就如何收集信息、如何展开调查召开讨论会。

秘书李涵认为应放在几个主要竞争对手的信息收集上，重点收集他们的产品价格定位、技术研发、销售网络、售后服务等信息。

业务员王欣认为可以采取多种方法，但收集的量一定要大。

业务员肖兵则建议在网上找一些资料，或在报纸上找一些相关信息。

期间，秘书李涵还建议搞些市场问卷进行辅助调查，同部分消费者进行面对面沟通，了解他们想要什么样的手机。

……

最后，高明将手机市场调研任务分配给调查小组的各位成员：李涵负责询问手机用户；肖兵负责收集报纸、杂志、互联网上的各种文字资料；王欣负责设计手机调查问卷，并收集电视广播、实物广告上传递出的手机信息。

下午，高明和李涵带着设计好的调查问卷来到公司商场。

高明拿着T29型手机询问一个柜台前的顾客："请问，您认为这款手机价位如何？"

顾客："价位还行，功能弱了点，而且样式有点陈旧。"

高明："那您认为这款手机还应改进哪些功能呢？"

顾客："比如拍照效果好、上网快……"

……

李涵正在商场向顾客分发调查问卷："您好，这是我公司的调查问卷，请您帮忙填写一下。谢谢。"

……

下午5时，高明和李涵带着回收的几十份问卷回到行政办公室。

业务员肖兵："您看我收集了这么多资料，全给王总搬过去吗？"

高明随口回答："搬过去吧，王总自己会选择他需要的信息的。肖兵，我们这一段的工作成绩可不小呀，这么多的一手资料，包括手机生产、技术开发，方方面面的，王总看了一定会满意的。"

项目任务

1. 在宏达电子通信公司员工的调研过程中,他们选择了哪些信息收集途径,采用了哪些调研方法?

2. 除了上述案例中所提到的调查方法,还可以选择哪些调查方法? 在上述调研环节中,有哪些地方还需要改进?

任务分析

宏达电子通信公司员工在调研过程中,主要选择了信息收集的外部渠道进行调查,如利用大众传播媒介广泛收集相关资料,同消费者和商场手机柜台售货员面对面交谈收集反馈信息等,具体采用了文献法、网络法、观察法、询问法、问卷法等多种调查方法。除此以外,还可以通过购买有关信息载体的方法搜集相关信息,它是获得外部信息的常用方法之一,也可以利用竞争对手召开相关产品新闻发布会、展览会的机会去现场收集信息等方法进行调查。

在高明有效的组织调度下,办公室牵头的调查小组的调查工作取得了很大的进展,收集到了许多宝贵的第一手资料,但他们的调研工作还是存在不足的,他们应对掌握的第一手资料及时进行加工处理,做好研究工作,从中得出合乎客观实际的结论,并提出一定的可行性建议,供上司参考。作为领导的参谋助手,协助领导做调查工作,不应仅仅停留在调查这一步,既要收集、提供信息,又要对信息进行综合处理,包括研究信息,得出结论,提出方案,供领导审核选优、决策时参考。由高明的工作团队亲手调查来的材料,再由他们自己加以研究,应更具有直接性、形象性和丰富性,也更容易得出正确的结论。

相关知识

1. 调查的方法

调查的方法有很多,常用的有如下几种。

(1) 文献法,即通过查阅书面或声像资料获得信息。秘书大量的调查工作不可能都亲自深入基层或现场,有些要靠查阅报纸、杂志或借鉴他人的调研成果来获得信息。通过文献法,秘书往往可以获得国家政策、法律法规、国际国内政治经济形势、市场行情等统计数据和其他信息。文献法对于企业或组织制订计划、进行决策有相当大的作用。

秘书查阅文献资料一般遵循先近后远、先大后小、先具体后抽象、先简单后复杂、先正面后反面的顺序,可以采用记录、复印、翻拍等方法。

(2) 观察法,又称实地观察法,是指调查者带有明确目的,凭借自己的感觉器官及其辅助工具直接从社会生活的现场收集资料的方法。调查的手段主要靠人的眼睛、耳朵等感觉器官及它们的延伸物,如照相机,摄影机、录音机等仪器。

秘书运用观察法进行调查能在实地直接感知客观对象,所获取的是直接的、具体的、生动的感性认识，能掌握大量的第一手材料。在某些特殊情况的调查中，如生产事故调查、火灾原因调查，观察法是必不可少的调查手段。

（3）访问法，即通过与对象进行交流讨论而获得信息的方法。访问法既可以表现为个别访谈，也可以表现为座谈会的形式。访问法因为可以进行双向沟通，具有控制性强、适用面广、成功率高等优点，从而被人们在调查中广泛使用。

♡ **小技法**

座谈会成功"六要诀"

1. 访问者明确会议主题，准备好调查提纲。
2. 事先通知与会者，让到会人员了解开会的意义与内容。
3. 参加人员要有代表性，要确实了解情况。
4. 人数不宜过多，5~7人为宜。
5. 座谈会上，避免让某些权威人士的发言左右其他人员的发言，要让各种不同的意见都能得到充分的表述。
6. 座谈结束后，要认真分析总结。

（4）问卷法，将需要了解的问题设计成书面问卷的形式，由被调查者书面作答。可以表现为开放式问卷，即采用填空、问答的形式，答题者自由回答不受限制；也可以是封闭式答卷，即采用选择、是非题的形式，只能有限选择。

（5）实验法，通过有目的、有意识的安排，适当控制某些条件，使一定的社会现象发生，以揭示其产生的原因和规律的方法。实验调查法的特点是控制某种条件，较准确地了解有关现象的变化，深刻地掌握事物的规律，可以经过反复实验，使某种社会现象在大致相同的条件下重复发生，因而结论一般具有较高的准确性和可靠性。

实验调查法在自然科学中早已被广泛运用，但在社会科学研究中却受到不少限制，如对社会现象进行实验时，其环境条件难以控制，不少社会现象产生条件很难用人工的方法来创设等。

2. 研究的方法

常用的研究方法有以下几种。

（1）归纳法，就是将多件同类的个别事物归在一起，从中概括出共同属性或特征加以深入认识的研究方法。归纳法是建立在直接经验的反复基础上，有一定的可靠性。

（2）综合法，就是将众多零散事物组合串联成一个整体的研究方法。采用综合法的目的是把个体统一为整体，把片面概括为全面，以达到对事物整体本质的认识。

（3）统计法，就是运用统计数据来描绘事物状况和变化，以得到规律性认识的研究方法。统计法是一种定量研究的方法，通过定量分析可以使问题的陈述变得清晰、简洁，使问题的分析变得准确深刻。

（4）比较法，就是把两个以上的事物放在一起进行比较，从而更深刻认识各自特征的研究方法。这是一种初级的、最基本的逻辑思维方法，可以区分不同的事物，找出他们的共同点和不同点，但由于比较往往只涉及某一方面或某几方面，不能全面地认识事物，无法解释事物产生的原因。

在进行比较时必须注意，作为比较对象应该具备某一方面或某些方面的共同性质。这种同质性越高，可比性就越大，如没有同质性，比较就不能成立。

比较法往往与统计法配合使用，通过纵向与横向的比较，可看出事物的发展趋势及在总体、全局中的地位与作用。

（5）演绎法，就是从一般理论或普遍法则出发，依据这一理论推导出一些具体的结论，然后将它们应用于具体的现象和事物的研究方法。最常用的演绎法是演绎三段论，即由大前提、小前提推导出结论。

相关链接

「什么是德尔菲法」

问卷中5种不能出现的问题

1. 抽象、笼统的问题。如"社会对大学生社会实践活动的评价如何"，由于社会这一概念太抽象、笼统，这个问题就很难回答。

2. 复合性的问题。在一个问题中，尽量避免同时提问两件以上的事情。如"您喜欢看电影、电视和报纸吗？"对于这种问题，如果被调查只对其中一项感兴趣，对另外两项不感兴趣，这个问题就很难回答。

3. 被调查者听不懂的问题。问题应尽量做到通俗易懂，要根据不同的对象，使用他们熟悉的大众化语言，不要使用被调查者陌生的概念。如在农村进行问卷调查，"您家里适龄劳动力人口有几个？"这个问题估计很多人听不明白。

4. 有倾向性和诱导性的问题。所提问题应保持中立的立场，尽量避免对回答者产生暗示和诱导作用。如"医生认为吃糖对身体没有好处，你认为呢？"

5. 具有敏感性的问题或威胁性的问题。在调查中，敏感性的问题包括涉及个人待遇关系的问题、个人隐私问题、各地风俗习惯、社会禁忌等问题。如"您离过婚吗？""你月收入多少？"等。敏感性问题的处理一般采用如下几种方法：一是使问题适度模糊；二是转移对象；三是采用假定法。

实践训练

1. 课堂讨论

常用调查方法有哪些？常用的研究方法有哪些？

2. 案例分析

【案例1】 宏达电子通信公司办公室主任高明将收集到的一大叠关于手机市场的报纸、图片等放到了总经理的办公桌上。对着高高一叠报纸和图片，总经理王刚皱起了眉头："这是什么？"

高明："这是您让我们收集的手机市场的资料，包括报纸、杂志及其他的文件资料。"

总经理更加不高兴："这么大一叠，你准备让我看到什么时候？你以为我除了看这些东西都不干别的事吗？给领导准备决策资料不能只做表面文章。你重新加工一下再拿来。"

分析与讨论：

（1）面对公司办公室辛苦收集的一堆资料，总经理为何表示不悦？

（2）如果你是办公室主任高明，你应该对收集的材料再做怎样的加工处理？

【案例2】　关于最受用户欢迎的智能手机，宏达电子通信公司办公室收集到的信息是：

价格在 1000~2000 元：大屏幕、高倍扬声器、超长待机、操作简单、部分有亲情关怀模式，可以实现远程遥控，最受用户欢迎，主要是给老人使用，业务员王欣报告。

价格在 2000~4000 元：大屏幕、双卡双待、拍照功能强大、支持应用软件多、游戏体验功能好、外观时尚，最受用户欢迎，各年龄、收入层次都有使用，秘书李涵报告。

价格在 4000 元以上：大屏幕、系统运行流畅、各项功能强大、机器性能稳定，最受用户欢迎，主要是中青年等高收入人群使用，业务员肖兵报告。

办公室主任高明对以上信息进行研究后得出结论：价格在 2000~4000 元，功能多样，款式新潮，颜色亮丽的手机最受用户欢迎，并将《最受用户欢迎的手机调查报告》呈递给总经理王刚。第二天，王总将此报告批转给研发部，要求即刻进行研制。

分析与讨论：

办公室主任高明对收集到的资料进行研究时，使用了哪种研究方法？

3. 实务训练

【1】调查问卷设计

宏达电子通信公司办公室主任高明将了解手机产品消费者需求的问卷设计工作交给了秘书李涵。假如你是李涵，请设计一份调查问卷，了解消费者对手机功能、价位等方面的需求（具体情境参看本单元情景案例）。

【2】实地调查

某公司由国有企业改造成以私营资本为主的股份制公司后，公司董事长兼总经理采取的第一项措施就是实行"分配制度改革"。公司各部门之间管理费用的平均主义被打破，员工收入之间的平均主义被打破，收入费用全部与业绩挂钩。他要求财务部进行核算，将每个岗位所能创造的收益计算出来，再按此分配费用、奖金，使个人收入、部门收入与业绩直接按比例对应。这项改革已经推行三个月了，公司 1000 多名员工反应如何？新措施成效如何？董事长要求秘书小王对此展开调查。

假如你是秘书小王，你将如何完成这项调研任务？

实训说明：

（1）本项目可选择在模拟办公室或教室等场所进行。

（2）实训应分组进行，可以 3 人一组，其中 1 人扮演秘书小王，1 人扮演被调查员工，1 人进行监督和评价。每人都要轮演秘书和被调查员工。

（3）每个同学在演练过程中一定要严肃认真，言行符合规范。

（4）按照实训内容设计演练的脚本（包括情节和台词），并给本小组成员分派角色。

（5）老师可以临场发挥，如增设模拟角色和任务；在同学们演示时，组织其他的同学对表演进行评论。

第4单元　调研方案的设计与调研报告的撰写

情景案例

宏达电子通信公司的市场调查工作由办公室主任高明负责，他在调查前和调查工作结束后曾向总经理王刚递交了两份文本接受审核。

市场调查工作启动之初，高明将亲自撰拟的调查方案送交到总经理办公室。总经理王刚看完后对高明说："你这份调查方案，指导思想明确、任务目标具体，但我觉得它在具体工作的安排上还不够全面，总体而言这份方案更像一份调查提纲。"

……

调查工作结束一周后，高明在信息收集整理的基础上写出一份手机市场的调研报告，亲自送交总经理王刚审阅。这份调研报告正文分为两个部分：第一部分，市场基本情况，介绍了手机市场的技术发展趋势，手机产品的主要功能与需求，各品牌手机款式的流行趋势等；第二部分，市场预测，包括手机功能的智能化与多样化，款式的个性化与时尚化等。

看完这份调研报告后，王刚对高明说道："这份调研报告分两个部分对信息进行了深度开发，这很好，但你这个调研报告结构还是不太完整。"

项目任务

如果你是办公室主任高明，应该如何修改呈交的这两份文本？

任务分析

宏达电子通信公司组织的这次市场调查，不是一个人能够完成的，它需要多人通力合作才能完成。这样，首先就必须要统一调查人员的思想，使大家步调一致。要按时按质完成调查任务，在调查前必须制定好调查方案和提纲。

调查方案与调查提纲的区别在于，调查方案是对整个调研工作的全面安排，它既有调查目标任务的总体部署，也有具体工作的全面布置，内容涉及调查的指导思想、目的要求及具体的调查对象、范围、步骤、方法、人员分工、经费预算等。而调查提纲主要是根据调查的总任务内容而拟定的，它所反映的是调查者了解事物的范围和深度，围绕调研目标调查者需要了解什么、了解到什么程度、从哪些角度进行调查等，调查者先拟出提纲，这样便于从不同角度、不同层次充分展开调查、收集资料，也为下一步的分析研究打下基础。高明对调查方案的修改应该从两者的不同点入手。

高明的调研报告之所以结构不完整，是因为他的报告仍停留在材料收集、整理和开发的层面，没有对材料进行更深入的分析研究，得出结论，也没有提出可行性的措施和建议，而后者恰恰是领导决策时最需要参考的内容。因此，高明对调研报告的修改还需要花工夫深入下去，写出观点明确、结构完整、有理有据的调研报告，才能真正起到秘书的参谋辅助作用。

相关知识

1. 调研方案的内容及设计原则

调研方案是整个调研工作的行动纲领，是保证调查顺利进行的重要前提。因此，设计调研方案是整个调查研究工作的重要一环。

（1）调研方案的内容。

① 确定调查目标。调查目标包括研究成果的目标（要解决什么问题）、成果形式的目标（调查的成果用什么形式来反映）和社会作用的目标（调查研究要起到什么样的作用）。明确目标一方面可以使参加调查的人员统一认识，协同工作；另一方面可以使被调查者能够自觉主动地与调查者密切配合。

② 选择调查单位（对象），即调查的对象是谁，在什么地区进行，调查的范围多大，调查对象的选择要做到三个"有利于"：有利于达到调查的目的；有利于实地调查工作的进行；有利于节约人力、物力、财力与时间。

③ 选择调查方法。调查研究的方法很多，但最主要的是资料收集的方法与研究资料的方法。调查方法应适应调查课题的客观需要，但同一调查课题往往可以采取不同的调查方法，同一调查方法往往也可以适用于不同的调查课题。因此，如何选择最有效的调查方法，就成为调研方案设计中的一个重要内容。

④ 调查工具的使用。调查方法确定后，还要确定搜集资料和研究资料的工具。调查工具包括两大类：一类是器具性的，如录像机、摄像机、照相机、录音机、计算机、交通工具等；另一类是文书性的，如访问提纲、问卷表、统计表、卡片等。

⑤ 调查人员的组织。除个人单独进行的调查外，任何调查都存在着调查人员的选择和组织问题，包括负责人的确定，分组及分组负责人的确定，调查人员的选择、培训与管理等。

⑥ 调查经费的筹措。没有经费很难进行调查，因此调查经费如何进行筹措与使用，是调研方案中一个十分重要的问题。

⑦ 调查时间的安排。不同调查课题有不同的最佳调查时间，例如，针对企业的调查要避开年终结算阶段。

⑧ 其他有关工作的安排，包括利用报纸杂志、广播电视、网络等各种宣传工具，对调查工作的重要性和必要性进行宣传，以引起人们对调查工作的注意等。

（2）调研方案的设计原则。

① 可行性原则，即调查方案要从实际出发，根据自身的能力选择适当的调查课题，确定调查的范围和地点。

② 完整性原则。调研方案的设计要尽量做到面面俱到，对调查过程中可能出现的问题要有所预料，并能事先提出预防的措施和解决问题的方法。调查过程中的点滴疏忽，都会给实际调查带来困难，并会影响调查结论的正确性。

③ 时效性原则。调研方案的设计必须充分考虑时间，尤其是一些应用性很强的调查课题，更要注重其时效性。例如，需求变化调查，近期物价变动调查等都是时效性很强的调查，如果调查不注重时效，成为"马后炮"式的调查，就失去了调查的本来意义。

④ 经济性原则。调研方案的设计必须努力做到节约人力、物力、财力和时间，力争以最少的人力、物力、财力的投入取得最大的效果。

⑤ 留有余地原则。任何调研方案都是一种事前的设想和安排。它与客观现实之间总会存在或大或小的距离，在实际调查过程中，常常会遇到一些意想不到的新情况、新问题。因此，在设计调研方案时，一定要留有余地，保持一定弹性。只有这种具有一定弹性空间的调研方案，才是科学实用的调研方案。

> ♡ 小技法
> ### 调研方案活运用
> 组织调研实施时既要按调研方案进行，又不可过于拘泥于调研方案。如果情况发生变化，则应修改方案以适应客观实际，而不是将客观实际削足适履，硬性纳入主观的轨道。

2. 调研报告写作的结构及写作要求

对秘书而言，如何将调查研究的成果借助准确、简洁、严谨、有条理的书面文字表述出来，以供上级领导或有关决策者参考，是调查研究后的一项关键性的工作。对这项调查研究后的工作必须给予足够的重视并很好地去完成，否则就可能会"前功尽弃"或"事倍功半"，不能发挥或不能有效发挥调查研究应有的作用。因此，我们不仅要充分认识调查研究的重要性，也要重视调研报告的写作。

（1）调研报告的结构。调研报告一般由标题和正文两部分组成。

① 标题。标题可以有两种写法。

a. 公文式标题，即"发文主题"加"文种"，基本格式为"××关于××××的调研报告""关于××××的调研报告""××××调研"等，如《××市自行车在国内外市场地位的调查》。

b. 文章式标题，又可分为以下 3 种：

● 陈述式：《皮革服装畅销济南市场》；

● 提问式：《电动玩具为何热销福州市场》；

● 正副题式："皇帝的女儿"也"愁嫁"
　　　　　　　　　　　　　　——关于舟山鱼滞销情况调查

② 正文。调研报告的正文一般分前言、主体、结尾 3 个部分。

a. 前言。前言起到画龙点睛的作用，要精练概括，直切主题。下面有几种写法：第一种是写明调研的起因、目的、时间和地点、对象和范围、经过和方法及人员组成等调查本身的情况，从中引出中心问题或基本结论；第二种是写明调研对象的历史背景、大致发展经过、现实状况、主要成绩、突出问题等基本情况，进而提出中心问题或主要观点；第三种是开门见山，直接概括出调研的结果，如肯定做法、指出问题、揭示影响、说明中心内容等。

b. 主体。这是调研报告最主要的部分，这部分详述调查研究的基本情况、做法、经验，分析调查研究材料中得出的各种具体认识、观点和基本结论。一般可从以下 3 个方面来写：

● 基本情况，即调查对象过去和现在的客观情况，如发展历史、市场布局、销售情况等；

● 分析与结论，对调查所收集的材料进行科学的分析，从分析中得出结论性的意见；

● 措施与建议，根据调查结论，提出相应的措施和建议。

c. 结尾。结尾的写法也比较多，可以提出解决问题的方法、对策或下一步改进工作的建议；或总结全文的主要观点，进一步深化主题；或提出问题，引发人们的进一步思考；或展望前景，发出号召。

（2）调研报告写作的注意事项。

① 做好调查研究工作。没有调查就没有发言权，充分细致的调查研究是写好调研报告的前提与基础。写作前，要根据确定的调查目的，进行深入细致的调查，掌握充分的材料和数据，并运用科学的方法，进行分析研究判断，为写作调查报告打下良好的基础。

② 实事求是，尊重客观事实。调查报告一定要从实际出发，实事求是地反映调查对象的真实情况，一是一、二是二、不夸大、不缩小，要用真实、可靠、典型的材料来反映调查对象的本来面貌。

③ 写作中心突出，条理清楚。运用多种方式进行调查，得到的材料往往是大量而庞杂的，要善于根据主旨的需要对材料进行严格的鉴别和筛选，对材料进行归类，并分清材料的主次轻重，按照一定的条理，将有价值的材料组织到文章中去，以事实说话。

❤ 小技法

从小型调查报告入手练习写作

一些小型的调查报告，反映的是微观的、局部性的问题。它们篇幅短小，在形式上、写法上往往很灵活，但也足以向人们传递某一方面的信息。作为初学者，可以多练习写这样的小型调查报告。

✎ 实践训练

1. 课堂讨论

调查方案与调研报告的写作要领有哪些？

2. 案例分析

万州区茶叶消费状况调查报告

万州区历史上盛产茶叶，近10多年来，创新名优茶不断获奖，无公害茶叶基地建设也有很大进步。随着人民生活水平的不断提高，对茶文化和茶与健康的认识的不断加深，万州区茶叶行业的经济发展必将面临更高更新的要求。为了全面深入地了解万州区茶叶消费状况和市场发展空间等问题，以完善茶叶工作中的薄弱环节并努力开拓其工作新局面，为万州区茶叶行业的发展、茶叶生产企业开发产品的定位和市场营销的策略等方面提供有针对性的建议及决策参考，特策划本次调查。

调查采用问卷式，事先拟定10个与人们生活息息相关的问题，包括定性或定量问题，采用封闭式或开放式提问。通过《万州经济信息》编辑部在2005年1~4月发行杂志时发出问卷，回收后进行统计分析。

一、调查结果

1. 调查对象的基本信息

本次调查发出问卷 300 份，回收有效答卷 285 份。在被调查的 285 人中，男性有 202 人，女性有 83 人，分别占 71% 和 29%，显然，男性居多。明确年龄段的有 274 人，占被调查人数的 96%，其中 30 岁以下的占 17%，30～50 岁的占 56%，50 岁以上的占 27%，所以，调查对象以中年人为主。愿意告诉月收入的有 204 人，占被调查人数的 72%，其中，月收入低于 500 元的占 19%，月收入在 500～1000 元的占 50%，月收入高于 1000 元的占 31%，即有一半人的月收入为 500～1000 元。能够确定职业的有 265 人，占被调查人数的 93%，其中由多到少的位序是企业人员、打工者、事业人员、公务员、生意人和教师，分别占 35%、20%、19%、13%、7% 和 6%。

2. 调查结果分析小结

（1）经常喝茶者人数过半。在被调查者中，从来不喝茶的人占 3%，97% 的绝大多数人是喝茶的，其中，喝茶已成习惯的占 54%，偶尔喝的占 38%，认识茶叶有利于健康而开始喝的占 5%。调查显示，茶叶在万州人生活消费中有广阔的市场，有一半以上的成年人在日常生活中经常喝茶。

（2）茶叶消费产品以中档茶为主。按万州人的实际生活水平，把茶叶价位分成低档、中档、中高档和高档 4 个等级，选择茶叶价位由多到少的位序是每市斤 40～60 元，低于 20 元，80～120 元，高于 200 元，分别占被调查人数的 41%、31%、19% 和 9%。调查表明，万州人消费茶叶的价位区间是齐全的，但受限于经济收入和生活水准，茶叶消费产品以中档茶（每市斤 40～60 元）为主，这些消费者主要是公务员和企事业人员。低档茶（每市斤低于 20 元）的消费比例也较大，其消费人群主要是打工者和生意人。

（3）茶叶消费总额有 3200 万元。有 76% 的人能够确认喝茶消费占自己总收入的比重，其中小于 1% 的占 37%，在 1%～2% 的占 41%，在 3%～5% 的占 17%，大于 5% 的占 5%。调查认为，万州人消费茶叶的总花销状况是，78% 的人用于茶叶消费的开支不足自己总收入的 2%。若以城镇成人居民 30 万人，居民家庭年人均可支配收入 7000 元计算，花在茶叶上的资金至少有 3200 万元。目前，万州区茶叶总产值约为 700 万元，可见市场份额仅足 1/5。

（4）缺乏对喝茶好处的深层认识。喝茶对人体健康的功效主要体现在"三抗三增"上，即抗感染、抗癌症、抗辐射和增强体质、增强代谢、增加美容。在本次调查中，我们列出了 12 项好处，即喝茶能抗感染、助消化、减肥、美容、抗辐射、除口臭、抗癌症、提神、利尿、清热去火、防蛀牙和预防高血压。一个好处都不知的人占 1%，全部都选的人仅占 4%，70% 的人能认可 2～4 项好处，并首选提神。点击次数由多到少的位序是提神占 28%，利尿占 15%，清热去火占 14%，助消化占 13%，除口臭占 9%，最后是抗辐射，仅占 1%。调查表明，万州人对喝茶功效的认识，还停留在一般传统的认知上，而对茶与健康的现代医学研究成果知之不多。当然，这也说明我们的宣传工作和开展茶文化活动做得不够。

（5）名优茶品牌宣传须加大力度。近 10 多年来，万州区创新名优茶和获奖情况如下：玉毫雪——1995 年（成都）四川"甘露杯"优质奖；凤凰春——1999 年（重庆）重庆"三峡杯"优质奖；流杯银针——2003 年（杭州）全国"中茶杯"优质奖；太白银针——2004 年（宁波）全国"中绿杯"银奖；茉莉花茶——2003 年万州区名牌农产品；涌湖龙芽——2004 年万州区名牌农产品（2005 年 4 月，寒山云雾在重庆永川获全国"华茗杯"金奖）。

本次调查，竟有13%的人不知上述一个名优茶，87%的人知道上述1~3个，各种名优茶的知晓点击人次数由多到少的位序是茉莉花茶、太白银针、流杯银针、凤凰春、玉毫雪和涌湖龙芽，分别占38%、22%、13%、10%、9%和8%。调查显示，13%的万州人没有关注自己的名优茶品牌，而茉莉花茶的知名度居首，可能源于其有较长的生产和消费历史或是其他名优茶产量少和上市太短。所以，名优茶生产企业在开拓市场宣传品牌的过程中应加大宣传力度，努力扩大生产规模。

（6）绿色食品概念已深入人心。随着人民生活水平的提高和保健意识的增强，人们对直接泡饮的茶叶的安全质量非常关注。茶叶按农残等生化指标的要求主要分为三大类：无公害茶、绿色食品茶和有机茶。无公害茶和绿色食品茶，允许在茶叶生产、加工过程中，使用国家规定的肥料、农药、植物激素和添加剂，在这些投入品使用方面，无公害茶要求A级，绿色食品茶要求AA级，农残指标都要限制在国标和行标允许水准内，两者相比，绿色食品茶的要求则更严一些。而有机茶，是在茶叶生产和加工时，绝对不使用任何肥料和农药等投入品，强调回归大自然，各个生产环节没有一点人为污染，故其面积和产量相当有限。所以，人们形象地比喻到，在茶叶的金字塔中，无公害茶是塔基，是市场准入的基本要求，有机茶是塔尖，是茶叶中的纯天然食品。在本次调查中，对此一无所知的人占1%，含糊不清的人占4%，认为最好的茶是绿色食品茶的占56%，是无公害茶的占27%，是有机茶的占12%。显然，88%的人对有机茶的概念不甚了解，而60%的人受绿色食品的宣传影响较深。

（7）68%的人喜欢喝绿茶。茶叶按品类特征主要分为8种：红茶、白茶、黄茶、黑茶、绿茶、花茶、青茶和普洱茶。人们在回答喜欢喝哪一种茶时，绿茶居首，第二为花茶，第三是乌龙茶，第四是红茶，而点击人次数的最少是黑茶。调查表明，68%的万州人喜欢喝绿茶，这对茶叶生产企业的产品定位无疑是个重要的决策依据，同时也说明万州市的大多数人是崇尚时尚和紧跟潮流的。

（8）90%的人知道如何保管好茶叶。保管好茶叶，通常要注意4个条件：低温、干燥、避光和密封。这样才能阻止茶叶内含成分的分解，防止串味和吸潮，从而防止失养、发霉和陈化变质。在本次调查中，我们列出了正反相对的4组8个条件，全选对的人占14%，而90%的人首选干燥，同时认为还需要密封的有67%，需要避光的有51%，需要低温的有32%。不容忽视的是，对其他保管条件的选择点击人次数，高温占25%，潮湿占12%，曝光占7%，散开占4%。显然，在这个问题上，还有5%的人是缺乏生活基本常识的。

（9）买茶时首要选择口味。万州人买茶时主要考虑什么？我们对外观、口味、价格、包装、品牌进行调查，选择口味的人占80%，既要口味还考虑价格的人占40%，而看包装的人占9%，其选择点击人次数由多到少的位序是口味、价格、品牌、外观和包装，分别占43%、22%、16%、14%和5%。调查显示，万州人买茶注重实惠，他们首要考虑的是口味，其次是价格，对包装并不感兴趣，但对品牌的注意力正在提高，有30%的人也将品牌作为购买因素之一。

（10）七成人常在办公室喝茶。调查表明，69%的人常在办公室喝茶，既在办公室又在家里喝茶的人占59%，而到茶楼喝茶的人占14%，在其他社交场所喝茶的人占13%。由此看来，喝茶办公是万州人的一大特点，这可能与福利喝茶有关，同时从一个侧面印证了万州茶楼的生意仍是冷清，茶楼文化的市场开拓空间还是很大的。

二、建议

1. 要高度重视茶叶产业化发展

本次调查表明，97%的万州人都会喝茶，且有54%的人已成习惯，其茶叶年消费资金约3200万元，而万州区茶叶总产值只有700万元，市场潜力很大。因此，茶叶在万州有广阔的发展前景和市场空间，加上茶叶产品一直是我区优势农产品之一，也是山区退耕还林和发展经济促农增收的骨干项目，所以，我们应当很好地研究如何抓好做大万州区的茶叶产业——一个具有市场竞争力和比较优势的产业，以充分发挥其生态、资源和市场优势。这是万州区政府、业务部门和茶叶生产企业应当努力面对和解决的问题。

2. 要准确把握人文特点和市场需求

由于68%的万州人喜好喝绿茶，60%的人青睐绿色食品茶，市场茶叶消费产品以每市斤40～60元的中档茶为主，人们买茶时首要选择口味，其次考虑价格，所以，万州区茶叶行业的发展方向必须重视这几个特点，而万州区茶叶生产企业在产品开发定位和营销策略等方面也必须关注这几个需求，这样才能适销对路，抓稳市场，求得效益最大化，并超前引导从而促进茶业的健康发展。

3. 要大力开展茶文化活动

调查表明，万州人普遍缺乏对喝茶好处的深层认识，尤其对茶与健康的现代医学研究成果知之甚少。同时，13%的人不知道万州区创新名优茶的品牌，茉莉花茶在大多数人的头脑中印象深刻，还有少数人缺乏保管好茶叶的生活基本常识，这些情况，说明我们在茶叶工作中的宣传力度，特别是品牌宣传力度方面很不足，我们必须努力扭转这个局面，精心组织万州区名优茶展销及其他茶文化活动，如组织知识有奖问答、现场展示制茶工艺、组织茶道、茶艺表演等。

4. 要积极开拓消费市场

喝茶办公是万州人的一大特点，七成人常在办公室喝茶，防高温降暑而团体购茶历来也是单位福利之事。因此，万州区茶叶生产企业在开拓市场和营销策略方面应当关注这一购买力，同时，从细分市场和目标市场考虑，应积极向紧跟时尚的中青年人推介喝绿茶能消除疲劳和抵御辐射的好处，以吸引和刺激他们的消费心理，因为他们多数是工资收入较高的白领人士、企业中坚力量，工作压力大，接触计算机较频繁。

二〇〇五年五月二十五日

分析与讨论：

（1）分析本则调研报告的结构、素材筛选整理及内容组织等方面的特点。

（2）此则调研报告所提示的调研课题是什么？采用了什么调研方法？结论如何？

（3）请根据这则调研报告整理一个调研摘要。

3. 课后拓展

安排学生利用课余时间深入某企业参观访问，并针对该企业设计一份以提高企业产品的社会美誉度为主题的调查方案。

📋 知识小结

调查研究是办公室秘书的一项经常性的工作，它与秘书的日常事务性工作密切相连，是办公室秘书辅助决策的关键，是秘书做好常规工作的基础，是秘书处理突发事件的必要手段，也是秘书提高自身素质的有效途径。

做好调研工作，必须要了解调研的内容、类型、方法及工作程序，还要掌握调研方案、调研报告的写作方法。因为，调研方案是整个调研工作的行动纲领，是保证调查顺利进行的重要前提，而调研报告是将调查研究的成果供上级领导或有关决策者参考，是调查研究之后的一项关键性的工作。

📑 阅读资料

秘书调研选题法

秘书确定调研选题，通常有三种方式：一种是由领导安排选题，即根据领导决策和工作的需要，由领导出题目，秘书分头去调查。然后写出单项的或综合的调研报告。另一种是由领导和秘书共同研究确定选题。这种方式既发挥领导的主导作用，又体现秘书的辅助作用。还有一种是由秘书对形势发展与领导决策意向的理解和把握，自行确定调研选题。

无论采用何种方式都需要遵循以下的选题原则或趋向：即要从对全局工作最有意义的新情况、新问题中去选题；要从群众普遍关心而又亟待解决的问题中去选题；要从各个时期带有倾向性和关键性的问题去选题。只有这样，调研活动才会有较强的针对性和适用性，写出的调研报告才能反映时代的最强音，调研才能真正成为领导者决策的前提和基础。确定调研选题的方法有多种，秘书直接确定选题通常有以下五种方法。

一、在智慧碰撞中选题

所谓智慧碰撞，就是集思广益，发挥领导、群众和秘书的聪明才智，让各种想法在相互交流中产生出新的思想火花，而这种火花往往就是秘书调研的选题。秘书撰写的调研文稿不仅仅是秘书本人感性认识飞跃到理性认识的产物，而且是包括调查对象在内的集体结晶。在形成调研选题的初创阶段，通常都有一个智慧碰撞的过程。碰撞的基本轨迹是：以党的路线方针政策为出发点，以同级领导的决策意图为支撑点，以决策的时机及环境条件为参照点，以推动本单位的现代化建设为落脚点，将这"四点"有机地连接起来，所产生的调研题目就会是某一段时间内最重要的研究重点或中心课题。

二、在全局高度上选题

对于同样一个客观事物，站在不同的高度去观察，会得出不同的认识。站在不同的角度去认识，也会有明显的区别。限于秘书所处的位置，一些地方和单位的秘书看问题往往容易"平视"或"仰视"。"平视"就容易把好东西、新东西看成平平常常的东西；"仰视"则总是觉得上面的或外面的东西好，不易觉察身边有特色的东西，因而一些颇有价值的选题常常被漏掉。秘书要拿出高水平的调查报告，必须有模拟换位、登高俯瞰的本领；必须要有意识地站在同级或上级领导的高度去观察认识问题；必须站在全局的高度去看待和掂量本单位的具体工作。只有这样，才能拓宽视野，深化认识，进而发现有普遍指导价值的调研选题。

三、在反向思考中选题

秘书的思考要紧跟形势，要围绕中心搞一些"热门"问题的调查。但是，秘书的调查不能总像新闻记者那样追踪"热门"话题。每隔一段时间，秘书应冷静下来，对本单位决策和实施决策的情况来个"回头看"，看看有哪些突出的经验，有哪些明显的失误，有哪些容易被人忽略的问题或倾向。这样的"回头看"往往会发现一些有价值的选题。实践表明，反向思考是一种发现力。它有助于秘书多侧面、全方位地思考和认识问题；有助于秘书走出顺向思维圈子，用独特的视角，于平淡中看出新奇，从一般中发现特殊。这种反向思考的新发现往往是领导完善已有决策和做出新的决策所需要的。因此，这类选题通常具有出奇制胜的功效。

四、在联想分析中选题

日常生活中存在着大量的小事，如果孤立地去看，似乎没有什么价值。但如能发挥联想力，由表及里地想，由此及彼地想，就能从一些偶然发生的小事中发现带有普遍性的问题，发现一些具有较大使用价值的调研选题。秘书在听到、遇到某一种调研题材后，要善于触"景"生情，举一反三，触类旁通，这样就可以从已知的题材或观点出发，推及出同类问题中的另一个题目，有时还可能由此引出一些并不直接相关的调研课题。这种联想分析引出的课题往往是秘书闭门苦思所难以发现的，往往能够收到"踏破铁鞋无觅处，得来全不费工夫"的效果。

五、在经验积累中选题

秘书在平时的工作和学习中，能够积累两种经验：一种是直接经验，即从事秘书工作的亲身体验和进行社会调查所获得的感受；另一种是间接经验，即通过看书学习、与人交谈，从外地同行及本单位领导那里获得的感受、观点或看法。这两种经验是秘书的宝贵财富。随着两类经验的大量储存，秘书头脑中积累的纷繁复杂的信息经过消化和融合、排列和组合后，便能从它们的内在联系中发掘出一些新的调研课题，这就叫优化组合"提"观点，请教同行"借"观点。采用这种选题方法，要求秘书勤奋学习，勇于实践；广泛收集和积累各种资料，养成勤学好思的良好习惯。只要重视并不断积累这两类经验，有价值的调研选题便会源源不断地涌现。

（摘引自《职业培训教育网》.www.chinatat.com）

模块 7
办公室信息工作

学习目标

知识目标	能力目标	素质目标
● 了解秘书信息工作的原则、基本要求 ● 掌握信息收集的要求和方法 ● 掌握信息整理、存储、开发利用的操作规范和要求	● 具备在具体办公环境下的信息工作能力 ● 学会开发新的信息资源，并及时、准确、全面地获取所需要的信息	● 学会运用科学的方法开展信息调研工作 ● 培养并逐步具备良好的信息意识

第1单元　秘书与信息工作

情景案例

宏达新健旅游公司的李虎总经理走进办公室对秘书王俐说："你去一下市场部，把公司在国内外合作的地接公司的所有资料找来，做个整理，整理时注意以下几点：第一，这些公司的性质；第二，各个公司接团的分成比；第三，服务质量。"

王俐抱回一大堆资料，仔细研究起来。宏达新健旅游公司是个大公司，国内外都有业务，资料很多，如何整理？王俐自有办法：她先把资料按国内和国外进行归类；接着按项分类，如根据公司的性质分为国有、集体、私营、三资等项；再一一翻看这些公司的具体资料，主要是查看与宏达新健旅游公司的接团分成比和有无客户投诉等问题。王俐找了半天资料，总结出以下信息：宏达新健旅游公司在国内合作的地接公司有30家，其中国有性质的有10家，集体性质的有5家，私营性质的有10家，三资性质的有5家；国外合作的地接公司有15家，都是私营性质的。王俐初步得出这些数字，但看起来还是凌乱的，她准备用表格的形式反映出来，以便能及时将数据信息交给李总。

项目任务

作为新世纪的秘书，你对信息有什么认识？你将如何在自己所在的公司开展信息工作？

任务分析

在信息化社会里，信息与能源、材料一起并列为社会发展的三大支柱。信息是决策的基础，又是控制决策实施的依据。秘书收集信息的质量，是保证决策科学化的必要条件，有利于单位组织提高核心竞争力。

秘书要在自己所在单位开展信息工作，首先要熟悉信息工作流程，主要从以下几个方面着手开展工作。

（1）广泛、周密、经常地收集情况和资料（信息），能起到领导的耳目作用。除了通过下级的各种书面材料、口头汇报、统计报表等掌握工作的情况，还要深入实际，调查研究，帮助领导随时掌握工作的进展情况。

（2）协助领导制定工作规划、计划及各种政策、法令，发挥领导的参谋作用。在制定政策的过程中，秘书机构要承担收集情况和建议、草拟可行方案、参与领导班子的研究讨论，直到方案确定，形成书面文件等一系列工作。

（3）协助领导宣传贯彻领导机关的各项决策，督促检查决策的执行情况，能起到领导的喉舌作用和信息反馈作用。当领导做出决策后，要协助领导召开会议，及时发出文件。决策传达之后，要组织检查，督促下属单位执行决策，并把执行情况反映给领导。

（4）协助领导与各方面取得工作联系，能起到信息桥梁作用。秘书机构必须与各个部门取得联系，把各部门团结在领导班子的周围，使各方面工作协调一致地运转。

相关知识

1．信息概述

信息最早作为科学研究的对象是在通信领域，它是事物变化和状态的客观反映，具有时效性、共享性、传递性、存储性等特征。根据不同的划分标准，信息有如下几种分类方法，如表 7.1 所示。

视频

「丰富多彩的信息世界」

表 7.1　信息分类一览表

划分依据	分类	表现形态
信息内容	文字信息	报纸、期刊、图书、专著、百科全书和专门词典、法律法规汇编、企业名录、电话号码簿等
	声像信息	录音带、录像带、幻灯片、新闻影片、科教影片、唱片等
	数字信息	电子文本、电子图片、网络数据等
信息产生加工的程度	一次信息	图书、期刊、论文、研究报告等
	二次信息	文摘、汇编、题录、目录、索引等
	三次信息	调研报告、进度报告、百科全书、年鉴、字典等

续表

划分依据	分类	表现形态
信息范围	宏观信息	政策法规信息、财政金融信息、计划统计信息、预算决算信息、决策规划信息等
	微观信息	企业背景、概况、资讯、生产、经营、管理信息

2. 秘书的信息意识

秘书的信息意识是指秘书对秘书工作信息所具备的感觉、知觉、情感、意志等心理品质，具体表现为对信息是否具有特殊的、敏锐的感受力和持久的注意力，即秘书对信息的敏感程度。

现代秘书强烈的信息意识，表现为能够敏锐地感受到社会信息的变化给秘书工作带来的有利和不利影响。秘书具有强烈的信息意识，就会积极主动地挖掘、收集、利用有利于领导决策和秘书工作开展的各种信息。

现代秘书的信息能力主要包括 5 个方面的内容，即信息获取的能力、信息选择的能力、信息预测的能力、信息处理的能力及信息运用的能力。

「一份资料改变了投资意向」

3. 秘书信息工作的基本要求

（1）准确。准确即信息的内容要准确无误，真实可靠。秘书在信息工作中如实反映情况，才能保证各级领导机关及决策者做出恰当的判断和科学决策。否则，将会给领导工作带来误导。

（2）及时。及时指信息的收集、处理、传递、反馈要迅速，讲究时效。社会主义市场经济对秘书信息工作的时效性提出了更高的要求，不仅传递速度要快，而且收集、加工、检索、输出速度都要快。信息处理不及时，就会失去信息的价值，甚至可能造成严重的损失。

（3）全面。秘书信息工作要注意收集的广泛性，真实地反映事物各个方面的情况。只有全面地反映情况，才能使各级领导根据各方面的信息，权衡利弊，择善而从，做出正确的判断和决策。

（4）适用。除一些需要共同重视的信息外，本级领导机关所需要的信息，并不一定都是上级或下级领导所需要的信息。别的部门所需要的信息，不一定为本部门领导者所需要。一条有价值的信息对于不同层次不同部门的领导者，其参考价值并不相同，因此秘书必须注意研究不同级别的领导者和不同层次服务对象的不同要求，在信息的投向上要有针对性，加以区别对待，注意适用对路。

♡ 小技法

办公室应存放什么资料

办公室应存放的资料：一、公司公用资料，包括政府法律、公司各种规章制度、各种规定标准、业务手册、旅馆餐厅的介绍说明及交通图表、社会名人录、公司职员名录等；二、秘书个人资料，包括上司指示的记录、报告、业务资料，个人收集的杂志、剪报等信息资源、光盘资料等。

4．秘书信息工作的原则

（1）追踪性原则。决策方案在实施过程中，会出现主客体状况的变化，秘书应及时追踪反馈不断变化的信息，使决策机构和决策者能够准确掌握情况，并及时调整、修订、完善决策方案。

（2）时效性原则。信息总是产生、传递在事物及其状态变化后，再快的信息，也有滞后性，所以秘书的信息收集必须及时，不让有价值的信息失效。而且，还要抢时间，争主动，超前收取信息，向领导提供"预测性"信息。

（3）价值性原则。信息的价值性，主要体现为信息的可靠、实用。秘书进行信息收集必须了解信息源的信息含量和实用价值，辨别真伪，针对工作需要，对所接触的信息迅速加以判别，分辨出哪些是有用信息，哪些是无用信息，实现信息的充分利用。

（4）层次性原则。信息的层次性表现在三个方面：一是一般信息与重要信息；二是上层信息与下层信息；三是表层信息与深层信息。不同层次的信息，其作用不同。收集不同层次的信息，目的是能够准确、深入地把握环境的整体情况，秘书要从不同深度加工信息，针对不同对象开发利用信息。

相关链接

什么是企业信息管理师

企业信息管理师是指从事企业信息化建设，并承担信息技术应用和信息系统开发、维护、管理及信息资源开发利用工作的复合型人员。该职业的基本特征是"既懂经营管理又懂信息技术，具备复合型、综合性的知识和能力"。按知识和技能水平的不同将该职业划分为助理企业信息管理师（国家职业资格三级）、企业信息管理师（国家职业资格二级）和高级企业信息管理师（国家职业资格一级）三个等级。根据《企业信息管理师国家职业标准》，符合申报条件，经过正规培训并且鉴定合格者，可获得相应等级的中华人民共和国国家职业资格证书。

《企业信息管理师国家职业标准》包括六大职业功能模块：信息化管理、信息系统开发、信息网络构建、信息系统维护、信息系统运作、信息资源开发利用。企业信息管理师的考试由人力资源和社会保障部在全国范围内统一组织开展。

实践训练

1．课堂讨论

现代秘书的信息能力和信息知识应包括哪些方面的内容？

2．案例分析

韩逸大学毕业后，应聘到了一家外贸公司做秘书，刚参加工作的她踌躇满志，想轰轰烈烈地干出一番成绩，可是工作第一个月碰到的几件棘手的事让她心灰意冷，一筹莫展。首先是老总要她查询本公司开发的新产品的最新进展，她在图书馆泡了一整天，复印了一大堆资料，结果老总看了说早就过时了。公司设备急需更新，老总要她了解相关设备生产厂家的产品价格与性能规格，并将查询的资料列一个清单，对比一下再决定进货事宜，她仅找到两三家相关设备生产厂家，而且他们的设备与自己公司现有的相差无几，结果让老总很不满意。

分析与讨论：

如果你是刚刚毕业的文秘专业大学生，你将在哪些方面培养自己的信息意识和信息工作能力？

3．实务训练

信息综合处理训练：

运用前面所学的有关信息工作的基本知识，综合分析下列所提供的信息资料，撰写一篇短文，谈谈你对新世纪秘书信息工作的一些看法。短文题目自拟，字数在 1000 字左右。

（1）日裔美国人罗伯特·T. 清崎在《富爸爸，穷爸爸》一书中描述了他的信息财富观：三百年前，土地是一种财富，后来美国依靠工业成为世界强国。今天信息便是财富，新的财富形式不再像土地与工厂那样具有明确的范围与界限。

（2）信息产业已经成为日本第一大产业，日本在 1984 年开始实施"综合业务数字网"（ISDN）建设计划。1991 年，日本加大在电子和通信业方面的投入，1995 年出台了"推进发达的信息社会的基本方针"等指导政策，1996 年实现了电子和通信业产值超过建筑业。在进入 21 世纪的第一年，日本政府提出了响亮的口号"IT 立国"，2001 年通过了"IT 基本法"和"e-Japan"战略发展计划，并开始实施，决心在 5 年内建成世界最高水平的信息通信网。

日本著名学者小山森归纳了信息化社会的 5 个标志：家庭信息化、企业信息化、政府信息化、公共领域信息化和信息产业化。截至 2000 年年底，日本 90%的企业建立了自己的局域网，40%的企业建立了企业内部互联网（Intranet），73%的企业平均 5 人拥有 1 台计算机。近几年，日本利用 CRM 等构成或建立信息系统的企业在增加，企业利用互联网开展商务活动也在逐步增加，企业数已达到 41.6%。日本企业的市场电子交易率（电子交易与总交易额的比率）达到 3.8%（美国为 4.9%）。日本电子商务有两大特色，移动用户人数发展迅猛，占总上网人数的 1/4，约 1000 万人。5 万家便利店建为网络商店，它们是推动电子商务、解决资金流与物资流的主要实践者。

日本企业非常注重信息的收集与研究，大企业在世界各地都有自己的外派机构用于信息收集，如三井物产株式会社建立了覆盖全球的信息网，每天获取信息 5 万条以上，可以说信息产业已成为日本经济复苏的引擎。

信息调研训练：

在本专业进行一次文秘专业毕业生就业情况调查，了解毕业生的就业心态、工作去向、就业率等情况。

实训说明：

本部分实训在课后进行，可将学生分成几个小组，采用不同的调研方式开展调查，最后每一个小组写出一份调研报告。

4．课后拓展

学生利用寒暑假到企业实习，了解不同企业的信息部门及信息系统的建设工作。

第2单元 信息的收集工作

情景案例

孙梅作为宏达商业贸易公司的行政助理，虽然每天的工作平淡无奇，但她做得井然有序。平时，孙梅非常注意信息的收集与整理工作。她在办公室书柜里备有常用的工具书，如《世界经济信息统计汇编》《中国企业监督》《中国经济百科全书》，计算机里安装了《中国大百科全书》，并整理了本市大型企业的名录。她每天要抽出部分时间阅读整理《市场报》《经济日报》《国际金融报》《环球时报》等，在信息的海洋中收集相关信息并随时记录对公司有用的信息，便于以后查阅，为肖总起了很好的信息过滤作用。

她收集信息的另一个重要途径就是通过网络，如中国经济信息网、中国资讯行、中国产品贸易网、中国企业网等都是她经常浏览的中文网站。一天，肖总急需获取美国的经济贸易信息，她马上进入美国 ABI 商业信息数据库、The D&B Million Dollar Database、ThomasRegister 等网站，获取了肖总所需的资料，帮助肖总成功地进行了决策。

孙梅具有的开阔的思维和良好的信息收集处理能力为肖总的工作带来了极大的便利，肖总常夸她是自己的得力助手。

项目任务

如果你是宏达商业贸易公司的行政助理，你将如何为公司收集和处理相关信息？如何提高信息工作的能力？

任务分析

宏达商业贸易公司行政助理孙梅的信息工作意识非常强，在平时的工作中，她能有效地收集有关信息，帮领导做出正确的决策，为企业赢得了巨大的利润。由此可见，信息在领导决策中具有重要的地位和作用。秘书一定要充分认识信息工作的巨大价值，肩负起信息工作者的重任，努力做好信息工作，为本组织创造良好的经济效益。

信息是一种重要的资源，需要秘书努力开发。行政助理孙梅就是一位善于"淘金"、开发信息资源的高手，她平时就养成了收集信息的习惯，能从零散信息中发现有规律性的内容，从表面信息中发现事物的本质，从已知信息中推导出未知的信息，从而开发出信息的重要价值，实现信息的最大增值。

秘书发挥参谋咨询作用的方法和途径是多种多样的，而合理利用信息则是秘书发挥参谋咨询作用的最有效途径。孙梅就是利用自己检索的国外信息为领导的决策提供了参考，有效地发挥了秘书参谋咨询的作用。

信息收集是信息工作的初步阶段。对秘书来说，这一阶段的基本要求就是收集面要广，这就要求秘书的分辨力要强。只要判断准确，广泛收集信息的"含金量"就越大。

「秘书信息工作流程图」

相关知识

1. 信息收集的方法

信息收集的方法有多种类型，根据收集途径的不同，可以划分为正式途径收集方法和非正式途径收集方法；根据信息收集者的显隐特征，可以划分为公开收集方法和秘密收集方法等。无论哪一种信息收集方法，都始终离不开以下 7 种基本收集方法的运用。

（1）观察法。观察法是指通过现场观察来收集信息的方法。其优点是方法简单灵活，能获得较为客观的第一手资料；缺点是获得的信息量有限，而且不易获得深层次的信息。

（2）询问法。询问法是指信息收集者通过提问请对方作答来获取信息。按其所采用的方式与手段，可分为面谈询问、电话询问、书面询问等。询问法还可以根据访谈人数的多寡分为个体询问法和集体询问法。

（3）问卷法。问卷法是指由收集者向被收集对象提供问卷并请其对问卷中的问题作答而收集相关信息的一种方法。问卷是信息收集的一种重要工具，它的形式是一份精心设计的问题列表。

问卷法的优点是：可节省时间、经费和人力；具有较好的匿名性，有利于收集真实的信息，所得的信息资料便于进行定量分析；可以避免信息收集者的主观偏见，减少人为的误差。其缺点是：回收率难以保证，被调查者必须具有一定的文化水平才能作答，由于被调查者填写问卷时往往没有调查人员在场，因此，获得的信息资料的质量往往难以保证。

（4）量表法。量表法是指运用测量量表来收集相关信息的一种方法。量表是适用于较精确地调查人们主观态度和潜在特征的工具，它由一组精心设计的问题构成，用于间接测量人们对某一事物的态度、观念或某一方面所具有的潜在特征。

（5）购买法。购买法是指花一定的代价，通过购买有关信息载体而收集相关信息的方法。它是组织获得外部信息的常用方法之一。按其购买的信息载体的类型不同，购买法可分为文献信息载体购买、实物信息载体购买和数字信息购买。

（6）检索法。检索法是指利用信息资料检索工具，从现成的信息资料文档中查检有关信息资料的方法。检索法根据检索工具的不同，可分为手工检索和计算机检索两种类型。

（7）交换法。交换法是指信息部门以自己拥有的资料、样品等与有关对口单位进行相应的交换，从交换得来的资料、样品等信息载体中获得所需信息的一种方法。交换法是组织获得自身所需信息的重要方法之一，它不仅能使组织获取许多难得的相关信息，而且能节省许多收集时间。

2. 信息收集的渠道

信息收集的渠道是指信息工作者用于信息收集的途径和通道。信息收集的渠道是多种多样的，归结起来主要有外部渠道和内部渠道两个方面，如表 7.2 所示。

表 7.2 信息收集渠道一览表

渠道		主要资源类型
外部渠道	政府信息网站	纵向（省、市、县）和横向（各厅局、部委）的官方信息网
	大众传播媒介	报刊、广播、影视、广告、出版资料
	专业信息机构	图书馆、情报机构、档案馆、信息中心、咨询机构等
	科研机构	各大专院校、各专业的学会、研究会、协会等
	各种会议	研讨会、报告会、技术鉴定会、新闻发布会、展览会等
	文书	相关部门来文、指示、报告，以及各种内参、快报、简报等
	国际组织机构	驻华使（领）馆、办事机构及外国驻华商社的新闻发布会、国际金融机构
内部渠道	企业计划	年度计划与总结
	企业经营活动信息	企业的经营策略和经营预测、决策资料等
	企业的经济活动分析资料	财务活动分析、生产情况分析、销售情况分析、业务活动分析等资料、企业刊物
	统计材料	企业的各种数字记录、会计记录（资金来源、资金使用情况、财务情况、经济成果情况）、统计记录（生产情况、销售情况）、业务记录（各种业务活动，包括对外交流业务活动）

3．信息收集的注意事项

（1）信息收集要广泛。要广泛收集不同层次、角度、人员、行业甚至不同国家信息，这样，才有利于全面思考问题，从而寻找拟定若干方案的素材，为领导的决策提供信息支持；而且还有利于发现认识上的"盲区"，不断有所创新，有所开拓。

（2）收集原始性资料，是信息处理的基础性工作。越是真实的、第一手的资料，信息的"含金量"越高。秘书要特别注意材料中的时间、地点、人名、数字和引文等容易出现问题的"关键点"，对这些地方要认真加以核实，以免出错，干扰单位组织的正常业务。

（3）秘书的信息收集要有预见性、相关性。围绕一个问题或某项业务活动而收集到的所有信息材料都要与此问题或业务活动相关。过量的信息往往会搅乱人的思维，干扰正常的工作进程。因此，秘书必须学会面对要解决的问题做出决断：应该留存哪些信息，应该剔除哪些信息。

相关链接

「啤酒和尿布」

国内常用数据库介绍

1．中国知网（CNKI）

通过与期刊界、出版界及各内容提供商的合作，中国知网已经发展成为集杂志、博士论文、硕士论文、会议论文、报纸、工具书、年鉴、专利、标准、国学、海外文献资源为一体的、具有国际领先水平的网络出版平台。中心网站的日更新文献量达 5 万篇以上。

2．维普网（VIP）

维普网，原名为"维普资讯网"，是中国最大的综合性文献服务网，其所依赖的《中文科技期刊数据库》，是中国最大的数字期刊数据库，是我国网络数字图书馆建设的核心资源之一。维普数据库已成为我国图书情报、教育机构、科研院所等系统必不可少的基本工具和获取资料的重要来源。

3. 万方数据知识服务平台（wanfangdata）

万方数据股份有限公司是国内第一家以信息服务为核心的股份制高新技术企业，是在互联网领域，集信息资源产品、信息增值服务和信息处理方案为一体的综合信息服务商。它集纳了涉及各个学科的期刊、学位、会议、外文期刊、外文会议等类型的学术论文，法律法规，科技成果，专利、标准和地方志。

4. 中国科学引文数据库（CSCD）

中国科学引文数据库，创建于1989年，收录我国数学、物理、化学、天文学、地学、生物学、农林科学、医药卫生、工程技术和环境科学等领域出版的中英文科技核心期刊和优秀期刊千余种。中国科学引文数据库具有建库历史悠久、专业性强、数据准确规范、检索方式多样、完整、方便等特点，自提供使用以来，深受用户好评，被誉为"中国的SCI"。

实践训练

1. 课堂讨论

（1）秘书进行外部信息收集的渠道有哪些？

（2）秘书信息收集的方法有哪些？

（3）常用的国内数据库有哪些？

2. 案例分析

安徽安特集团是我国特级酒精行业的龙头企业，其中无水乙醇的销量占全国销量的50%以上。伏特加酒作为高附加值的主打产品，是安特集团利润的主要来源。但是，随着俄罗斯、乌克兰等国家经济形势的日趋恶化，伏特加酒出口量逐年减少，安特集团审时度势，决定从1998年的下半年开始通过互联网进行网络营销，开辟广阔的欧美市场。安特集团制定了信息收集途径并确定了信息收集的三个方向：价格信息；关税、贸易政策及国际贸易数据；贸易对象，即潜在客户的详细信息。利用半年左右的时间，安特集团收集了以上三个方面的情报，对世界上伏特加酒的贸易情况有了基本的了解，掌握了世界伏特加酒交易的价格走势，认清了伏特加酒所处的档次水平，也联系了上百家进口商、经销商，基本上把握了国际伏特加酒市场的脉搏，成功地开拓了欧美市场。

分析与讨论：

假如你是安特集团的秘书，你将通过哪些途径收集价格信息，关税、贸易政策及国际贸易数据，潜在客户的详细信息？

3. 实务训练

（1）你的老板即将访问英国，为了使这次访问成功，他要求秘书查询以下信息：英国的基本概况；在英国工艺品领域发展贸易的机会；英国的工艺品公司。为满足他的要求，请列出你可能使用的参考书和查询的网址。

（2）利用互联网查询我国秘书职业资格鉴定工作的相关信息和今年的考证工作动态。

（3）沃尔玛百货有限公司由美国零售业的传奇人物山姆·沃尔顿先生于1962年在

阿肯色州成立。经过多年的发展，山姆·沃尔顿已经成为美国最大的私人雇主和世界上最大的连锁零售商。目前沃尔玛在全球十多个国家开设了超过 8000 家的商场，分布在美国、墨西哥、加拿大、阿根廷、巴西、中国、韩国、德国和英国等国家。每周光临沃尔玛的顾客近 2 亿人次。沃尔玛在全球多个国家被评为"最受赞赏的企业"和"最适合工作的企业"，连续多年荣登《财富》杂志世界 500 强企业和"最受尊敬企业"排行榜。2014 年，沃尔玛以 4762.94 亿美元的销售额力压众多石油公司而再次荣登《财富》世界500 强榜首；2020 年 1 月 22 日，名列 2020 年《财富》全球最受赞赏公司榜单第 18 位。请你查询整理出沃尔玛的经营理念的相关材料。

（4）按照信息收集的要求和方法，选择一个世界 500 强企业，整理一份背景材料，要求包括企业名称、地址、电话、业务范围、企业历史、企业结构、企业发展概述、主要行政负责人及股东情况。

实训说明：

（1）本部分实训在实训室进行，5 人分成一组，每人负责各自相关项目。

（2）实训采取独立操作和相互协作的形式进行，首先个人上网查询出各部分信息，然后每小组进行合作，整理出一份全面的背景材料，向老师汇报。

第3单元　信息的整理与存储工作

情景案例

宏达商务信息公司的秘书张璐平时非常注意信息的收集和保存，日积月累，她抽屉里的资料已经堆积如山，各种表格、文件、广告、参考书、宣传单、手册、计划书等塞满了几个抽屉。一天，市场部经理找到张璐，要她找一份某产品在深圳的市场调查报告，她找了几个抽屉都没有找到，急得不知如何是好。经理对张璐说："你平时注意信息的收集，这是很好的，但是要注意信息的筛选，有价值的信息保存下来，没有保存价值的信息就要及时处理掉。"

事后，张璐对抽屉里的信息材料进行了全面的清理和分类，并且以后十分重视信息的整理与存储工作。

项目任务

如果你是宏达商务信息公司的秘书，你将如何做好信息的整理与存储工作？

任务分析

秘书张璐在平时的工作中由于不注重信息的整理与存储，将不同的资料放在一起，结果给工作带来了很大的不便。

张璐应该认识到：信息的整理与存储是对信息进行分辨、分析和筛选，确定信息的价值，明确或决定信息的存储形式，并使其及时参与到其他信息的综合利用中去。对秘书在这一阶段的工作要求是分析要准、综合处理要快。此外，信息整理的好坏直接影响到信息的价值，如果丢失了有保存价值的信息将会造成重大的损失。

信息存储工作的好坏直接决定了整个信息管理工作的好坏，秘书要了解信息存储的载体、信息存储的步骤，特别是信息存储的技术。光盘存储技术、移动硬盘存储技术、网络存储技术是目前应用较广的技术。随着信息数量的快速增长及存储空间有限性之间的矛盾加大，信息存储及保密工作显得更为重要。作为秘书，要不断地充实自己的信息专业技术知识，才能更好地做好信息管理工作。

相关知识

1. 信息整理的步骤与方法

信息的整理，是整个信息工作的核心，其步骤与方法如下所述。

（1）分类。分类是秘书根据一定的要求，按照信息的内容、来源、时间、性质等将信息分门别类，使之条理化。信息分类有如下方法。

① 字母分类法，是指按照信息标题、作者、主题、单位等的字母顺序进行分类的方法，此种方法操作简单、不需索引卡片。

② 主题分类法，是指按照信息的主题和内容进行分类的方法，其优点是信息按照逻辑顺序排列，便于检索。

③ 时间分类法，是指将信息按照年月日的自然顺序进行分类的方法，它可以与其他方法结合使用。

④ 地区分类法，是指按照信息形成所涉及的行政区域进行分类的方法，此种方法便于查找有地区特性的信息。

（2）筛选。对收集到的大量信息进行甄别，经过初步分析和研究，淘汰内容贫乏的信息，选出内容新颖、有价值的信息。力求选出的每条信息都符合"实、新、精、准"的要求。信息的筛选可以通过看来源、看标题、看正文等来决定取舍。

（3）校核。对经过初步甄别的信息做进一步的校验核实。进行校核的方法有多种，其中最常见的方法有以下3种。

① 分析法，对原始信息中所表述的事实和叙述方法进行逻辑分析，发现其中的破绽和疑点，从而辨别其真伪。

② 核对法，依据权威性的信息材料进行对照分析，发现和纠正原始信息中的某些差错。

③ 调查法，对原始信息中所表达的事物的运动变化情况，通过现场的调查来验证其真实性和准确性。

（4）加工。加工是更具创造性的整理阶段。加工的范围非常广泛，涉及信息的内容和形式等各个方面。在信息的加工过程中要注意下面几个问题。

① 充实内容。对零碎、肤浅、杂乱而又有价值的信息，要弄清它的性质、范围、意义和发展趋势，充实、丰富它的内容。

② 综合分析。对获得的信息，从整体上进行系统的归纳、分类，做出定性、定量的分

析和判断。

③ 提出意见。对经过整理的一些重要信息资料提出相应的处理意见，供领导参考。这是信息整理工作中的重要一环，也是秘书信息工作与其他部门信息工作的显著区别之一。

④ 修饰润色。对信息材料的语言文字、篇章结构等进行认真推敲、反复修改，使之趋于完善。

（5）编制。编制是对信息进行有序化处理，也是信息整理工作的最后步骤。编制的质量如何，直接影响到信息作用的发挥。信息的编制方法有如下几种。

① 转换法。原始信息资料中若有数据出现，应把不易理解的数据转换成容易理解的数据。

② 对比法。就是用比较的方法强烈地反映出事物变化的特征。对比法有纵向对比和横向对比两种。

③ 图表法。如果原始信息资料中的数据有一定的规律性，就可以将数据制成图表，使人一目了然，既便于传达，又便于利用。

2. 信息存储的步骤与方法

（1）信息存储的步骤。信息存储的步骤主要由登记、编码、存放排列、保管等环节组成。

① 登记。信息工作人员（或机构）在获得各种形式和内容的信息资料后，首先要进行登记，以建立存入的信息资料的完整记录。

信息资料的登记可分为总括登记和个别登记两类。总括登记一般只登记藏入册数、种类及总额等，反映一个信息库内所藏入的信息资料的全貌。个别登记是对每一类、每一份、每一册信息资料的详细记录，以便掌握各类信息资料的具体情况。登记的作用：可以掌握藏入信息资料的变化情况，发现缺漏，便于补充配套。

② 编码。信息资料的形成方式是多种多样的，为了便于管理和利用，特别是为了适应电子计算机处理信息的要求，需要对各类信息资料进行统一编码。信息资料的编码结构一般由字符（可以是字母，也可以是数字）组成基本数码，再由基本数码组合成组合数据。

❤ 小技法

信息存储的保密技术

在通信技术日益发达的今天，保密工作对于秘书来说显得尤为重要，保密范围包括文件保密、涉外保密、出版保密、计算机设备保密等。就电子文档信息保密而言，有如下方法可以利用。

（1）防泄密滤镜和安全智能卡。防泄密滤镜是暗色的塑料屏幕，可以粘贴在显示屏上，这样只有计算机正前方的人才能看到内容，计算机旁边的人只能看到黑屏；安全智能卡先要进行相应的软件安装，它可以对文件乃至硬盘加密，使用时插入安全智能卡，计算机中的数据才完全对用户开放。

（2）加密软件的使用。如 E-diamond 加密大师是专为拥有大量商业秘密和个人隐私的用户定制的，可以加密任意的文件和文件夹，并且支持驱动器。采用 3 种原创加密技术多线程加密，支持 3 种加密方式：本机加密、移动加密和隐藏加密，具有临时解密、浏览解密的功能，并且它不受系统影响，即使重装、Ghost 还原也依然可以照样使用。

（3）Office办公软件自带的加密功能。打开Word文档，选择工具、选项、安全性，或者选择文件、另存为、工具、安全措施选项，分别输入打开和输入文档时的密码，单击"确定"按钮，文档就须解密才能打开了。

③ 存放排列。科学地存放排列信息资料，是为了便于查找利用，主要有以下排列方法。

a. 来源排列法。按信息资料的来源地区和部门（结合时间顺利）依次排列。这种排列的优点是便于查找信息源，但需要较大的存放空间。

b. 内容排列法。任何一件信息资料都有它确定的主要内容，将资料内容进行分类后依次排列，便于查找利用。

c. 形式排列法。信息资料存在的形式多种多样，如图书、期刊、报纸、内部资料、录音带等不同形式进行分类排列，便于做到存放整齐。

信息资料的排列要按照各单位的具体情况来决定存放方法，无论选用哪一种排列方法，一经确定，就应保持相对稳定，当然也要根据资料情况的变化而改变排列存放的方式。

④ 保管。保管关系到信息的安全与完整，信息保管工作包括信息的防损坏，信息的防泄密、盗窃，信息的定期/不定期清理，信息的存储更新。

（2）信息存储的方法。信息存储的载体有纸质载体和磁性载体硬盘、U盘、磁带、光盘（包括一次写入式、可擦式等）、缩微胶卷、缩微胶片等。

① 手工存储。手工存储主要是针对纸质载体的存储，其优点是存储设备便宜，阅读方便；缺点是文件夹、文件柜占用空间大，需防虫防火。

② 计算机存储。计算机存储是将信息资料转换为电子文档的格式，存放于移动硬盘、U盘等电子介质中，以表格、数据库等形式形成信息。其优点是信息存储量大，查找迅速，易于编辑；缺点是要注意硬盘的保护和病毒防护。

③ 缩微胶片存储。通过照相将信息资料保存到胶片上，缩微胶片需要专用阅读机阅读。其优点是存储空间小，存储量大；缺点是胶片质量具有变异性，阅读设备昂贵，需要加标签、索引排序。

（3）信息存储的注意事项和要求。

① 存储的信息要有价值。应存储那些已经处理，对单位组织的工作具有重要作用或长效作用的有价值的信息。

② 存储的信息要方便利用。存储的目的是方便利用，方便利用的核心问题是要方便检索。在存储过程中具体要做到登录准确、分类合理、编码科学、存放有序，这样才能真正达到满足检索要求、实现方便利用的目的。

③ 存储要逐步实现现代化。信息存储应尽可能利用现代化的存储手段，以逐步实现信息存储的现代化。

3. 信息工作制度

秘书工作部门应当建立和完善以下信息工作制度。

（1）信息组织制度。信息工作部门应有标明本机构职能及工作要求的说明；对其工作人员应有体现职、责、权一致的职位规范及各项要求；对信息人员的组织、信息网络的管理、信息工作的监督等应制定一套完整的内部管理制度，保证信息工作进入科学管理的轨道。

（2）信息传递制度。首先，要制定下发《报送信息参考要点》制度，加以指导，引导基层信息机构及时收集、报送对路的信息。其次，各级办公部门对隶属的网络单位应规定报送信息的数量、质量和时间等要求，对重大问题和突发性事件要快收、快送，对漏报、迟报和误报重要信息的要给予处理。最后，制定逐月、逐季、逐年各网络单位信息报送、采用情况通报制度，鼓励先进，督促后进。

（3）信息专报制度。专报工作实行专人、专题、专向，根据不同层次的不同需求，提高信息的利用率，对信息进行合理分流。各级信息机关应建立对上级领导机构的信息专报制度，反映上级领导机关决策需要的本地区、本部门的重要情况。这种信息针对性强、内容集中、篇幅较短，有利于迅速编发传递，能有效地提高上报信息的质量。

（4）信息专题分析制度。在不同时期，根据领导所关注的"热点"确定专题，不定期地召集有关部门信息工作人员进行专题分析研究。在开会前三四天先发书面通知，通告会议议题，请信息工作人员做好会前准备。会后要形成若干有情况、有分析、有建议的较高层次的专题材料。

（5）信息储存制度。为了提高信息的使用率，需要对暂时不直接进入使用的信息资料和已经使用过的信息资料，分门别类地加以储存，以备查用。这一工作也需要用制度固定下来，防止信息资料的丢失、流散。

（6）信息编辑制度。信息编辑必须及时阅读、处理当日各种信息稿件，按轻重缓急提出处理意见。对要件、急件做到不漏送、不误时，编辑时要根据服务层次的不同，坚持适用对路原则，注重信息的综合开发和深度加工，避免并力求杜绝政治错误的重大事实失真，重要材料要复校，有重大文字改动的内容，要经审稿签发者同意。

（7）信息审批制度。为保证信息的质量，尽量减少差错和失误，编发信息资料要规定一定的审批环节，审批手续不应太烦琐。审批单位或审批人应做到随送随审，提高工作效率，确保信息的时效性。

（8）信息反馈和催办制度。对上级的重要决策、重要文件、重大工作部署和发布的重要信息，本级和基层管理机关贯彻执行得如何，有什么反映信息，信息网络单位要及时层层反馈。这项工作也需要用制度固定下来，保证落实并责任到人。对于领导同志批示的信息和反映重要的问题的信息，信息工作部门应制定催办函。及时转交有关部门查办，并要求按时办理落实，及时反馈办理结果。

（9）通联制度。网络单位之间除加强经常性的联系外，地、市、县的党政办公室还可以采用信息人员定期碰头的办法，不定期地印发信息需求要点，广泛收集信息，对带倾向性的问题共同进行分析研究，并且利用这种形式交流经验，互相促进，共同提高信息工作效率。

相关链接

中国信息安全相关法律法规一览

1. 《互联网个人信息安全保护指南》

2019年4月10日，公安部网络安全保卫局、北京网络行业协会、公安部第三研究所在"全国互联网安全管理服务平台"官网联合发布《互联网个人信息安全保护指南》。本文件制定了个人信息安全保护的管理机制、安全技术措施和业务流程。

2. 网络安全等级保护制度 2.0 标准

2019 年 5 月 13 日，国家市场监督管理总局、国家标准化管理委员会召开新闻发布会，正式发布了与网络安全等级保护制度 2.0 标准相关的《信息安全技术 网络安全等级保护基本要求》《信息安全技术 网络安全等级保护测评要求》《信息安全技术 网络安全等级保护安全设计技术要求》三项国家标准，实施时间为 2019 年 12 月 1 日。原来的等级保护对象主要包括各类重要信息系统和政府网站，保护方法主要是对系统进行定级、备案、等级测评、建设整改、监督检查等。在此基础上，等级保护制度 2.0 标准扩大了保护对象的范围、丰富了保护方法、增加了技术标准。等级保护制度 2.0 标准将网络基础设施、重要信息系统、大型互联网站、大数据中心、云计算平台、物联网系统、工业控制系统、公众服务平台等全部纳入等级保护对象，将风险评估、安全监测、通报预警、案事件调查、数据防护、灾难备份、应急处置、自主可控、供应链安全、效果评价、综治考核、安全员培训等工作措施全部纳入等级保护制度。

3.《App 违法违规收集使用个人信息行为认定方法》

2019 年 11 月 28 日，国家互联网信息办公室、工业和信息化部、公安部、国家市场监督管理总局联合发布了《App 违法违规收集使用个人信息行为认定方法》。该文件界定了 App 违法违规收集使用个人信息行为的六大类方法，并提出，征得用户同意前就开始收集个人信息或打开可收集个人信息的权限、实际收集的个人信息或打开的可收集个人信息权限超出用户授权范围等行为可被认定为"未经用户同意收集使用个人信息"。

4.《网络安全审查办法》

2020 年 6 月 1 日，国家互联网信息办公室、国家发改委等 12 个部门联合发布的《网络安全审查办法》正式实施。网络安全审查是依据《国家安全法》《网络安全法》开展的一项工作，网络安全审查重点评估关键信息基础设施运营者采购网络产品和服务可能带来的国家安全风险。

实践训练

1. 课堂讨论

（1）秘书的信息整理的程序与方法是怎样的？
（2）信息存储的载体有哪些？分别论述它们的保存与保密方法。
（3）公司经理要求你整理刚刚收集到的几份反映同一问题的信息，在决定信息取舍时，你将采用哪些方法？
（4）秘书部门信息工作制度包括哪些方面？

2. 案例分析

深圳金宏电子公司近年来收益每况愈下，该公司经过全面的调查分析，发现本公司的商业机密泄露是造成公司困境的主要原因。经理让秘书制定一个公司商业信息保密的具体措施，秘书小王将拟好的文案交经理审阅，经理看后，觉得还可以补充。下面是秘书小王列出的商业信息保密措施。

（1）加强门卫制度，对来访者验明身份，问清来访事由，不让无关人员特别是竞争对手随便进入公司。

（2）加强保密区域的管理。建立内部监控设施、防盗系统，把涉密人员控制在绝对范围内。

（3）加强信息管理。信息是商业秘密的物质载体，对储存资料、计算机盘片建立管理制度，专人保管资料，借用、复制必须登记批准。

（4）建立内部保密制度，并把公司的保密制度写入《员工手册》，在新员工进入公司时就向其灌输保密观念，防止无意泄密。

（5）订立守密协议。公司与直接涉密人员订立商业秘密守密协议，按《劳动法》规定，把脱密期、竞业限制期等条款直接写入守密协议，依法明确双方的权利和义务。

分析与讨论：

（1）你如何帮助小王补充信息的保密措施？比如对机密数据、重要文件等的保密，对电磁泄漏、网络安全采取的措施等。

（2）如何在企业内加强保密宣传教育，增强企业员工的保密观念意识？

3．实务训练

【情景1】某公司办公室主任让小张将一堆没有整理的资料根据信息分类的要求进行整理，这些资料有书信、单据、合同、广告稿、新闻稿、建议书、信函、文件、调查记录、报刊文章等。小张进行分类时，按主题将其分成两大类。假如你是小张，请模拟其工作过程，将上述资料进行准确分类。

【情景2】这是行政经理张明写给钟苗秘书的一张便条，如果你是钟苗，将如何完成该任务？

便条

钟苗：

公司刚刚招聘两位秘书，将安排她们专门负责公司内外的信息工作。请你今日下午三点在二楼小会议室，向她们介绍一下信息整理与存储工作中应当注意的问题及信息分类和存储的常用方法。并请将介绍内容以讲稿形式送交我一份。

谢谢。

行政经理张明
××年×月×日

实训说明：

（1）本部分实训可在实训课堂和理论课上交叉进行，要营造一个真实的办公环境。课前准备相关的信息材料。

（2）以任务文本的形式上交作业，教师进行集中评议。

第4单元　信息的开发与利用工作

情景案例

宏达商业物流公司总经理肖强近日心里颇不平静，他做总经理3年了，企业在他的带领下成了本市名副其实的企业领头羊，公司的发展让他感到欣慰，但最近的一件事情却让他如鲠在喉。公司的一个大客户因为发送货物周转时间过长，延误了交货期而承担了巨额的违约金，该客户找到宏达商业物流公司进行理论，虽然公司给予了耐心的解释，但该客户仍然表示以后不再通过宏达商业物流公司周转业务，而转向 80 千米外的另一家公司。损失一个客户固然可以通过其他途径弥补，但是如果引起多米诺骨牌效应，那后果就不堪设想了。肖强进行了原因调查：宏达商业物流公司的主要竞争对手——万和公司最近进行了信息系统集成改造，大大加快了货物的周转速度，为客户赢得了宝贵的时间。许多企业都表示如果宏达商业物流公司不能提供同样的服务，他们就将成为万和公司的客户。为解决这件事情，他今天召集公司行政助理和计算机专家来共同商量一个对策……

项目任务

如果你是宏达商业物流公司的秘书，为帮助公司走出困境，对于公司即将进行的信息系统的开发及信息的利用工作，你将会提出哪些有益的建议？

任务分析

宏达商业物流公司因为没有重视信息系统的建设管理而造成了巨大的损失，而它的竞争对手因对信息系统的集成改造而赢得了大量的顾客。由此可见，信息系统的开发是实现信息资源价值和提升其价值的重要环节，每一个企业都应该注重信息系统的开发建设。

广义的信息系统包括专业信息机构及计算机信息系统。专业的信息机构开发与建设主要通过优化机构设置、人员组织、管理制度、加强培训等手段提高系统反应速度和管理水平，从而提高信息产品的质量。计算机系统则是以计算机为基础平台的软件和硬件相结合的系统，分为作业支持系统和管理支持系统两大类。宏达商业物流公司如果要进行信息系统的开发，相关人员特别是秘书就要掌握与二者相关的管理知识和信息技术。

信息利用是信息工作的核心阶段，也是终极目的。如果信息得不到利用或者利用价值较低，那么围绕信息的一切工作都毫无意义或事倍功半。在秘书工作中，信息利用最重要的是将有价值的信息汇报、递送给有关领导或有关管理部门。领导和有关部门利用秘书提供的信息辅助决策，或者参考制定政策，或者了解掌握基层情况。信息利用还包括采取恰当的传输形式，及时发布、传播给有关组织和人员加以利用，采取恰当的存储形式保存，形成信息中心、信息库，供有关组织和人员浏览查阅。无论信息起到什么作用，只要对领导和有关部门"有用"，秘书的信息工作就有意义。这一阶段对秘书的要求是注意对信息的综合利用，秘书要学会对多种信息的综合处理，能提炼出"高层次信息"。

相关知识

信息资源开发，是指对信息进行挖掘、分析、概括和加工以获得新的高层次的信息，它是使信息增值的关键环节。秘书应结合本部门关注的最重要的问题收集信息，并对收集到的信息进行"去粗取精、去伪存真"的整理，凸显其关键价值。有效的信息开发能够提高企业的核心竞争力，有利于领导进行科学的决策，从而提高工作效率。

1．信息开发的类型

根据不同的分类标准可以将信息开发分为多种类型。

（1）按开发所需时间的长短，可以分为长期信息开发和短期信息开发。

（2）按信息开发对象的形式不同，可以分为网络信息开发和文献信息开发等。

（3）根据对信息资源的加工深度与层次，可以分为一次信息开发、二次信息开发、三次信息开发。

一次信息即原始的信息，如企业技术文献、信件等，其主要形式有剪报、外文编译等。二次信息是对一次信息加工整理后形成的新的文献，主要形式有目录、索引、文摘等。三次信息是在一、二次信息开发的基础上综合概括形成的深层次信息，主要形式有简讯、综述、调查报告等。

2．信息开发的形式

信息开发的形式主要有剪报、索引、目录编制、文摘、信息资料册、简讯、调查报告等，如表7.3所示。

表7.3　信息开发形式一览表

开发形式	特性	优缺点
剪报	根据不同的时间周期和选题对有用的报刊信息进行组合、编辑，将报刊资料专题化、集中化的信息产品	优点是信息成本低、信息量大；缺点是信息零散，网络时代可以通过电子期刊剪辑
索引	将文献中具有检索意义的事项（人名、地名、词语、概念或其他）按照一定方式有序编排起来，以供检索	属于二次信息开发，优点是查找迅速，编制简便；缺点是创建和维护索引要耗费时间
目录编制	将一系列相关文献，按照一定次序编排而成的揭示与报道文献的工具；根据需要可以编制分类目录、专题目录、行业目录、产品目录等	属于二次信息开发，优点是信息量大，便于查阅；缺点是需另外查找原始信息
文摘	对信息摘要其重要内容以便全面展示信息的方法，分为指示性文摘与报道性文摘	优点是短小精要，内容客观陈述，不加评论和补充注释；缺点是不够具体
信息资料册	包括产品资料信息、供应商资料信息、产品销售信息、求购信息等，通过它可以对有关行业、产品历史与现状有所了解	优点是可以对相关行业历史、现状有所了解；缺点是信息零散，易失效
简讯	一种用最简洁、最概括的言语报道最新动态信息的三次信息产品；简讯要求文字精练、篇幅宜短	优点是篇幅精短、报道快捷，信息有较大的宽度；缺点是信息易失效
调查报告	在实地考察的基础上经分析研究得出的能真实反映有关信息事件本质特征的信息产品	属于三次信息开发，优点是综合性强；缺点是不够具体

3．信息开发的方法

（1）汇集法。围绕一定的主题和时间段，把一定范围的相关资料汇集在一起，以全面反映一个地区或者一个部门的基本情况，适用于信息资料多、反映面宽的情况。

（2）归纳法。归纳法是将反映某一主题的信息资料集中在一起，加以系统地分析综合，完整地反映某一方面的工作动态。归纳法要求逻辑性强、分类合理、综合准确，防止信息归纳产生的变异。

（3）纵深法。从纵的方面按原始信息资料提供的资源层层深入剖析，接近主题，或者按某一活动时间顺序或事件发展的历史进程深入进去弄清事情的前因后果，揭示事物的发展特征。

（4）浓缩法。通过压缩信息资料文字达到凝练主题、简洁行文的目的。使用浓缩法首先要注意提炼主题，即一篇信息资料只阐明一个观点；其次要精简结构，压缩段落层次，去除多余的过渡照应；最后要凝练语言，以简明扼要的语言表达含义。

（5）图表法。将数据信息制成图表的形式，这种形式使数据一目了然，便于阅读和传递，也便于利用。

（6）对比法。将信息数据进行横向和纵向比较，突出反映事物发展变化的特征，横向比较是将事物与同类事物某一阶段发展状况进行比较，纵向比较是对事物的历史进程进行今昔对比。

♡ 小技法

我国企业需要哪些信息

企业的信息机构包括信息中心、图书资料室、企业档案室等，另外，企业中还有一些组织机构也兼有信息资源管理的重要任务，如计划统计部门、产品技术的研究与开发部门、市场营销部门、生产与物资部门、标准化与质量管理部门、人力资源管理部门、项目管理部门、政策研究与法律咨询部门等。目前我国企业所需要的信息主要有以下几个方面的内容：①新科技、新工艺；②新产品开发；③市场信息；④技术及设备引进；⑤经营管理；⑥企业改进和建设信息；⑦政策法规；⑧对外贸易；⑨同行信息；⑩金融信息；⑪安全环保等。

---

4. 信息利用的途径

信息利用是信息资源开发的归宿和落脚点。不能有效利用信息，所有的开发工作都是在做无用功。有效的信息利用能为企业预测和决策提供科学依据，提高企业的创新能力，提高企业的工作效率，并增强企业的灵活性和适应性。

「他们的工作为何深受好评」

信息利用具有时效性、准确性、多样性、实效性等特点。信息利用服务主要有以下几种。

（1）信息检索服务。在不改变信息资源形态的情况下，有选择地为信息利用者提供信息服务，其信息一般通过索引、目录、计算机数据库系统提供或者信息复制品的方式提供。在信息利用时可以使用跟踪卡、文档日志等来记录信息借阅情况，便于其他利用者知道信息的去向。跟踪卡如表 7.4 所示。

表 7.4　跟踪卡

借出日期	借阅人	信息标题	部门	归还日期	签名

（2）信息加工服务。根据信息利用者的需求，对信息内容进行分析研究、整理筛选、编辑加工后提供给利用者。加工后的信息具有综合性、预见性等特点。

（3）专题、查询利用服务。专题、查询利用服务是针对单位、领导或其他部门提出的特定查询主题和内容提供的信息服务。在日常工作中，秘书常常要为上司、内部管理机构查询报刊文献、核实具体数据，要解答这些问题，秘书必须储备和积累足够的信息资料。

（4）信息咨询服务。信息咨询服务是以新的信息形态提供的信息服务，其表现形式有书目服务、报纸杂志索引服务、统计资料咨询服务等。

（5）网络信息服务。网络信息服务是在现代信息技术基础上以数据信息开发为对象的服务，其表现形式有远程数据库检索、电子函件、用户 BBS 论坛联机目录查询服务等。

在信息利用服务中要注意信息的安全保密及信息载体的保护工作，电子文档要设置密码，存储设备要安装杀毒软件和加密软件。此外，信息产权是个人与组织关于信息劳动成果的所有权标志。信息利用服务要遵守知识产权保护法、版权法、数据保护法等，保障个人的信息知识产权，在法律保护和条件许可的情况下最大限度地实现信息共享。

5. 信息反馈

信息反馈是指施控系统将信息输出，输出的信息对受控系统作用的结果又返回施控系统，并对施控系统的信息再输出发生影响的过程。一般表现为在决策过程中，决策部门的某项决策实施结果通过信息工作部门返回决策部门，决策部门根据反馈回来的信息，修改或补充原来的决策，再拿到实际中去实施，从而使决策取得预期效果。

（1）信息反馈的作用。

① 及时准确的信息反馈是科学决策的前提。秘书的信息反馈能为领导的决策提供依据。客观事物的发展是必然性和偶然性的统一，决策者只有在秘书提供的及时有效信息基础上运筹决策，才能决策成功。

② 反馈能对决策系统实施有效控制以达到预定目标。为了达到预期目的，决策者需要对秘书收集的决策信息与原定目标对照，对原决策指令做出补充、修订、完善，以纠正偏差，经多次修正，决策才能取得最佳效益。

③ 信息反馈能满足客户需求、提升企业效益。秘书通过定期回访客户、了解客户的心理及需求、建立客户档案等信息反馈形式，可为单位带来新的商机。反馈信息在某时段上可能会共同反映一种现象，企业通过统计、归属、整理、检验、调整，能及时提高自身的服务质量和管理水平。

（2）信息反馈的形式。

① 正反馈和负反馈。反馈信息中证明决策是正确的，需要加强，此种反馈称为"正反馈"。在实际工作中，领导者学习工作中的新经验并予以推广，以加快向目标前进的步伐。在人才管理上，领导者不断改进人才管理机制和激励办法，不断提高员工的积极性，使其为公司创造出更大的业绩，这些都是正确地运用了正反馈。

反馈信息中证明决策是有缺点的，甚至是错误的，需要加以修改，甚至推翻重来的，此种反馈称为"负反馈"。在实际工作中，决策者运用负反馈方式，反映决策方案实施过程中出现的带有普遍性、倾向性的问题，并及时采取措施，修正决策，纠正错误，能增强决策的准确性。

② 纵向反馈和横向反馈。纵向反馈是指同一系统不同层次之间的信息反馈。纵向反馈具有结构简单的优点，但决策者不能广泛听取各方面的意见，容易产生信息失真现象。横

向反馈是指同一层次的各个系统或各子系统之间的信息反馈。横向反馈可以从同一层次的其他决策系统广泛收集信息，因此具有层次少、传递快、反馈信息价值大、针对性强的特点，但对不同层次之间的信息反馈关注不够。

（3）信息反馈的要求。

① 信息反馈要有目的性。因为信息数量庞大繁杂，秘书的信息反馈要围绕决策目标进行，不能偏离这一目标。信息反馈的目的在于使决策活动尽可能接近和达到决策目标，所以反馈信息时必须把为决策服务作为目标。

② 信息反馈要有针对性。信息反馈不能泛泛展开，要针对决策问题收集有较大参考价值的信息，同时还要区别对待各种信息，做到快准结合、深浅结合、冷热结合、主动与被动结合、全面与重点结合。

③ 信息反馈要有全面性。信息反馈要力求全面，防止以偏概全。要多渠道、多源头追踪，从不同角度捕捉信息。

④ 信息反馈要有全程性。信息反馈要贯穿决策全过程，无论是在制定方案时还是在执行方案时，决策过程不停信息反馈就不止。实施方案后，仍然需要根据反馈信息对方案进行补充、修正，使之进一步完善。

此外，要搞好信息反馈工作，秘书还要科学合理地把握反馈量和反馈频率。具体表现如下：一是要合理控制信息反馈量，如果对负反馈不加控制，过量反馈，就不能客观地反映实际情况，就会使决策机关怀疑决策的正确性，动摇信心，影响决策的顺利实施；二是做好二次反馈，二次反馈是对上一次反馈所产生的效果的反馈，主要是对领导批示贯彻情况的反映，以促进信息流的循环，使实际工作达到原定目标；三是要恰当地进行信息集束与分流，集束是在反馈信息时将各方面的情况汇集成一束信息，以便领导掌握全局的情况，分流是根据反馈信息的不同内容，将信息向不同方向传递。

实践训练

1．课堂讨论

（1）信息开发形式有哪些？

（2）信息反馈的要求有哪些？

（3）20世纪60年代，上海市某保温瓶厂开始研究镍硅保温技术，直到20世纪70年代中期，该厂从海外某杂志上偶然发现这种技术在20世纪50年代就已经在美国成功使用了。这意味着该厂历时十余年、耗资几十万元的这项研究工作是在开发国外早已存在，甚至当前已有些落后的工业技术，意味着其研究没有什么意义和价值。请结合秘书信息工作的基本要求，谈谈上海某保温瓶厂的信息开发工作存在哪些不足。

（4）假如你是某保险公司办公室秘书，当中国人民银行关于降低存款利率的信息发布后，公司领导决定利用这个时机使各分公司扩大业务，请你从信息工作的角度谈谈应该做哪些工作。

2．案例分析

深圳环球化工有限公司是以生产医用化学品为主的多元化企业，在激烈的市场竞争中，面对信息化的袭来和电子商务的快速发展，公司决定努力开发网络信息资源。秘书王强建议公司使用化工网站数据，经理采纳了他的意见，公司加入了中国化工网。网站提供的化工信息服务、化工搜索服务、电子商务服务有效地整合了企业及行业的信息资源，大大提高了化工人员获取化工信息的效率。中国化工网站拥有很大的专业化工客户群体和产品数据量，在专业化工领域形成了一个巨大的商贸平台，为化工企业的交流搭建了一座桥梁。它简单的界面也让使用变得非常方便。同时，化工搜索、搜索引擎的推出，在化工领域实现了专业搜索，可以通过产品名称和 CAS 号进行检索，检索结果精确匹配，真正体现了专业化。

分析与讨论：
公司信息开发有哪些具体的方法与途径？

3. 实务训练

潘先生是上海一家纺织品贸易公司的行政助理，为了让公司的业务员保持与市场信息的同步更新，公司为每一名业务员都配备了具备无线上网功能的笔记本电脑，以便员工能第一时间掌握市场价格、供求关系等变化情况。但是运行一段时间后，潘先生却发现业务员陷入了资讯的海洋，平均每个员工每天花在搜集信息上的时间就超过了 2 个小时，最重要的是由于搜集的信息相差不大，重复搜集现象普遍存在。不少员工在搜集信息的同时，还在网上打游戏、聊天，浪费了宝贵的时间。

假如你是潘先生，应该采取什么措施解决公司信息开发这一难题？请制定一个改革方案。

知识小结

在 21 世纪，秘书的信息工作日益显示出它的重要性。办公室秘书应培养并逐步具备良好的信息意识，掌握信息工作中搜集、整理、存储及开发利用的操作规范和要求，具备在具体办公环境下的信息工作能力，关注层出不穷的新技术、新设备，为快捷、周到的信息服务提前做好知识和技术上的准备，学会开发新的信息资源，及时、准确、全面地获取所需要的信息，为领导的决策提供服务。

阅读资料

互联网移动搜索发展趋势

在移动互联网大行其道的时代，传统搜索巨头如何博弈？首先当然是重新跑马圈地、划分版图，以及联合起来对新涌入者虎视眈眈。

来自中国互联网络信息中心的报告显示，2013 年移动搜索已成为仅次于社交的第二大移动应用，使用率达到 66.7%。传统搜索引擎谷歌、百度、搜狗、中搜等已在移动端开始排兵布阵，在移动搜索市场耕耘多年的宜搜、易查、儒豹则在发起新的攻势；背靠人民搜索的即刻搜索、中移动和新华社旗下的盘古搜索也纷纷参与角逐。

然而，挑战也随之而来。在 PC 端，搜索基本等于通用网页搜索，移动搜索则不同，垂直搜索占据很大份额。在产品组织形式上，移动搜索以 App 为主，而不是以 Web 形式存在。

这意味着，移动搜索必须丢弃传统面目，变身 App 寻找出路。

1. 搜索 App 化

美国知名科技博客Business Insider下属研究机构BI Intelligence最近发布报告称，搜索市场细分化会让一切发生改变。搜索的未来依赖于消费者在移动设备上的行为方式，而消费者正越来越多地通过应用进行垂直搜索，搜索内容主要集中在购物和餐厅等特定类别上，这与基于地理位置的搜索紧密结合，而这些搜索活动正在日益脱离搜索巨头的生态系统。

如今，用户在 App 上所花时间早已超过 Web 端，搜索功能演变为 App 的"标配"。如用户要搜索商品信息必然会去淘宝、京东等电商类应用；搜索视频会去爱奇艺、优酷等视频类应用；搜索即时消息则会去新浪微博、腾讯微信等社交类应用，直接使用搜索引擎的用户少之又少。

这样的改变意味着所有的搜索巨头必须重新审视市场、转换思路。中搜总裁兼 CEO 陈沛认为，移动搜索不能照搬 PC 端互联网的模式，这个改变要彻底，必须在产品形态、技术上发生颠覆性的改变。未来的移动搜索，甚至从表面上将不会再被用户视为搜索工具。在 PC 互联网时代，用户只有几个简单入口，如通过门户网站阅读新闻；通过搜索引擎查找信息等。但在移动端，每个用户手机有好几屏的 App，每个 App 都是独立的入口，实现一个特定的服务。这意味着，纯粹搜索产品只是若干个入口中比较重要的一个而已。这就是移动搜索所面临的残酷生存状态。

2. 内容聚合与个性化

公开数据显示，2013 年中国移动搜索市场用户规模将达 3.98 亿人。这个庞大的市场对于传统搜索引擎巨头来说，如果错过，代价将无法估量。

百度已经推出百度 App、百度地图、百度手机浏览器，试图打造一个以移动搜索为平台的生态链；搜狗陆续推出手机地图、号码通、公交、路况导航、搜索、手机浏览器等近 10 款产品；奇虎 360 也推出了手机浏览器，作为其布局移动搜索的"前站"；中搜最近发布了 5 款移动产品，分别是搜悦、中搜 V 商、移动船票、应用宝典和第三代搜索移动版，以抢占移动搜索入口。

3. 移动搜索的下一步

众所周知，碎片化、社交化、娱乐化是移动互联时代的主要特征。移动搜索引擎的技术难度要远高于一般的互联网搜索引擎，如引擎的算法、数据库的建立、手机终端的匹配、运营商的壁垒都是未来移动搜索发展的关键。同时，寻找更有效的商业模式也是目前移动搜索面临的主要问题之一。

搜索引擎巨头不希望仅仅靠广告生存，尤其是在移动搜索时代，过多且不合时宜的广告定然会引发用户反感，那么如何让广告成为内容，同时还能吸引用户，考验的是移动搜索领域的创新能力和隐藏在其背后的对于数据分析和挖掘的能力。

此外，不管是垂直搜索还是通用搜索，移动搜索要解决的问题一定不只是满足搜索这样的简单需求，而是在搜索内容背后的一系列分享信息，如网友评价、联系方式、路线等内容的全部解决。所以移动搜索的未来是通过用户的关键字搜索来解决服务问题，这对移动搜索引擎企业来说，既是挑战，也是商业机会。

（经济观察报.2013.6.29）

模块 8
沟通与协调工作

学习目标

知识目标	能力目标	素质目标
● 理解沟通与协调的概念和基本原则 ● 了解沟通与协调的基本步骤和方法	● 掌握沟通与协调的基本技巧 ● 能在学习与工作中较好地同他人进行沟通 ● 具备相应的协调能力，能较好地处理生活与工作中的矛盾与冲突	● 培养忠于职守、团结进取的职业道德素养 ● 培养并逐步具备管理者应有的宏观视野和全局意识 ● 学会尊重他人，逐步建立良好的人际关系

第1单元　沟通的内容

情景案例

宏达大酒店行政部的女秘书刘红，前后已换了 5 个工作。她有一个缺点：一换工作就不再与原来的同事联系了。有一次，她现在的老板知道她曾在一家投资公司工作过，希望她能找以前的老板谈谈。因为酒店正和她以前的老板谈一笔投资，而且她现在的老板很看重这件事。老板还承诺，如果她把这事办成了，会给她奖金、加薪或升职。为不扫老板的兴，也为能保住自己的饭碗，她硬着头皮答应下来。后来，她试着去努力了，可由于已有两年没联系，以前很多同事都辞职了，听说投资公司地址也换了地方，联系未果。最后她不得已告诉了老板实话，结果老板说："你这么不会来事，怎么还做秘书？"和老板搞成这样，她又琢磨着辞职了。

项目任务

如果你是宏达大酒店秘书刘红的同事，针对刘红的频繁跳槽和"不会来事"，你该对她提出哪些富有指导性的建议？

任务分析

通过这件事，刘秘书应该明白当前社会维系人际关系的重要性。可以设想，如果她用合理的方式帮老板争取到这笔投资，她的事业或许就会一片开阔。可因为她自己不喜欢与原来的同事保持联系，路越走越窄。其实，人际关系就是一种生产力，如果你身边有一群愿意帮你的朋友，那就是你的财富，你的事业或职业就可能出现新的转机，尤其是在最关键的时刻，或许因为朋友的一句话，你就会有个更好的工作。

所以，建议她从现在起，首先应该主动和一些同事建立联系，可以从她以前业务关系最直接的同事开始，甚至从她的老板开始。联系的形式不见得要多隆重，如可以和以前的同事分享自己高兴的事，应当注意，千万不要以为自己高兴的事情与别人无关，其实，人与人之间关系的增进就是这样开始的，把高兴的事与别人分享，你们慢慢地就会成为朋友。另外，过年、过节发个短信送个祝福，这都是很好的维系人际关系的方式。最后请千万记住，不要有事需要帮忙才想起和同事、朋友联系，这是人际关系交往中最忌讳的。

相关知识

沟通是一种信息交换的过程，是人们为了达到既定目标，通过面对面、信件、网络、电话等方式传达思想或交换信息的过程。松下幸之助有句名言：企业管理过去是沟通，现在是沟通，未来还是沟通。管理者的真正工作就是沟通，它在公司运转中占据至关重要的地位。

「沟通的价值」

1．沟通的实质

沟通表面上是一种人与人之间信息的传递，人们通过口头语言、书面语言及肢体语言来传递各种信息。实际上，沟通是人与人之间的意识交流与情感沟通。成功的沟通有以下几个基本要素：空间距离接近、情感吸引、需求一致、特征相近和意识交流等。例如，亲戚、同学、朋友就很容易拉近双方的空间距离，同种运动的爱好者就有较多的共同语言。但在这几个要素中，情感吸引和意识交流才是最基本的要素。在人际沟通过程中，载体有很多，最常用的、效果最好的，无疑就是语言了。

2．沟通的过程

沟通的过程，即信息在信息源（发送者）与接收者之间的传递。信息首先被转化成信号形式，然后通过媒介物传送至接收者，接收者收到信号后，再进行反馈，这样才算完成一个信息的传递。

现在结合沟通过程中的 8 个要素——信息源、信息、编码、渠道、解码、接收者、反馈、干扰因素，来看管理中的沟通情况。沟通过程结构如图 8.1 所示。

从沟通过程结构中可以清楚地看到，沟通是一个完整的双向过程。在发送、接收和反馈的过程中，沟通者时时需要注意的是：怎样做才能实现最好的沟通效果。

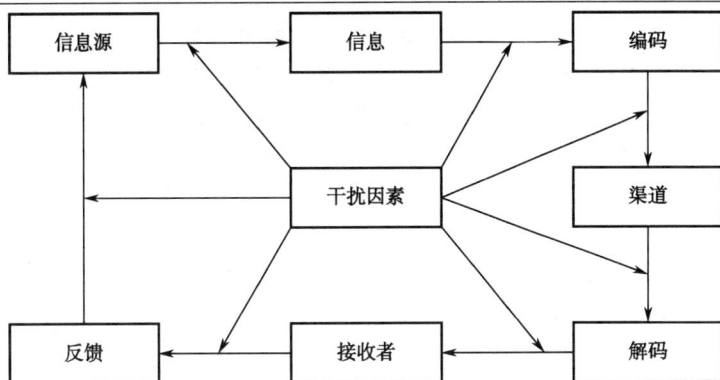

图 8.1 沟通过程结构

沟通过程的每一要素都很重要，只要有一个要素出现问题，信息沟通的效果就会大打折扣。现实中常常会因沟通要素的质量不高、沟通工具的运用不当、沟通方式的选择不妥、沟通渠道的状况不良而影响沟通的效果。

💚 **小技法**

沟通过程操作步骤

1. 发送者向接收者讲话或以其他方式发出信息。

2. 发送者同时会细心观察接收者的表情、姿势和其他动作，以判断其理解程度。

3. 接收者除注意接收对方语言信息外，还必须注意其表情、姿势和其他动作，以便接收完整的信息。

4. 接收者向发送者表达自己的理解程度。

5. 如果接收者还不能完全理解，发送者应该重复刚刚沟通过的内容。

6. 如果接收者已经理解，发送者就可以继续刚才的话题，或转换话题，或终止沟通。

---

3. 沟通的类型

（1）单向沟通与双向沟通。单向沟通是一方发出信息，另一方接收信息而不再向发送者反馈信息。双向沟通是沟通双方互相传递信息，其发出与接收的地位不断交换，双方多次重复交流。单向沟通与双向沟通的比较如表 8.1 所示。

表 8.1 单向沟通与双向沟通的比较

沟通形式	优点	缺点
单向沟通	需要的时间少、速度快、秩序好，对于需要迅速传递的信息效果好，沟通中不易受干扰	无反馈，准确性较差，对接收者的理解能力要求较高，接收者易产生挫折、埋怨和抗拒心理
双向沟通	对于需要准确传递的信息效果好，接收者理解发送者意图的准确程度高，气氛活跃，有反馈，利于人际关系的培养	需要的时间较多，速度慢，沟通中噪声较多，发送者心理压力较大

（2）横向沟通与纵向沟通。横向沟通是组织中各平行或同一层次的机构之间的信息沟通。纵向沟通又分为下行沟通与上行沟通。下行沟通是组织中上级对下级的信息沟通，上行沟通是下级向上级汇报工作，提出意见、建议、要求等。横向沟通与纵向沟通的比较如表 8.2 所示。

表 8.2　横向沟通与纵向沟通的比较

沟通方式	优点	缺点
横向沟通	可以加强各部门的联系、协调与团结，减少矛盾、冲突，可以使办事程序、手续简化，节省时间，提高工作效率	人为地加大了部门负责人的工作量，也可能成为职工发牢骚、传播小道消息的一条途径，产生涣散团队士气的消极影响
纵向沟通	有助于统一思想认识，步调一致，协调行动	逐级传递，容易出现搁置、误解、失真、歪曲等现象，其结果可能导致接收者向错误的目标行动

（3）正式沟通与非正式沟通。正式沟通是通过组织明文规定的渠道进行信息传递和交流，如组织与组织间的公函往来、组织内部的文件传达、召开会议、上下级之间的定期信息交换等。非正式沟通是指正式沟通渠道外的信息交流和传递，它不受组织监督，自由选择沟通渠道，如组织内员工之间私下交换意见、议论某人某事等。正式沟通与非正式沟通的比较如表 8.3 所示。

表 8.3　正式沟通与非正式沟通的比较

沟通方式	优点	缺点
正式沟通	沟通效果好，比较严肃、慎重，约束力强，易于保密，可以使信息沟通保持权威性	依靠组织层层传递，较刻板，沟通速度慢，存在信息失真和扭曲的可能
非正式沟通	沟通形式灵活多样，直接明了，沟通速度快，效率较高，容易及时了解到正式沟通难以提供的"内幕消息"，可以满足组织成员的心理需要	难控制，传递的信息不准确，容易失真，可能导致小团体、小圈子产生，影响组织的凝聚力和稳定性

（4）语言沟通和非语言沟通。语言沟通又可分为口头沟通、书面沟通和电子媒介沟通。口头沟通是指口头汇报、会谈、讨论、演说、采访及通过电话、广播进行联系等。书面沟通是指通过书面形式所进行的信息传递和交流，包括公文签呈、备忘录、意见书、通知书等。具体比较如表 8.4 所示。

表 8.4　语言沟通和非语言沟通的比较

沟通方式		举例	优点	缺点
语言沟通	口头沟通	交谈、讲座、讨论会、电话	传递反馈快、信息量大、弹性大、亲切、双向、效果好	不易保存，事后难查证，传递层次越多信息，失真越严重
	书面沟通	报告、备忘录、信函、文件、内部期刊、布告等	正规、准确、权威、持久有形可核实，易于远距离传递，易于储存	效率低，费用较高，缺乏反馈，保密性差
	电子媒介沟通	传真、电子邮件、电子会议	传递快、容量大、距离远，可同时传递到多人	单向传递，电子邮件可交流但看不到表情，不能满足人们归属的需要
非语言沟通		声、光信号、体态、语调	内涵丰富、含义隐含灵活、信息意义十分明确	传递距离有限、界限含糊，只可意会，不可言传

相关链接

沟通的障碍

1. 主观障碍

（1）个人的性格、气质、态度、情绪、见解等的差别，使信息在沟通过程中受个人的主观心理因素的制约。

（2）在信息沟通中，如果双方在经验水平和知识结构上差距过大，就会产生沟通的障碍。

（3）信息沟通往往是依据组织系统分层次逐级传递的。然而，在按层次传达同一条信息时，往往会受个人记忆、思维能力的影响，从而降低信息沟通的效率。

（4）对信息的态度不同，会使有些组织成员和管理者忽视对自己不重要的信息，不关心组织目标、管理决策等信息，只重视和关心与他们物质利益有关的信息，使沟通发生障碍。

（5）管理人员和下级之间相互不信任。这主要由管理人员考虑不周，伤害了下属的自尊心，或决策错误造成，而相互不信任又会影响沟通的顺利进行。

（6）下级人员的畏惧感也会造成障碍。这主要由管理人员管理严格、咄咄逼人和下级人员本身的素质所决定。

2. 客观障碍

（1）信息的发送者和接收者如果空间距离太远、接触机会少，就会造成沟通障碍。社会文化背景不同，种族不同而形成的社会距离也会影响信息沟通。

（2）组织机构过于庞大，中间层次太多，信息从最高决策层到下级基层单位容易失真，而且还会浪费时间，影响其及时性。这是由组织机构所造成的障碍。

3. 沟通联络方式的障碍

（1）语言系统所造成的障碍。

（2）沟通方式选择不当，原则、方法使用不灵活所造成的障碍。

人类社会只要存在着信息的沟通，就必然存在沟通的障碍。我们必须正视这些障碍，采取一切可能的方法消除这些障碍，为有效的信息沟通创造条件。

实践训练

1. 课堂讨论

（1）人际沟通的实质是什么？
（2）沟通的要素有哪些？
（3）横向沟通与纵向沟通各有哪些优缺点？
（4）沟通中的主客观障碍有哪些？

2. 案例分析

黄柳是腾越机械（上海）公司总经理的秘书。这天下午，黄秘书将研发部李经理起草的开发新产品的报告交给上司不久后，上司就发现了好几处错误。他把这份报告交给黄柳，让她退回李经理重新修改。黄柳将报告交给李经理时应该怎样对他说？下面有5个选项：

a. 老板说你这份报告有不少差错，让你注意一点。

b. 老板发现你这份报告有不少差错，很不高兴，你赶紧打个电话说明一下吧。

c. 你这份材料我也没看，老板说有些差错，今后真的要注意啊！

d. 老板说你这份报告有几个地方出了差错，所以请你再检查一遍。

e. 我听老板说你这份报告有几个地方出了差错，所以今后给老板交报告之前一定要多检查几遍。

分析与讨论：

请从上面5个选项中挑选出1个你认为合适的，并说明理由。

3. 实务训练

实训背景：

本实训采用角色扮演的方式进行训练，通过语言沟通传递，使每一名学生都有机会体验倾听者、信息提供者等角色，借以提高和发展学生的表达、倾听、反馈、总结等技巧。

实训说明：

（1）5～6人组成一个小组：甲、乙、丙……，面向同一方向站立，互不干扰。

● 甲：扮演领导，向下属（秘书）传达指令（可事先准备一份文稿口述）。

● 乙：扮演秘书，倾听、记录、给予咨询，然后传递领导指令。

● 丙：扮演信息接收者，倾听，并向下一位同学传递，以此类推。

（2）全部传递完成后，由最后一位同学宣布他所倾听的内容，乙公布他所记录的最初指令。

训练要求：

● 甲：指令的内容要与工作有关，多用长句，语法结构可复杂，引导和控制谈话。

● 乙：听取并记录关键词，使用甲的术语，传达时尽量不要改变指令原意。

● 丙：认真倾听，尽量运用短句传递，传递时不要让第三方听到。

总结与评价：

每组找出指令传递失真的原因所在，分析评价沟通的障碍及其解决方法。

第2单元　沟通的原则与方法

情景案例

2006年4月7日晚，EMC大中华区总裁陆纯初回办公室取东西，到门口才发现自己没带钥匙。此时，他的私人秘书瑞贝卡已经下班。陆纯初试图联系她，未果。数小时后，陆纯初还是难抑怒火，于是在凌晨1时13分通过内部电子邮件系统给瑞贝卡发了一封措辞严厉且语气生硬的"谴责信"。

陆纯初在这封邮件中说，"我曾告诉过你，想东西、做事情不要想当然！结果今天晚上你就把我锁在门外，我要取的东西都还在办公室里。问题在于你自以为是地认为我随身带了钥匙。从现在起，无论是午餐时段还是晚上下班后，你要跟你服务的每一名经理都确认无事后才能离开办公室，明白了吗？"在发送这封邮件的时候，他同时传给了公司几位高管。

面对大中华区总裁的责备，在收到陆纯初邮件的两天后，瑞贝卡在回复的邮件中写道：

第一，我做这件事是完全正确的，我锁门是从安全角度上考虑的，北京这里不是没有丢过东西，一旦丢了东西，我无法承担这个责任。

第二，你自己有钥匙，你自己忘了带，还要说别人不对。造成这件事的主要原因都是你自己，请不要把自己的错误转移到别人的身上。

第三，你无权干涉和控制我的私人时间，我一天就 8 小时工作时间，请你记住中午和晚上下班的时间都是我的私人时间。

第四，从到 EMC 的第一天到现在为止，我工作尽职尽责，也加过很多次的班，我也没有任何怨言，但是如果你们要求我加班是为了工作以外的事情，我无法做到。

第五，虽然咱们是上下级的关系，也请你注重一下你说话的语气，这是做人最基本的礼貌问题。

第六，我要在这强调一下，我并没有猜想或者假定什么，因为我没有这个时间，也没有这个必要。

这是发生在 8 小时工作时间外的一个偶然插曲，由于当事人的不冷静，偶然插曲升级为 2006 年度网络热门事件，瑞贝卡也被网友戏称为史上最"牛"的女秘书。

项目任务

从秘书的角度出发，你是如何看待这个事件的？赞成还是反对？瑞贝卡的行为对职业秘书有什么样的启示？

任务分析

这种事情在企业已经不新鲜了，因为总有员工抱怨企业对自己不好，这主要是因为员工认为自己的投入与回报不成比例造成的，也是老板和员工彼此期望值不同造成的。瑞贝卡事件发生后，网上对此事件的评论可谓"仁者见仁，智者见智"。抛开情绪性、发泄性的评论，不少人将这起事件理解为中西文化的冲突，或者是陆总裁和瑞贝卡之间的个人恩怨。从个人情感角度来看，瑞贝卡维护了自己的权益，但是从职业角度来看，她处理此事的做法确实有不妥之处，作为秘书，她的确需要学会如何同老板进行沟通。

首先，要站在对方角度，进行"换位思考"。组织是刚性制度与柔性文化融合的产物，在职场讲制度的同时也必定带有一定的情理性。陆纯初斥责瑞贝卡的几条从制度上讲可以说得过去，但情理上让她难以接受，而之前从她加班的描述来看她曾是尽到职责的。双方都在气头上且不冷静的情况下对事情做出回应，忘记对事不对人的原则，矛头直指对方进行攻击。在瑞贝卡看来领导的批评有添枝加叶、借题发挥的意思。一点面子不留的批评不但不能解决问题，还会激起对方情绪上的对立。其实，站在对方的角度考虑，瑞贝卡应该认识到，老板只是在火头上，此时的斤斤计较只能是火上浇油，使冲突加剧。

其次，作为秘书来讲，不妨采取"冷处理"的方式。在对方处于消极情绪状态时暂且回避，等对方气小了或气消了再进行解释或回应。也许错误的原因并不在你，但你的宽容恰恰是度量的表现而非代表软弱。

最后，秘书应准确把握自己的角色定位。瑞贝卡在回复总裁的信中提出了 6 点抗议，其中一条是："你无权干涉和控制我的私人时间，我一天就 8 个小时工作时间，请你记住中午和晚上下班时间都是我的私人时间。"这句话的意思是：8 小时工作时间内（职场内）我是你的秘书，8 小时外（职场外）我不再是你的秘书了，请别打扰我！从职业角度来看，瑞贝卡给自己的定位不够准确。秘书是一种特殊的职业，其工作时间不像其他职业那样 8

小时内外泾渭分明，职场外的时间常常是职场内时间的自然延伸。

相关知识

要克服沟通的障碍，实现有效的沟通，办公室秘书一方面要明确沟通的原则，灵活运用沟通的方法，另一方面还需要不断提高沟通的技巧。

1. 沟通的原则

（1）主动性原则。不管秘书的性格是内向还是外向，在工作中，要时常注意沟通总比不沟通好。虽然不同企业文化的公司在沟通上的风格可能有所不同，但性格外向、善于与他人交流的员工总是更受欢迎。职场秘书要利用一切机会与领导、同事交流，在合适的时机说出自己的观点和想法。要经常主动与人沟通，而不是等出现问题或者需要帮助时才与人沟通。

（2）准确性原则。沟通的目的是使接收者能够明确发送者发出的信息。发送者应正确使用语言文字，以接收者容易理解的方式表达信息，做到准确、简洁、条理清楚。接收者则要集中注意力，认真感知。同时，还应缩短信息传递链，拓宽沟通渠道，保证信息的双向沟通。

（3）及时性原则。信息沟通要及时，这样可以使单位组织新制定的政策、目标、资源配备等情况，尽快得到各级人员的理解和支持，同时管理者可随时掌握各方的思想和意愿，提高管理水平。

（4）立场性原则。沟通要讲究立场，如职场秘书新人要充分意识到自己是团队中的后来者，也是资历最浅的新手，领导和同事都是自己在职场上的前辈。在这种情况下，新人在表达自己的想法时，应该尽量采用低调、迂回的方式，特别是当观点与其他同事有冲突时，要充分尊重他人的意见。同时，表达自己的观点时也不要过于强调自我，应该更多地站在对方的立场考虑问题。

（5）适应性原则。不同的企业文化、不同的管理制度、不同的业务部门，沟通风格都会有所不同。一家欧美的 IT 公司，跟生产重型机械的日本企业的沟通风格肯定大相径庭。再如，HR 部门的沟通方式与工程现场的沟通方式也会不同。秘书要注意观察团队中同事间的沟通风格，注意留心大家表达观点的方式。

「倾听的技巧」

2. 沟通的技巧

（1）善于提出问题。提问是最有效的一种沟通技巧。在沟通过程中，提问可以帮助秘书不断地获得所需的知识和信息，针对提问的目的和对方的特点，要恰当地运用不同类型的问题。

（2）主动倾听意见。很多人把听和倾听混为一谈，认为倾听是每个人理所当然具备的天生的能力。但是，听是被动的，而倾听是主动地听取意见和了解对方话语中的含义。秘书掌握倾听的技巧，能使沟通的效果更佳。

（3）从容控制气氛。安全而和谐的气氛，能使对方更愿意沟通，如果沟通双方彼此猜忌、批评或恶意中伤，将使气氛紧张，会提高彼此心理防设，使沟通中断或无效。

（4）运用推动技巧。推动技巧是通过影响他人的行为，使谈话逐渐符合自我需要的议题。运用推动技巧的关键在于以明白、具体、积极的态度，让对方在毫无怀疑的情况下接受你的意见，并觉得受到激励，主动完成配合。赞美和鼓励是很好的推动技巧。

（5）把握沟通时机。日本知名职场顾问、人力战略研究所董事长桑原晃弥认为，沟通的方式有很多种，称赞、斥责、道歉等都是。但桑原晃弥强调，沟通如果错过"时机"，就会变得毫无意义，有时候还会产生反效果。所以传达心意，重要的是不可弄错时机。

3．提高沟通技能的途径

（1）对信息发出者来说，要努力提高思想、文化、业务技能水平，提高心理素质和表达能力，以便将自己的思想、观点、感情、态度及掌握的信息，准确、完整地传递给对方。为此，首先要克服沟通中的语言障碍、角色障碍和心理障碍。

（2）对信息接收者来说，要提高理解能力、感知能力和矫正不健全的个性。有些秘书为讨好上级领导而弄虚作假、大吹牛皮，或在传达上级指示时，把秘书的主观意向掺杂进去，导致信息失真。作为领导者，要有能力辨析信息的真假及其主次轻重。另外，领导者不能好大喜功、只听好话、反感逆耳之言，以免下级产生畏惧心理，报喜不报忧，掩盖事实真相，造成闭目塞听。作为下属，更应当在平时不断磨炼，提升自己倾听的能力。

（3）选择适当的沟通类型和方式。根据信息的内容、接收对象的特点、传递的目的、具体的场合和条件而选择适当的沟通类型和方式，是提高沟通效果的有效途径。例如，要了解对方的反馈信息，最好选择口头沟通的交谈方式，以充分听取对方的意见；如果向很多人传递重要信息，最好选择发通知的方式。

相关链接

沟通中不同类型的提问

1．封闭型问题

封闭型问题是指在特定领域内得出特定答案（如"是"或"否"）的问题，它可以使发问者获得特定的信息。封闭型问题通常用于查问或确认某些事实，以及对话内容不很复杂，只需要简单回答的情况。例如，"您希望我们几点交货""您的代理人是谁"等。

2．开放型问题

开放型问题是指能让对方充分发表自己的看法、阐述自己的意见及陈述某些事实现状的问题，它可以使发问者获得广泛的信息。开放型问题适用于向对方了解详细、具体、全面的信息。这类问题通常在问题涉及多个方面或者有多种解决方案等较为复杂的情况中使用。例如，"请谈谈你对这个方案的具体看法""你为什么这样想"等。

3．诱导型问题

诱导型问题是指对答案具有强烈暗示的问题，它几乎使对方毫无疑问地按发问者所设计的答案作答。采用诱导型问题是为了让对方对提出的问题持肯定、支持的态度，对问题做出提问者期望的回答。例如，"这样的报价，对你我都有利，是不是"等。

4. 假设型问题

假设型问题是指为对方假设某种相应的情境并提出问题，让对方自由发表自己的观点，它有助于鼓励对方评价、分析、推断或表达其感受。假设型问题就是让对方想象在你假设的情况下他会怎样做。这在一定程度上可以引导对方思考更进一步的问题，或按照提问者的期望做出决定。例如，"假设我与你一起处理这位客户的投诉，你认为我可以做哪些事情"等。

实践训练

1. 课堂讨论

（1）沟通的原则有哪些？

（2）听和倾听是一回事吗？有什么不同？

（3）提高沟通技能的途径有哪些？

2. 案例分析

范益是益群百货（上海）公司总经理的秘书。上司与供货商张经理就进货问题谈了几个回合了。这天，张经理来公司准备签合同，但上司又提出了供货中的问题，一个上午又无果而终。张经理回去的时候，上司让秘书范益送他到电梯口。在电梯口，张经理苦笑着对范益说："你们老板今天怎么变得这么婆婆妈妈的，没有一点男子汉大丈夫的气魄？"面对这种情况，范益应该如何处理？下面有 5 个选项。

a. 我们也经常不太知道他是怎么想的。

b. 最近他确实有些婆婆妈妈的，我们也有这样的感觉。

c. 真的吗？哈哈，张经理您说的真有意思。

d. 张经理，看来你还是不了解我们老板！

e. 张经理，这你不能怪我们老板，你们不也老是变来变去吗？

分析与讨论：

请从上面 5 个选项中挑选出 1 个你认为合适的，并说明理由。

3. 实务训练

实训背景：

（人物：CATCH 空调公司总经理秘书小周、蜀都大厦场地负责人杨艳）

时值"十一"国庆节，这 7 天的长假，对于全国人民来说是休闲、旅游的好时机，而对各生产厂家来说，却是一次难得的产品促销与宣传的好时机。因此各生产厂家都在计划着如何在人气最旺的商场或闹市区对市民进行"面对面"的宣传与促销。鉴于各品牌空调厂家都准备在此期间做宣传，CATCH 空调公司也不甘落后，准备在此时期推出全新的 CATCH "自然风"空调系列产品。为了让此次促销宣传活动取得良好的效果，公司领导决定把此次活动的地点定在人流量较大的蜀都大厦的右侧门口。场地租用事宜由周秘书负责。然而，周秘书由于一时疏忽，没有提前去联系，以致到 9 月下旬再去与大厦负责人商谈时却被告知另一家空调公司已预订了那块场地。此时，周秘书该怎么办？

实训说明：

（1）角色扮演分工及模拟（全班分成 4 组）：甲同学饰周秘书，乙同学饰蜀都大厦场地负责人杨艳，其余学生留心观看，准备发言。

（2）每组推荐一个中心发言人，对同学的发言进行归纳总结（讨论 20 分钟），每组中心发言人在全班发言（班级发言 10 分钟）。

（3）教师总结。

第3单元　协调的内容

情景案例

宏达商业物流公司秘书刘东，因为刚刚到单位工作就比较出色，深得总经理肖强的赞赏，许多重要的活动都让他组织，可谓对他非常器重，但这就招来了一些人的嫉妒，尤其是单位另一个秘书小张。他比小刘先进这个单位，但是工作表现不出色，没有得到领导的重用。于是，小张就到处说刘秘书的坏话，说他骄傲、轻狂，不把别的人放在眼里，甚至不把领导放在眼里，这些话传到了肖总那里，肖总信以为真，对小刘渐渐疏远，有点把他晾在一边的味道。

刘秘书真是有一肚子的苦水，但是他没有立即表现出来，更没有逢人就替自己开脱。他一方面自己进行检讨，看是不是自己确有做得不好的地方；另一方面对同事采取积极接近的态度，对待那个说他坏话的小张，他也并不是冷眼相向，反而主动帮他完成任务，但是不把功劳放在自己身上。这样单位里有关他的舆论好了起来，一些人开始替小刘在肖总面前讲好话，一度说他坏话的小张也不再说了。

肖总对小刘的态度有所缓和，这时刘秘书觉得是向领导申诉的时候了，但是具体的时机呢？肖总喜欢在午间休息的时候打乒乓球，刘秘书就陪肖总打乒乓球，他一方面显示出自己打乒乓球的实力；另一方面又恰到好处地让肖总赢球，让肖总在竞争的感觉中赢球，肖总很高兴，说："小刘，球技不错呀。"这时刘秘书说："哪里，还是肖总的球技不错，是不是以前学过？"肖总笑着说："我可是全靠自学的，没事打着玩。"刘秘书就说："是吗？我看您是准专业水平，我都拿出了自己的看家本领了。"肖总说："是呀，不过小刘，你打球还是比较厉害的。"这时刘秘书乘机说："我这个人就是实在，打球的时候我就想着好好打球，所以有的人说我打球的时候不给人留情面，说我工作的时候也是这样，其实和打球一样，我没有想别的，就是想把事情做好。不过，我以后一定注意，因为不是每个人都像领导一样了解我。"肖总听完刘秘书的一席话，哈哈大笑："这些话我也听到过，我当时就告诉他们，年轻人嘛，有干劲是好的，好好做工作，别管别人怎么想。我就喜欢你这股实在劲。你不知道，公司里好多人打球总是让着我，没劲，让我球技总是得不到提高。"从那以后，肖经理总喜欢叫上小刘打球，对刘秘书的印象，不用说，大家也想得到了。

项目任务

作为一名秘书，当你因为工做出色或得到某种荣誉而无端受到他人嫉妒与责难时该怎么办？秘书应如何协调自身与同事、领导的关系？

任务分析

秘书在职场中处于关键位置，工作干不好，会受到领导的批评和同事的轻视，工作出色，又会受到同事的嫉妒。这种尴尬的处境对秘书的协调能力提出了挑战。秘书只有协调好方方面面的关系，才能做好各项工作，并为自身的发展创造有利的条件。

当受到同事的嫉妒时，秘书应当注意以下几个方面。

（1）端正角色。秘书是为上司服务的，决定自己前途的不是那些为难你的人，而是你的上司，让上司满意永远是最重要的。

（2）勇于自省。时时自我反省，尽量避免因为工作出色而过度张扬，或与上司走得过于亲近而疏远同事的情况发生。

（3）发扬平等、互助、互谅、互让精神。秘书与同事间在工作和生活上是平等关系，要和同事互相爱护、互相关心、互相帮助、互相谅解、互相谦让，多为别人着想。尤其在同事对你有所"戒备"时更应如此。

（4）找准机会，向上反映。同事嫉妒的表现之一必然是在上司那里说你的坏话，从而使你失去上司的重用和信任。这时，秘书应当找准机会向上司反映，以洗清"冤屈"，但一定要讲究策略。

相关知识

「六尺巷」

1. 协调的含义

协调从字面上理解，协有协商之义，调有调解之义，即通过协商、调解，达到和谐统一。

秘书协调是指办公室秘书在职责范围内，根据领导授权，运用各种手段，正确妥善地处理、调整和改善部门之间、工作之间、人与人之间的各种关系，为实现系统目标而共同奋斗的一种管理职能。

2. 秘书协调的特征

（1）非权力支配性，即秘书没有法定的人、财、物方面的职能管理权，不能以领导者的身份命令有关方面采取协调行动。

（2）非职责限定性，即在管理活动中，秘书协调往往没有确定的职责范围。

（3）认同疏导性，即秘书协调活动始终贯穿认同疏导。

3. 秘书协调的类型

秘书协调的内容包括纵向协调和横向协调两个方面，其中纵向协调包括对上关系协调、对下关系协调、上下级关系协调、秘书与领导关系协调、秘书与群众关系协调。横向协调包括政策协调、关系协调、管理协调等。

（1）对上关系协调。对上关系协调是指秘书对其上级领导和领导部门的工作上的协调。这种协调往往通过正确贯彻上级的政策、指示，全面领会领导的意图，促使局部利益与整体利益保持高度的一致，不折不扣地完成上级下达的工作任务，并及时汇报执行情况而进行。

（2）对下关系协调。对下关系协调是指秘书在辅助管理过程中，充分考虑到基层的实际情况，倾听基层的意见和要求，协助领导科学地制定决策，并有效地将组织决策意图贯彻到下级各执行单位，使之自觉地协调运转，积极地为实现组织目标而努力工作。对下关系协调程序如下所述。

① 调查研究。要在领导形成决策前，深入基层调查研究，征求各方面的意见和建议，使决策建立在全面了解情况、充分代表群众的根本利益的基础上。

② 及时反馈。在决策执行过程中，若发现决策方案的疏漏或偏差、执行单位的实际困难，应及时将信息传递给领导者，使领导者好做及时、必要的调整。当下级单位对领导决策意图尚未全面充分理解时，秘书有责任向其宣传领导意图，提高其执行决策的主动性和积极性。

③ 评估总结。秘书要协助领导以工作计划为依据，制定切实可行、具体明确的考核标准和评估办法。决策执行告一段落，秘书部门一方面要对下级单位的自我检查和总结给予必要的帮助；另一方面要结合考核标准和评估办法对其进行考核评估，得出总结。

（3）上下级关系协调。上下级关系协调是指对本部门的上级与本部门的下级进行协调。目标是理顺上下关系，使得上下思想、行动保持一致。进行这项协调工作的秘书处于中间环节，作用大、责任重。上下级关系协调工作的一般程序如下所述。

① 找准问题。这是协调工作的开始，一要找，即秘书要主动深入实际、深入群众，通过调查，发现需要协调解决的矛盾；二要准，即找准那些必须通过协调才能解决的问题，然后报请领导同意，请领导直接出面协调，或受领导之托去行使协调之责。

② 拟定方案。通过对协调课题的分析论证，提出切实可行的协调工作方案，包括协调的时间、地点、参与人员、拟采用的协调工作方法、所要达到的目的，并尽可能设计出几套方案，陈述其利弊，请领导定夺。正确的工作方案可避免走弯路，但工作方案很难做到尽善尽美，只能在协调工作实施过程中不断修正。

③ 实施协调。实施协调工作方案，既要有原则性，又要有灵活性，瞄准协调目标，随机应变。但对协调过程中出现的新情况、新问题要及时向领导反映汇报，以便得到领导的支持。

（4）秘书与领导关系协调。秘书与领导关系协调是指秘书与领导的工作关系、个人关系的协调。领导是秘书公务服务的主要对象，正确有效地协调与领导的关系，使两者工作和谐、心理默契、相互信任，这对秘书发挥其职能作用有着关键性影响。要做好这种类型关系的协调，秘书须做到以下几点。

① 检查自身。秘书要协调与领导的关系，首先要从检查自身做起。在政治意识上、思想品质上、业务素质上，都要严格要求自己、不断寻找差距。特别是在为领导和领导部门服务方面，应不断地对照有关要求，看看是否做到尽职尽责，是否能准确理解、把握领导的思路，在工作中是否贯彻好领导意图，是否圆满完成了领导交办的各项工作等。只有发现不足，才能改进、提高和进步。

② 提高素质。秘书必须不断加强服务意识、服从意识、参谋意识、全局意识；必须摆正自己的位置，处理好依从性和独立性的关系，不断提高业务素质，提高观察感知能力、分析综合能力、语言文字运用能力、组织社交能力。只有素质提高了，才能不断改进工作，更好地为领导服务，当好领导的助手和参谋，使自己的工作日有所进、月有所进，从而得到领导的肯定与认可。

③ 主动交流。秘书应尊重领导、体谅领导，参与领导各方面的交流活动，以便加强沟通，逐步建立起秘书与领导的新型的和谐关系，即工作上领导与被领导、辅助与被辅助的关系，人格上的平等关系，生活上的友爱关系。

（5）组织与群众关系协调。群众是组织的基石。协调好群众与组织的关系，使群众对组织有一种向心力、凝聚力和归属感，这就是群众关系协调的努力方向和目标。

（6）政策协调。在工作当中，由于秘书接触文件较多，与上下级的交往较多，时常会发现文件中政策的矛盾，秘书应及时向上级领导提出，争取让问题及早得到纠正与调整。大凡已经形成的决策或上下知晓的动议，突然因情况有变需要撤销，准备形成新的处理方案，这就要求秘书对上下级进行工作关系的协调。此时，一要使上下级对新情况认识一致；二要对撤销原动议上下级认同；三要对处理问题的新方案经反复讨论，令上下级均表示满意。上下级机关的秘书部门在沟通、联络、交换意见、草拟方案等方面，起到不可低估的作用。通过协调可避免下级对上级产生"政策多变"的误会，避免上级对下级产生"不尊重领导"的看法。

（7）关系协调。关系协调包括几种类型：同级关系的协调，是指本部门与平级相关部门的关系协调；领导关系协调，是指同一领导层级的领导间的关系协调；秘书部门内部的协调，是指秘书部门内部的秘书之间、秘书与秘书部门负责人之间的关系协调；秘书机构与职能机构的关系协调，是指秘书部门与本单位各职能管理部门之间的关系协调。

💙 **小技法**

"SOFTEN"——身体语言的使用

S（Smile）——代表微笑；O（Open）——代表开放的姿势，即腿和手臂不要紧抱；

F（Forward）——表示身体稍向前倾；T（Touch）——表示身体友好地与别人接触，如握手等；

E（Eye）——表示眼睛和别人正面对视；N（Nod）——表示点头，表示在倾听并理解说话者。

（8）管理协调。管理协调主要有以下几种方式：目标计划协调、执行措施协调、工作安排协调、督促检查协调、运转节奏协调等。

「他为什么不受欢迎」

相关链接

认识协调

（1）目标是协调的方向。一个组织内各个方面的目标应协调一致，否则，就会分散力量，组织目标就难以实现。领导者要教育组织的所有成员树立整体观念，形成合力。

（2）沟通是协调的杠杆。组织内部信息传递迅速，彼此联系密切，相互了解、理解，矛盾就少，即使产生了矛盾也容易解决。

（3）协商是协调的重要手段。协调不是强迫命令，而是感情与信息的交流。因此，协调要发扬民主，遇到问题能心平气和地坐到一起来商量解决。上级领导要主动与下级沟通联系，诚恳解决矛盾，消除误会和隔阂。

（4）明确责任是协调的得力措施。领导者在明确各部门的工作任务和职权范围的同时，还须明确有关单位协调的责任，建立必要的协调制度并提倡主动支援、配合的精神，这样就可以减少相互推诿。

（5）处理好利益关系是协调的基础。组织的任务之一是实现一定的利益。利益是一个复杂的概念，其中物质利益是最基本的，所以，要充分注意各方面的利益，协调好利益关系，这是做好协调工作的基础。

实践训练

1. 课堂讨论

（1）秘书的协调有哪些特征？

（2）秘书与领导关系协调的程序是什么？

（3）如何做好政策协调？

2. 案例分析

【案例1】年轻的张秘书刚到公司A部门不久，有一次到公司的B部门去协调工作，没有很好地完成任务，他非常生气。吃午饭的时候，他就在饭桌上向自己部门的同事抱怨说："B部门真是的，明明公司有规定，部门之间应当相互协助，B部门口里说支持A部门的工作，却不肯让他们的技术员过来帮我们忙完这一段时间。我非要到经理那里告他们一状不可。"

同桌吃饭的秦秘书是个老秘书了，进公司已经七八年了，听见了张秘书的牢骚话。她笑眯眯地说："年轻人，不要生气。我建议你这么向经理说，就说我们的工作近来进度比较紧，想请B部门的技术人员帮忙，B部门也很想帮忙，而且公司也有相关的规定，但是，他们部门也有自己的难处，不知道经理能不能想想办法。"

张秘书一听，连连点头。事情后来果然办得很成功。

分析与讨论：

这个案例说明了什么？有什么启示？

【案例2】5月是鲜花盛开的季节，宏利公司的精神文明表彰大会选在5月上旬的一天召开。大会开幕的这天上午，公司礼堂主席台上摆满了鲜花，台下参加大会的人员已坐满了所有的座椅，公司领导也到休息室等候，会场播放着悦耳的歌曲。这时距预定的大会开幕时间还有15分钟。

负责这次大会会务工作的总经理办公室的刘主任习惯性地在会场周围巡视了一遍，检查有无不足之处。一位记者走到他身边提出建议，说主席台的背景两侧应插上红旗才显得庄重。刘主任一想："有道理，我怎么原先就没考虑到呢！"于是他立即将全体会务工作人员调到主席台上，要求重新布置主席台，搬走部分鲜花，在主席台背景两侧各插上3杆红旗。当场有与会人员告诉他，只剩15分钟大会就要开幕了，恐怕来不及改动。刘主任却自信地说："时间是够用的，干吧！"主席台的红色大幕被重新拉上了，只听见里面响起一阵杂乱的搬动声。

然而，15分钟已经过去，主席台并没有像刘主任估计的那样在预定的大会开幕时间之前就重新布置好，大会被推迟了近20分钟才开幕。公司领导对此很不满意，批评了负责大会会务工作的刘主任。这件事在与会者中也造成了不良影响。

分析与讨论：

（1）大会为什么会延迟开幕？

（2）刘主任的决定存在什么问题？他应当怎样协调才能把会务工作做好？

3. 实务训练

实训背景：

某公司会议室正在召开经理办公会议，参加人员有孙总经理、赵副总经理、张副总经理、办公室李主任，秘书小李负责做会议记录。因为对人事安排上的分歧，孙总经理与赵副总经理当场吵了起来，秘书小李听了一会儿，附和了赵副总经理几句，孙总经理勃然大怒，这时办公室李主任站了起来……

实训要求：

（1）每组须将情节补充完整，也可以适当增加一些角色，分角色演练。

（2）表演后，由各组同学推荐一人在班级发言，阐述情景设计的理由。教师做最后的总结。

第4单元 协调的原则与方法

情景案例

宏达商业集团公司罗世雄总经理与王维副总经理，长期以来因工作上的矛盾，两人之间的隔阂越来越大。总经理助理李路明看在眼里，急在心里，想方设法在其间进行协调，但收效甚微，分歧与矛盾依然存在，双方都认为，是对方故意跟自己过不去。

有一天罗总经理病了，住进了医院，李路明认为调解的机会到了。当天李路明就到医院看望罗总经理，他把带来的礼品放在罗总经理的床头，并且说道："我是代表王副总经理来看您的，今天听说您生病了，王副总经理就约我和他一齐来看望您，谁知在半路上被科技处的刘处长叫走了，省科技厅的领导要他去汇报一个攻关的项目。临别前，王副总经理再三叮嘱要您好好休息，单位上的事情他会妥善处理，处理不了的他会同您联系，一定请您放心。"罗总经理听了以后十分感动。过了一段时间，王副总经理的爱人病了，李路明到医院看望，又买了礼品放到床头，而后对王副总经理的爱人说："我是罗总经理委托来的，罗总经理原本决定下班后与我一齐来医院看望您，谁知人事部门临时有个急事，硬把他拉走了。罗总经理要我转达他对您的问候，并祝愿您早日恢复健康！"王副总经理听了以后十分感动，责怪自己过去错怪了罗总经理。

经过李路明从中协调，两位经理之间的矛盾终于逐渐化解，现在他们已经和好如初。公司的状况也大有改观，前景一片辉煌。

项目任务

如果你是宏达商业集团公司的秘书，遇到类似的问题，你会怎样去做？这样做的理由是什么？

任务分析

此案例涉及秘书如何正确面对领导层之间矛盾的问题。世上没有两片相同的树叶，领导们在工作中，往往会因个性、年龄、性别、学识、思维方式及看问题的角度等方面的不同而产生矛盾和冲突。如何消除矛盾、维护领导层的团结是秘书必须要思考的问题，这既是工作的需要，也是秘书职责的要求。

矛盾都有其解决的办法，这就要看秘书如何去创造机会，寻找良策，把领导间的关系重新协调好。在领导间的矛盾没有消除前，秘书一定要注意以下两点。

（1）不说闲话。领导间有了矛盾，不仅不利于工作的开展，而且也不是体面的事情。员工可能不知情，却很难瞒过秘书。秘书不能因为自己"近水楼台先得月"，而将领导间的矛盾四处宣扬。

（2）不火上浇油。领导间发生矛盾时，秘书一定要善于观察，如当双方火气很大时，秘书因人微言轻而无法降温，该暂时回避就应当暂时回避，不要自持公允，以法官面目出场，更不应当偏袒一方而把事态闹大。

相关知识

1. 协调的原则

（1）从属原则。秘书工作部门的地位和性质决定了秘书是为领导当参谋、做服务工作的，因此，秘书的协调实际上是协助领导做好协调工作。从属原则是要求秘书工作部门在协调时始终要把自己的角色定位在从属位置上，在协助领导从事协调工作时，摆正位置，做到既主动，又不越权。

> 💝 **小技法**
>
> ### 如何安排领导层的活动
>
> 安排领导层活动是秘书经常性的工作，为做好协调工作，秘书应该做到：
>
> 一、要统筹，忌"撞车"，防止时间冲突；
>
> 二、要预报，忌突然袭击，不打无准备之仗；
>
> 三、要得体，忌过滥，注意维护领导尊严；
>
> 四、要适度，忌过累，每次活动时间不宜过长。

（2）依法原则。所谓依法原则，是指秘书工作部门在协调时必须坚持原则，严格依照法律法规及政策规章处理问题。依法原则要求在协调时，用合不合法、符合不符合政策要求来作为判断是非、处理问题的依据；从全局着眼，从长远利益出发，正确处理好国家、集体、个人三者关系。

（3）调查研究原则。调查研究原则要求秘书工作部门在协调中要注意调查研究，坚持实事求是，一切从实际出发。调查研究是协调处理问题的基础，也是做好协调工作的基本功。秘书工作部门在进行协调工作前，必须认真调查研究，掌握情况，搞清矛盾的焦点及其来龙去脉，对各方面提出的意见、陈述的理由，都本着实事求是的态度进行分析，然后提出协调意见，做出协调决定。

（4）随机应变原则。随机应变原则是指秘书在协调过程中要讲究方法和策略的灵活性。世界上没有一成不变的事物，一切都以时间、地点、条件的变化为转移。秘书在协调过程中，最忌死脑筋，按着条条框框去办事。协调者与被协调者往往事先都无法预见协调的结果，作为协调者的秘书，只能带着美好的愿望，尽最大的努力，相机行事。

（5）及时原则。协调工作要及时，不能久拖不决。因为处于萌芽状态和形成时期的矛盾问题，解决起来比较容易，一旦形成痼疾，就很难解决。这就要求秘书必须具有敏锐的洞察力，善于在问题刚刚暴露时就抓住它，从而通过协调解决它。

2．协调的方法

（1）协调对下关系的方法。

① 面商协调法。对不涉及多方，或者虽涉及多方但不宜或不必以会议方式协调的问题，可以采用面商的形式。面商方式比较灵活，可以是代表组织意见的正式谈话，也可以是个人之间的谈心和交流，可根据不同需要灵活处理。

② 商榷式协调法。协调者以平等的身份、商量的态度、探讨的口气发表自己的意见，征求对方的看法，共同寻求解决问题的最佳办法，达到协调的目的。在重大问题未决策前，上下级之间、平级之间、部门之间，为了达成某种协议共同磋商，可以采用这种协调方法。

③ 建议式协调法。建议式协调法是指协调者以平等的身份、建议的态度、谦逊的语言，将自己的意见转告给对方，提请对方选择采用，以达到协调的目的。注意不是要求对方去做什么，更不是指示别人做什么和怎么做。平行关系、无隶属关系的单位之间及上级机关某部门与下级单位之间，往往采用建议式协调法。这种协调不具有强制性和约束力，但具有一定的影响力，有助于解决问题。

（2）协调上下级关系的方法。

① 文字协调法。这是经常采用的一种协调方法，如通过拟订工作计划、活动部署、

订立制度、集体审订修改文稿等形式来统一认识、协调行动，使组织内部上下各相关方面的工作协调运转；以征求文稿意见、会签文件、会议备忘录、会谈协商纪要等形式，协调组织与外部各方面的关系。这种形式具有规范性、稳定性，是较长时间内保持协调关系的依据。

② 信息沟通法。现实生活中的很多矛盾，是由于不了解情况，凭主观臆测，加上偏听偏信造成的。医治此症的良药，就是信息沟通。将有关部门、单位和人员召集起来，如实介绍情况，就能解除误会、消除隔阂。

③ 政策对照法。对同一项工作，有的部门认为该办，有的认为不该办、不能办，往往众说纷纭，各持己见。在这种情况下，就要对照党和国家及组织内部的方针、政策、法规，用政策统一思想，达成共识。

（3）协调与领导关系的方法。

① 捕捉有利的协调时机。在协调过程中，时机把握得好，可事半功倍；时机把握得不好，事倍功半。当协调对象精神愉快、心情平静时，容易接收别人的意见或建议。在矛盾初现、条件成熟时，或上级政策、方针明确时，协调易于取得成功。这就需要秘书能敏锐地捕捉信息，有观察问题、发现问题的能力，要善于发现偶然线索，抓住有利时机和条件，并加以利用，进行协调。

② 学会换位思考。在实际工作中，由于各自所处的位置不同，看问题的角度也不一样，可能会产生分歧，或秘书不能领会领导的意图。在这种情况下，秘书不能简单地重申或强调自己的看法和意见，而要理解领导，并试着将自己置于对方的位置，以对方的处境、情感及观点来考虑和看待同样的问题，以期求大同存小异。

③ 提高办事能力。在实际工作中，秘书要善于总结领导活动规律，正确领会领导意图，在辅助领导工作的职能活动中，积极主动、及时周全地为领导服务。要不折不扣地完成领导交办的事务，做到忠诚可靠，不假借领导的权威谋私，也不向领导献媚讨好。

④ 态度谦和，维护领导的威信。要设身处地体谅领导，受到领导批评时要虚心，受到误解时不埋怨，找适当的机会向领导解释。要维护领导的威信，不背后议论。若发现领导工作中的失误和疏漏，找机会当面坦诚地提出自己的建议和看法，做领导的诤友。

（4）协调组织与群众关系的方法。

① 政策灌输法。协调工作不能以势压人，只能晓之以理，以理服人。大而言之，有国家的政策，小而言之，有组织内部的政策和领导的指示。秘书要熟悉各方面的政策，用政策来统一思想和行动。

② 权威利用法。这是当有关各方固执己见、互不让步，进而可能影响领导层决定事项的贯彻落实时，不得已采取的协调方法。通过富有权威的领导出面干预，或由领导集体表态，从而统一思想和步调。

③ 感情激励法。协调方法诸多，攻心之法为上。最能感动人心的，莫过于一片真情和一颗赤诚之心，晓之以理，还要加上动之以情。人是有感情的，往往因一番肺腑之言或困境中的一次鼎力相助，就能起到联络感情、化解矛盾的作用。人与人之间如此，部门之间、单位之间、组织与群众之间，莫不如此。

（5）管理协调的方法。

① 职责连锁式协调法。组织内部各部门之间、上下级各层次之间分工协作，明确责、

权、利，使之环环相扣。现代管理中的"目标管理"就充分体现了这种协调方法。

② 制度式协调法。按规章制度、组织程序进行协调解决。若在某一环节、层次发生问题，责任者既不主动解决，又不向上级报告，则应按规章制度追究其责任。

③ 例会式协调法。由一个组织的主要领导者牵头，组织有关部门以定期召开例会的方法，来协调各部门之间的关系。

④ 合署办公式协调法。对于新出现的较为复杂或重大的问题，由有关部门抽调工作人员联合办公加以解决。

相关链接

「生产部主管为何要辞职」

秘书应该有"过滤术"

秘书应该怎样"上传下达"？有些人认为秘书的工作只不过是"学学舌，跑跑腿"，秘书的这种"学舌"，就是向下传达领导的指示，向上汇报下级情况。不论是"上传"还是"下达"，都要忠实、准确、客观、全面。但是不是原封不动地传达就叫忠实了呢？答案是否定的。

秘书在工作中传达领导的意见时，要学会变通处理，既要准确地传达领导的意见，又不至于加深误解、激化矛盾，这就是所谓的"过滤术"。

当然，秘书要忠实地传达指示，准确地汇报情况，不能随意加进自己的意见，任意地发挥、解释甚至曲解领导的意见。但是有时候是需要"掐头去尾"或者变换方式的"过滤"，原封不动地"上传下达"，反而会造成不良效果。以下情况是值得秘书特别注意的。

一、传达领导对下级的批评。很多时候领导批评下级是恰如其分的，但有时候也会由于种种原因而造成批评失当。这时候，秘书就应该做一点调查研究，了解情况，然后淡化领导批评时的情绪化色彩。如果将领导带有浓重感情色彩的批评甚至有明显失当的批评照样传达，势必会给贯彻领导意图带来困难。

二、传达领导对另一位领导的评论。领导有时候会在秘书面前议论另一位领导，遇到这种情况，秘书不要随声附和，更不要"坚决地站在领导一边"。对这类评论，在被评论者面前，最好三缄其口，避而不谈。如果确须将领导的意见转达给另一位领导时，必须进行适当的"过滤"，有选择性地传达，不必也不能过细地陈述具体意见，更不能添油加醋、大加渲染。

三、向领导汇报下属的意见。下属的意见，特别是对领导的批评性和对工作建议性的意见，只要是善意的，都要及时地向领导反映，让领导掌握情况，适时调整工作对策，改变工作作风。但有时候群众可能由于不了解领导或者由于见解不同而对领导产生误解，这样同样需要"过滤"。如果没有选择地汇报，或者遇到某些心胸狭隘的领导，这种汇报会无异于"打小报告"，其结果可能会造成领导与下属之间的矛盾。

需要秘书加以过滤的情况很多，关键在于灵活掌握、小心翼翼，绝不能当只是"学学舌"的传声筒。

实践训练

1．课堂讨论

（1）秘书协调的原则有哪些？

（2）秘书与领导关系、组织与群众关系协调的方法有哪些？

2. 案例分析

"五一"国际劳动节快到了，安装公司办公室主任交给刚参加工作不久的秘书小陈一项出黑板报的任务。但是，由于小陈既不会画画也不会写美术字，为此从另一间办公室选调了一位美术功底较好的小杨负责版面排版工作，小陈专门负责组稿、改稿工作。小杨是美术专业科班出身，画画、写美术字驾轻就熟，在小陈面前有点骄傲，根本不把她放在眼里。眼看着"五一"劳动节快到了，小陈的组稿和改稿工作基本上完成了，可是小杨还慢悠悠地未见动静，小陈催他，他却说："别着急。"弄得小陈不知如何是好。

分析与讨论：

（1）分组讨论，每组推荐一个中心发言人，归纳出同学的发言。

（2）每组的中心发言人在全班发言。

（3）老师做最后总结。

（讨论25分钟，班级发言15分钟，老师总结5分钟。）

提示：

（1）小陈将小杨不愿合作的事直接告诉办公室主任，并向主任表明责任不在自己，由主任去处理。

（2）和小杨摊牌，告诉他："你到底愿不愿意干，不干我找别人去。"

（3）凭自己的关系，另外请一个人来帮忙，不去求小杨，如期把黑板报搞好。

（4）抱着与人为善的态度，采取委婉的劝说方式，启发他与自己合作。

请选出正确的答案，并说出理由。

3. 实务训练

实训背景：

公司市场部徐经理正在总经理办公室就市场部两名员工的辞职问题与郭总经理讨论着。徐经理认为应该给他的两名员工加薪，因为他们是人才。公司在一开始有危机时招入他们，也正是由于他们的加盟，公司产品的市场被打开了，而现在公司一切已步入轨道，那两位员工却想要离开公司去别处发展。总经理早先经过询问已得知他们想走并不是因为薪酬低，而是因为工作不具有挑战性，而且他们认为市场部徐经理的管理方式他们不能接受，他的管理方式使他们不能发挥才能。现在面对徐经理提出的要求，郭总经理一再强调不能再给他们加薪了，因为他们的薪酬已经很高了，出于某些原因对徐经理本身的做法并没有说什么。徐经理回到办公室后非常气愤，一个劲地说总经理的不是。这时你作为知道前因后果的总经理秘书小李，应该怎样协调他们之间的关系？

实训说明：

（1）角色扮演分工及模拟：甲同学饰总经理秘书小李；乙同学饰公司海外市场部徐经理；丙同学饰公司郭总经理。

（2）学生分组讨论，派代表发言。

（3）教师总结。

4．课后拓展

（1）当你第一次和别人打招呼不再紧张（能够说得很自如）的时候，你感受如何？

（2）当你和别人第一次接触时，最能影响你的是什么？

（3）你的非语言行为强化还是弱化了你说的话和你的看法？

（4）你的非语言暗示比你的语言更有说服力吗？你能意识到非语言的暗示吗？

知识小结

任何单位组织和个人都是存在一定的社会环境中，必然与周围组织及个人发生各种各样的联系、沟通、交流，也必然会有各种失衡、分歧、矛盾乃至冲突发生。这就需要办公室秘书积极配合，辅助领导做好沟通、协调工作。协调，是实现组织目标的重要方法，而沟通，是协调的前提和手段。对单位组织办公室而言，沟通与协调是秘书工作中一项非常重要的内容。本模块对沟通与协调的内容、原则进行了介绍，重点说明了沟通与协调的技巧与方法。掌握沟通与协调的相关理论知识，特别是具备沟通与协调的工作技能，对于办公室秘书建立良好的人际关系、做好办公室服务工作具有重要的意义。

阅读资料

市场经济环境下秘书协调工作的新挑战

传统的秘书协调工作在我国计划经济的不同时期及由计划经济向市场经济转轨的过程中，对推进各级各类社会组织的职能工作发挥过重要作用。但是随着经济全球化、一体化的发展，科学技术的进步，国家间、部门间界限的逐步消失，特别是我国市场经济的不断深入和完善，人们的观念在不断地发生变化，市场经济环境的复杂性必然导致新旧思想观念和行为的不断冲突，在新的形势和新的要求下，秘书协调工作面临新的挑战，作为秘书应该怎样做好协调工作呢？

一、立足传统的协调工作观念，端正心态，正确对待秘书工作中新的协调工作

秘书协调工作的作用、内容与特点、方法与形式及协调工作对秘书的素质要求，这些秘书协调工作的经典内容，作为秘书要融会贯通，运用自如。但是，在市场经济体制的影响下，各级各类社会组织都在不断地转变自己的社会职能，政府职能变化即为这种变化的"晴雨表"，政府部门的职能工作由过去"主内"转变为"内外兼顾"；由过去以管理职能为主，转变为以引导和服务职能为主。在计划经济时期，政府为了贯彻自己的行政意图总是通过各种会议，利用各种行政公文，采取行政干预手段对基层及所属企、事业单位的运转和经营进行指令性调控，要求基层和所属企、事业单位严格按照自己的行政意图行事。造成自上而下的遵循、服从，由此造成各种权力牢牢地控制在政府手中，严格制约基层组织的经营自主权。而今，政府部门权力下放，基层，特别是企业单位按照经济规律，依据国家法律自主经营的成分更多、更广，因此，政府部门秘书的角色在转变，秘书协调工作的内容和方式也在转变。那种传统的行政命令的会议和公文传达的行政管理手段逐渐被政策引导和积极服务方式所取代。为国内外企业的生产经营做好服务，提供优质的市场环境已经作为首要的工作来做了。

由此，秘书协调工作应时端正心态，放下架子，走出机关，下到基层，深入调查研究，进行面对面的协调。而对各级各类企事业单位的秘书协调工作而言，在市场经济的大潮中，遵守国家的法律、法规的同时，应注重本单位的实际，遵循经济规律，严守市场法则，向各方面多提建议进行全方位、广泛的协调。

二、做到懂经济、懂科技知识、懂法律、懂管理、懂国际惯例，使秘书协调工作适应市场经济的要求

我国市场经济的不断成熟和完善，一方面，体现了中国经济与世界经济的渗透与融合；另一方面，也说明了中国与世界各国在进行全方位的交往。在这种市场经济大潮中，我国各级各类社会组织尤其是企业组织在促进商贸往来的过程中，其秘书势必有大量的协调工作要做。为了搞好协调工作，秘书应强调哪些方面的知识和技能呢？

第一，要懂经济，熟悉经济学原理，能够运用会计手段，对各项经济事务进行及时、准确、有效的监控和预测，做好经济工作，巧妙地调解各种各样经济纠纷，在市场领域获得最大利益，避免由于自身失察或失职，造成国有资产的流失和经济上的严重损失。第二，随着科学技术的迅猛发展，要求秘书要懂科学技术知识，要有较强的科技意识，能自觉地运用科学技术手段去认识和处理问题，掌握足够的现代科学知识。第三，依法治国，建立社会主义法治国家，是党在新时期明确提出的治国方略。在市场经济领域中，必然要求各类秘书人员熟悉和掌握诸多方面的法律知识，特别要熟悉和掌握有关经济法律知识，用于规范经济主体、经济行为、经济调控和社会保障等方面的经济管理工作。第四，秘书在协调过程中要懂管理，系统掌握管理学、财政金融学、会计学、生产管理、市场营销管理、国际工商管理及战略管理等相关管理学科的知识，合理组织、领导、决策、规划、执行，使各项工作更适应市场经济规律。第五，在市场经济领域中，我们的企业"走出去"和"引进来"是非常频繁的，在这种纷繁复杂的往来过程中，往往存在许多棘手的问题，秘书部门的协调工作需要熟悉国际惯例，按国际公共准则行事，才能得到人们的认可与尊重，获得应得的利益。

三、不断充实自己，提高协调工作能力

在传统的协调工作中，掌握政策和工作尺度，利用灵活的协调技巧和手段，在应对各项工作时起到过重要作用。然而，在市场经济领域中，我国与世界各国交往日益频繁，"走出去"和"引进来"是一种非常普遍的现象，在各种协调工作中，各级各类社会组织的秘书要熟练运用语言，准确无误地利用语言进行书面表达和口头表达，尤其是利用外语对外进行广泛的协调工作。政府乃至一些比较大的企、事业单位过去曾专门设置了外事机构进行外事工作协调，那是以外事活动单一且范围较小为前提的。而今，我们所面临的是全方位、多维的外事往来，那么，单靠外事人员来处理纷繁复杂的涉外活动是远远不够的，这就要求秘书在协调过程中能够比较熟练地运用一国乃至多国语言进行公文制作和传递，进行外文翻译的文字工作和口头表达能力尤为重要。除了外语能力，随着现代办公技术手段的进步，计算机技术的应用也尤其突出，秘书在处理各种经济事务工作过程中，应熟练使用计算机，使其有序化，运用现代网络技术进行远距离传输和存储，由此节约时间、节约经费、提高工作效益。

总之，在市场经济环境下，市场经济领域的复杂性必然导致秘书部门协调工作的多样性和灵活性，这就给秘书的协调工作带来新的挑战，除了在心理上、行为上不断地完善自己，更主要的是要与时俱进，创造良好的学习氛围，根据市场经济环境中不断涌现出的新事物、新现象，积极主动地做好协调工作。

（郝懿.东方企业文化.2007.07）

学习目标

知识目标	能力目标	素质目标
● 了解办公室参谋咨询工作的特征 ● 掌握参谋咨询工作的内容和要求	● 能准确领会领导意图 ● 掌握在具体办公环境下秘书参谋咨询的方法	● 培养并逐步具备管理者宏观视野和全局意识 ● 培养信息收集的习惯，具备信息意识

第1单元　办公室参谋咨询的特征

情景案例

2011 年，故宫失窃，算一件非常意外的"倒霉事"。尤其，石某进入故宫盗窃的过程部分曝光后——嫌疑人借助身材矮小优势，先是钻栏杆潜入故宫，后躲藏在故宫内一处未开放的房间内，趁夜色敲破窗户实施盗窃，在被发现形迹后，翻越 10 米高的宫墙逃跑——层层把关的保安，竟让一个小窃贼轻易得逞。

破案后，为了表达对警方的感激，故宫向北京市公安局赠送一面写有"撼祖国强盛，卫京都泰安"的锦旗，感谢警方迅速破获故宫博物院展品被盗案。该锦旗引起网友质疑，称"撼"为错别字，正确用字应为"捍"。故宫一位刘姓主任表示，"撼"字没错，显得厚重。"跟'撼山易，撼解放军难'中'撼'字使用是一样的。"他说，"我们制作锦旗时请教过这个字到底怎么用，所以字没有用错。"

这一下捅了马蜂窝，社会上各路人马汇集成讨伐大军，纷纷指责故宫的强词夺理。在大家口诛笔伐下，故宫博物院在其微博发了一封致歉信："由于我们工作的疏漏，在 5 月 13 日向北京市公安局赠送的锦旗上出现错字，谨向公众致歉。"据称，此次赠送的锦旗由院保卫部门负责联系、制作，由于时间紧，从制作场地直接将锦旗带到赠送现场，未再交院里检查。当天下午各媒体报出后，院里才发现把"捍"错写成"撼"的严重错误。尤其错误的是，在媒体质疑时，该部门未请示院领导，仍然坚持错误，强词夺理，不仅误导公众，而且使故宫声誉受到严重影响。故宫表示，事情发生后，院里立即进行认真调查，对当事人进行严肃的批评教育，并采取了补救措施。虽然故宫上层仍在撇清责任，把错误推脱到"四肢发达头脑简单"的保卫部门身上，但毕竟承认了"撼"字的误用。故宫由"失窃门"升级至"错字门"，让故宫方的面子跌了份。

5月11日，央视某名嘴发表微博称"故宫的建福宫已被知名企业和管理方改造成了一个全球顶级富豪们独享的私人会所，现有500席会籍面向全球限量发售。前两天一外籍导游也骄傲地告诉我，他刚为一位美国亿万富翁，单独安排了其在故宫不对外宫殿里的晚宴。丢几件展品不可怕，可怕的是丢掉更宝贵的东西"。另有知情人士证实，4月23日，百余名长江商学院CEO班的毕业学员受邀参加了建福宫一会所开幕式。仪式结束一周后，参加开幕式的人均收到一份徽标为紫禁城建福宫的《入会协议书》。举办方是故宫下属的北京宏利有限责任公司。此前，建福宫曾举办过多场宴会。故宫建福宫成为私人会所这个"会所门"，恰如一颗重磅炸弹，引发大众的广泛关注。"会所门""失窃门""错字门"组成三重门，让争议激化，让故宫陷入了更深的诚信危机。

项目任务

1. 如果你是相关部门从业秘书，面对本单位出现的错误言行，你会如何确定自己的行为策略？

2. 在危机处理中，秘书建言献策具有什么特点？

任务分析

"尺有所短，寸有所长"。无论是个体，还是集体，都有可能犯这样或那样的错误。这需要我们平时注意与周围的人相互借鉴、学习，取长补短。

一般而言，领导比秘书地位高，经验更丰富，秘书能从领导身上学到宝贵的工作方法、工作策略。但是，这并不等于说秘书只能亦步亦趋，事实上，秘书的思维方式、思维能力可以也应该保持一定的个性色彩。必要时候，秘书与领导的思维方式与思维成果应该互相补充。

领导或主管与秘书或助理职责不同。领导或主管的职责是决策，秘书或助理的职责则是为决策创造更好的职业环境，秘书可以通过进言献策影响领导决策。但秘书没有理由要求领导非采纳自己的建议不可。由于个性不同、习惯不一，不同领导对待意见、建议的态度各不相同。秘书完成参谋咨询职责的前提之一就是对自己所服务的领导做深入了解，包括其个性禀赋、工作作风、工作习惯、事业追求及生活细节等。

相关知识

1. 参谋咨询的基本含义

办公室工作中的参谋咨询，包括参谋和咨询两个方面。参谋，是指秘书帮领导出点子、拿主意。咨询，是指领导向秘书或办公相关部门征求意见。秘书和办公部门起着为决策者充当顾问、参谋和外脑的作用。"多智而近妖"的诸葛亮在其著名的《前出师表》中说道：国家事务，无论大小，均应先予以咨询，然后实施，据此免于失误和失策。

参谋咨询是秘书与办公部门的一项常规性、日常性工作。秘书和办公部门的服务职能是通过非参谋性工作和参谋性工作共同实现的，前者是操作性事务，主要是动手"做"；后者是智力性劳动，主要是用大脑"思考"。

2. 参谋咨询能提高办公室工作的劳动附加值

参谋咨询职能是提高办公室工作效能的根本保证，办事职能主要通过参谋咨询职能的有效发挥来提高劳动附加值。离开参谋职能，办公部门就变成了一架简单的"办事机器"，秘书成了简单的上传下达的工具，办公部门的职能与秘书个人的才能就得不到正常的发挥。即使是完成领导交办的日常事务，仍然需要秘书发挥参谋咨询的主观能动性。办事与参谋是构成秘书工作有机整体的两大部件，办事好比秘书工作的"硬件"，具有客观实在的特点；参谋咨询好比秘书工作的"软件"，具有智力劳动的特点。

小技法

另一种职场危机

由于特殊的职业地位，有一些秘书由媳妇熬成婆后就开始变得专断，自以为工作能力突出、业务熟练，不自觉地滋生出许多傲气和不耐烦。

殊不知，这不是成就，而是一种职场危机——它与业务不熟、技艺不精被淘汰出局存在同等程度的危险性。如果没有人去提醒或纠正他，恐怕不久的将来他的工作就会被调整，或者被炒鱿鱼。

这一现象，可用溜冰来比拟。开始学溜冰时，人们小心谨慎，即使滑倒了，一般也不会摔得很惨。倒是技术高手，因为娴熟而自信，因为处于麻痹大意状态，不出事则已，一出事准是大事。所以只有技术高超同时保持虚怀若谷的人，才能有持久的杰出表现。

---

3. 参谋咨询的特征

（1）主动性。所谓主动性，是指办公部门和秘书积极、主动地围绕领导工作收集信息、分析情况，提供智力服务，注意打好参谋咨询工作的基础。

（2）综合性。所谓综合性，是指办公部门和秘书全方位地为领导、领导机关及其职能部门提供的参谋咨询服务，不是也不能局限于某一专门领域。

（3）从属性。所谓从属性，是指办公部门和秘书必须根据组织系统领导工作的需要来进行参谋咨询客体研究，不能像专业咨询公司那样完全自主地进行独立的分析与研究。而且秘书参谋咨询作用的有效与否是以领导的信任程度为基础的，领导者愿意征求和听取秘书的参谋建议，秘书才能有效地发挥参谋咨询作用；反之就难以发挥作用。

（4）随机性。所谓随机性，是指秘书除通过会议、文稿等正规形式提出自己的见解供领导参考外，在出差途中、午餐桌上等非正式工作场合也具有向领导提供参考意见的机会。事实证明，秘书与领导人彼此熟悉，相互了解，在共同工作环境中，秘书一般不必通过固定程序和方式向领导提出建议和意见，而是根据情况，采取权宜应变的多种方法和手段提出参谋建议。

4. 参谋咨询的注意事项

（1）不可夸大秘书参谋咨询的作用。办公部门、秘书的参谋咨询活动旨在为领导决策提供智力服务，办公部门绝不可凌驾于领导之上，

「李秘书的参谋建议」

秘书不能专权，更不可越权。过分夸大办公部门和秘书的参谋咨询作用对秘书个人成长、正常组织气候的营造都是不利的。

（2）不能要求每位秘书都得成为领导的参谋助手。参谋咨询是针对整个办公室工作和秘书队伍而言的，不能理解为每位秘书都要成为领导的"高参"。在党政机关，大政方针和重大决策的参谋咨询任务主要是由政策研究室的秘书和办公厅（室）秘书长（主任）等高级秘书承担；而在企业单位，一般由领导信任的有经验的秘书来提供参谋建议。一般秘书工作人员主要通过自己承担的具体工作为领导服务，虽然不排除秘书在适当时机或平时与领导交往时对某些问题提出自己的意见和建议，但没有必要把"出谋献策"列为每位秘书人员的工作职责。

相关链接

职业经理人常犯的 11 种错误

第一，拒绝承担个人责任；第二，未能启发工作人员；第三，只重结果忽视思想；第四，在公司内部形成对立；第五，一视同仁的管理方式；第六，忘了公司的命脉——利润；第七，只见问题不看目标；第八，不做老板只做哥们；第九，未能设定标准；第十，纵容能力不足的人；第十一，眼中只有超级巨星。

实践训练

1. 收集一位知名秘书人物典型的参谋实例。
2. 结合自己参与专业实践的经历，举一参谋咨询实例与全班同学分享，并分析其得与失。

第2单元　办公室参谋咨询的内容

情景案例

岁末年初，宏达商业贸易公司营销部计划抓住这一市场节点，通过主题策划活动扩大公司产品的市场占有率。

营销部王庆和经理亲自带队，向公司辐射商圈范围内的周边社区发送了 10 万份宣传册和宣传海报，但最后却只有 150 人到场；虽然现场联欢气氛非常活跃，却只有 7 个人购买了他们公司的产品。

公司肖总对营销部的开局工作非常不满意，万分之一的效率，实在太低下了。

项目任务

1. 如果你是营销部王经理的助理，你对王经理有何建议？
2. 如果你是公司肖总的行政助理，你对肖总有何建议？

任务分析

公司促销活动难免出现"剃头担子一头热"的问题，为此，营销部应该通过先期市场调研、客户反馈等渠道了解和分析顾客心理，了解目标顾客群的兴趣、目标顾客群对本公司及本公司产品的忠诚度、目标顾客群对产品售后服务的满意度及市场同类产品的优缺点。必须综合分析多种因素后再确定促销活动的形式、内容，并及时做出相应调整，避免盲目性。商家应该站在消费者角度，确定让利于消费者的策略与方案，达到共存、共赢、互惠目标，才能维护好目标市场，培育好潜在市场。

作为秘书或助理，在问题出现后要沉着、冷静地分析出现问题的原因，努力寻找控制事态和寻求转机的方法，在适当的时候提醒决策层。能将损失控制在最小范围内，也是一种成功。

当然，秘书和助理平时要注意定向收集与业务相关的各种基础信息，对苗头性、趋势性信息保持敏感度，并养成积极思考问题的习惯。

相关知识

1. 办公部门参谋咨询活动的类型

（1）与领导、领导机关决策有关的参谋咨询活动。办公部门参谋咨询的基本任务就是服从和体现领导、领导机关及其各职能部门的决策意图，进而采取措施跟进，为领导决策创造最佳环境，促进决策目标的实现，这是由办公部门和秘书工作的性质、地位所决定的。

小技法

服从领导与服从真理

受各种主客观因素的制约，领导决策意图与客观实际情况可能不尽相符。这时，秘书应从实际出发，以认真负责的态度、恰当的方式不失时机地向领导提出正确的意见和建议，使即将出台的新决策更加符合客观实际情况。

确定参谋咨询方向时，要服从领导总体意图；在研究论证过程中，要坚持求实原则；在提出参谋建议时，要把领导意图和实际情况有机统一起来。既要防止逢迎领导，盲目按领导意图研究论证，又要反对离开领导决策意图、我行我素、固执己见的倾向。

（2）日常管理与日常事务工作中的参谋咨询活动。办公部门和职业秘书在各项事务性工作环节中，都不能满足、停留于单纯做好具体事务工作的目标，应该树立创造性地开展辅助工作的职业理念，在恰当的时候以合适的方式积极为领导提供合理化的意见与方案，在必要的时候给领导适当的提醒。

「参谋咨询活动」

❤ 小技法

参谋咨询的重点与要点

1. 为领导及时、准确、全面提供信息。
2. 围绕中心工作组织调查研究。
3. 根据领导意图做好重要文稿起草工作。
4. 就重大事件的处理提出对策性建议。

2．办公部门参谋咨询的基本内容

办公部门的参谋咨询活动总是与具体决策或具体业务紧密相连，并不存在孤立的参谋咨询活动。办公部门参谋咨询活动应该涵盖的内容主要有以下几个方面。

（1）行业业务。这是就实体性内容进行参谋咨询，需要办公部门提供参谋咨询意见的问题往往是所在行业、所在单位和部门的业务性、技术性问题，如某项决策或开展某项业务是否可行、是否符合该组织发展方向、具体内容是否具有科学性等。决策前，领导最关注的也是这个方面。从科学决策的要求出发，领导一般要求办公部门组织力量进行前期专题调研。秘书受命进行专题调研后再确定具体参谋咨询内容。当然，如果没有组织专题调研，秘书也可以主动进行随机性参谋咨询。

（2）运作方法、步骤、措施。这是就程序性内容进行参谋咨询，讲程序不是走过场，坚持按正常程序办事是确保实体部分正当合理的重要条件，程序不公正往往造成结果不公正。我们既要强调"做正确的事"，也要强调"正确地做事"。前者是指实体部分，后者是指与实体内容相关的具体运作方法、具体实施步骤、具体措施的设计。

（3）行业动态。管理工作和辅助管理工作都需要注意周边的相关动态，及时掌握本行业的相关信息，从正面来说可以及时跟进相关业务，最大程度地实现管理效益；从反面来说，可以规避职业风险，减少不必要的损失。

（4）政策法律及其他相关知识。职业秘书在知识结构方面的"通才"型特点是保障组织管理目标实现的重要条件。在一级组织系统中，一般以钻研行业业务的"专才"型人才为主体，他们是维系本单位核心竞争力的核心财富。但组织系统中不能全部由"专才"组成，具有核心竞争力的产品和服务在市场中能走多远，还需要"通才"型人才加以整合。

秘书在信息工作等业务工作中形成了对当前形势、政策、法律法规的系统性、超前性的认识，积累了与主打产品相关的其他知识，在组织系统中同样具有不可替代的地位。秘书利用自己在政策法律及相关知识上的积累为领导提供参谋咨询建议，同样是发挥自己的一技之长。

（5）对领导思想、业务修养方面提供建议。在长期共事过程中，秘书对领导有了深入的了解。必要时，可以提醒领导及时将新颖的工作经验加以总结，进一步提高理论与政策、业务与技术水平；可以提醒领导及时进行情绪管理，注意调整工作状态；或者提醒领导注意处理与不同动机工作人员之间的关系；提醒领导注意防微杜渐，不断加强个人修养与作风建设。

相关链接

「江总的苦恼」

秘书的谋与略

办公部门的参谋咨询工作，尽管千头万绪，归结为一点就是"谋略"二字。

"谋略"是指计谋与方略，也就是解决问题、处理矛盾的方法。它们往往融于秘书起草的文稿、选送的信息、设想的预案、提出的建议中。具体包括以下几点。

1. 建议。秘书围绕领导工作和所要解决的问题，提出的各种工作建议，如工作安排建议、解决某一问题的建议、推广某一经验的建议等。

2. 意见。秘书针对实践中亟待解决的问题所提出的参谋意见，如关于纠正不正之风的意见、关于加快扭亏为盈步伐的意见、关于下级请示的批复意见等。

3. 预案。秘书为落实某项工作或贯彻领导意见而提出的实施办法，如会议组织预案，突发性事件处理预案等。

4. 方案。秘书根据客观要求和实际情况经周密研究后提出的工作思路，如改革方案、机构调整方案、调研方案等。

5. 见解。秘书学习理论、分析形势、研究问题后所提出的看法，如秘书阐发的某些新观点、新思想、新认识等。

实践训练

1. 有人说秘书是"助手"而不是"参谋"，对不对？

2. 公司即将制定并实施薪酬制度改革方案，你是公司行政秘书，主持此项工作的行政经理请你就信息收集内容提供专业建议。

第3单元　办公室参谋咨询的方法

情景案例

近年来，宏达商业贸易公司发展非常迅速，凭借国内经济高速增长的宏观形势，5年来，公司从一个50多人的小企业发展到了300多名员工规模的大公司，销售收入也从5000万元增加到了近10亿元。

但在公司快速成长的同时，肖力民总经理却开始意识到危机。危机的集中体现似乎是企业员工执行力太差，按肖总的原话就是公司决策层"沟通成本太高，决策效率低下"。

为此，行政经理刘子文组织办公系统一班人开展决策调研。通过调查、讨论和横向对比，他们发现，与谷歌、惠普等500强企业新型工作模式和人力资源管理策略比较，本公司科学化、制度化的管理模式缺少必要的人文关怀、人性化考量等基本元素。公司上层追求并满足于科学化管理、制度化管理，严格的规章制度在高效率的表象下，却与高效益背道而驰，且加剧了大部分员工的焦虑情绪。因此，基层员工、相关部门大多满足于简单的照章行事，乃至于敷衍塞责。由于找不到归属感，大家完全失去了创新和创造的热情。因此，本公司执行力度的弱化，其实是由于公司决策层没有在公司发展的同时建立与员工的互信机制。

刘经理觉得调研报告中应该实事求是，建议公司领导确立"以人为本""和谐发展"的新型发展观，引入文化管理理念，寻求管理思想、管理模式上的转型。

在刘经理的推动下，宏达商业贸易公司一场建立信任的文化变革、战略宣传和行为训练开展了起来。半年后，公司执行力发生了天翻地覆的变化。肖总经理说："相互信任的确是企业行政管理的根本大法。"

项目任务

1. 如果你是公司行政助理，你觉得除了递交调研报告外，应当做些什么工作？为什么？
2. 如果刘经理安排你将调研报告送达肖总办公室，肖总在阅读该报告之前要求你扼要介绍一下报告的主要内容，你会怎么做？为什么？

任务分析

做一件正确的事远没有正确地做一件事重要。职业秘书在为领导提供参谋咨询服务工作时，首先应该确立的基本方略就是避免莽撞误好事、好心办坏事。"每临大事有静气"，秘书需要冷静思考、反复权衡，寻求最恰当的方式、方法，寻找最合适的渠道途径，才能有效完成参谋咨询任务。

在具体职能环境中，秘书要清楚一个阶段有一个阶段的中心工作。秘书要起到参谋辅助作用，就需要根据年初工作计划的具体安排提前做好有关准备工作。"凡事预则立"，预先做好资料、思想上的准备，是参谋咨询的基础性工作。

要深入做好参谋咨询工作，调查研究是必不可少的。"没有调查就没有发言权"，秘书追求的不是发言机会，而是通过调查研究等信息准备工作，为参谋咨询工作打好基础，进而为领导行使发言权打下坚实的基础。

在调查阶段，秘书应该根据本组织管理目标、指导思想确立调研主题，根据不同任务目标、不同调查对象、不同环境条件采取不同的调查方法，准确核实每一个信息细节，进而掌握全面、真实的信息、数据。

在研究阶段，要运用正确的理论和方法，科学分析，广泛论证，进而得出科学可信的结论。

在反馈阶段，要从有利于大局的角度出发，及时、准确、巧妙地沟通相关情况。

相关知识

1. 办公部门提供参谋咨询服务的原则与前提

（1）提高素质，分析形势。参谋咨询能否发挥正常的作用，关键在于办公部门秘书的基本素质。没有良好的素质，一般日常事务性工作做起来都很吃力，做参谋咨询工作自然力不从心，多谋善断更无从谈起。职业秘书必须充分认识素质对于参谋效果的重要作用，在德、才、智上下功夫，努力提升自身素质与专业水平。时时虚心、处处留心、事事用心，培养参谋之心、参谋之才、谋划之力，才能实现由单纯"助手型"秘书向"参谋型"秘书的转变。

谋略依大局而定，据大势而发。分析宏观形势，把握客观事物发展趋势，增强预见性，是做好参谋工作的重要一环。对形势不甚了解，对趋势浑然不觉，就难以设计定谋。闭门造车，更只能是一厢情愿。要用辩证唯物主义的立场、观点分析形势，把握趋势。

（2）与领导者决策特征和参谋咨询内容相适应，"曲""直"结合。所谓"曲"，是指参谋咨询活动中所运用的间接式方法；所谓"直"，是指参谋咨询活动中所运用的直接式方法。参谋方法的使用，应与领导者个体决策特征相适应，对不同领导采取不同的参谋方法。对同一领导者，针对参谋内容的不同也应采用不同的参谋咨询方法。一般而言，参谋咨询方向与领导决策意图相一致的赞同式参谋建议，可采用直接式参谋咨询方法；与领导决策意图相悖的劝谏式参谋咨询建议，宜采用间接式参谋咨询方法。

（3）努力争取领导信任，不断优化参谋环境。在秘书职业活动中，秘书与领导是一种互动关系。获取领导者信任是秘书正常或超常发挥参谋咨询作用的前提条件。通常情况下，先由领导向秘书发出参谋咨询需求信息，再由秘书向领导者传递参谋咨询建议信息，从而形成双向信息沟通模式。因此，秘书与领导关系融洽、配合默契、相互沟通，秘书参谋咨询作用就能得到充分发挥；相反，秘书与领导关系紧张，相互缺乏信任感，或者存在某种不安全感，在这种工作环境下，秘书很难向领导提出有价值的参谋咨询建议。

2. 具体方法

（1）预测性参谋咨询。预测性参谋咨询是指秘书运用科学预测的理论和方法，运用已知的信息，对未来各个领域、各个层面和各个阶段的需求情况、发展趋势及变化规律进行分析和研究，得出相应的结论，并向领导提出的过程。

预测性参谋咨询能避免或减少决策失误，为决策的制定提供科学依据，为组织的健康发展创造必要的环境条件。

（2）跟踪性参谋咨询。跟踪性参谋咨询是指职业秘书随着决策、计划的实施，在各个实施环节和步骤中，通过跟进、追踪发现问题、分析问题、反馈问题所进行的参谋咨询活动。

（3）进谏性参谋咨询。进谏性参谋咨询是指职业秘书就组织管理中存在的某些问题与不足，向领导人提出规劝或改进的建议，或者提出问题，引起领导人重视后，再提供相应咨询服务。

（4）提供资料性参谋咨询。当领导由于信息、资料不足，出现处理问题失误，或虽有正确的办法，但没有充足的依据难以决断时，秘书采取提供相关资料的方法为领导决策服务，让领导人根据充分准确的信息资料修改错误或早做决断。

3. 办公部门提供参谋咨询服务的策略

办公部门形成了参谋咨询的具体内容后，在何种时机以何种方式提供给领导或领导机关，才能收到最好的效果、产生最大的效益，是值得斟酌的。

（1）正确的角色定位。秘书的"外脑"职能并不意味着可以乱发议论、自作主张、左右领导。秘书必须注意使自己的言行符合角色规范，做到既尊重领导、坚决执行领导指示，又不迷信盲从，始终把为领导提供有价值的决策依据及参谋意见作为自己的重要职责。

（2）领会领导意图。"参"到点子上，"谋"到关键处。要善于通过间接或直接方式，把领导的所思所想、所筹所划弄清楚，做到既能按领导意图正确"发挥"，又不自作聪明。以敏锐的观察力抓住工作中的关键环节，经过深思熟虑，形成有价值的参谋意见。

（3）要有进言献策的艺术技巧。要根据领导的心理、行为特征，选择适当场合和最佳时机，从要害问题切入，用委婉、含蓄的语言，巧妙地说出自己的见解或不同意见。

① 先褒后贬。秘书发现领导决策或其他行为错误时，不是直接向领导指出其错误方面，而是先充分肯定、赞扬其中正确合理之处（这通常占据领导决策或行动的主体部分），在此基础上再指出错误或不足之处。

领导也跟平常人一样，当你真诚地称赞他时，他的态度就会变得谦虚起来，并会做好听取意见的思想准备。在这种情况下，秘书的意见就容易被接受了。这一方法也被称为"三明治"法。

② 委婉谦虚。秘书参谋咨询的态度一定要谦虚，语气一定要委婉，语句一定要慎重选择，切勿显得你比领导更高明。

如：秘书发现领导某件事情处理方法不对时，不要这样提出问题："××经理，我认为您对这件事情的处理有失妥当，想跟您谈谈，可以吗？"因为，"我认为""有失妥当""找您谈谈"等词语都带有居高临下的语气，容易引起领导反感。如果换成"××经理，我对处理这件事有一点不成熟的想法，想向您请教，不知该说不该说"才是秘书应持的态度。

③ 巧设比喻。设喻是一种非常有效的进言技巧。秘书向领导谏诤时，运用性质相似的事物来打比方，使领导从中悟出自己应该怎样做。如《战国策》中邹忌讽齐王纳谏时，就是用一组贴切的比喻使齐威王接受他"广开言路"的建议的。

④ 援引实例。事实胜于雄辩。一个真实的事例往往比一番精辟的议论更有说服力。秘书就某一件事向领导建议时，可以向领导提供一些实例，而不必直接说出自己的观点，让领导从具体例子中领悟出自己的失误。

⑤ 动之以情。与领导关系融洽的秘书，提建议时以朋友身份比以职务身份效果要好。因为以朋友身份说话，可使领导感到你不仅仅是从组织利益出发，更不是为了个人目的，而是真心诚意地想协助他做好工作。领导为你的真情所感，就更容易接受你的意见。

⑥ 把握时机。秘书发现领导有错误意图时，应在这种意图变成决定、文件或材料前进行劝说，这时领导意图尚未公之于众，不存在怕被人说"讲话不算数"的心理障碍，也就比较容易接收正确意见。

心理学研究证明，一个人在心情轻松舒畅时比较容易接受不同意见，而在情绪紧张烦躁时，对不同意见往往产生本能的反感。因此，秘书提意见最好选择在领导心情好的时候进行。

⑦ 注意场合。秘书不宜在会议或其他正式场合对领导进行劝诫活动。因为有第三人（无论是同级领导、本单位员工还是外单位来客）在场时，秘书公开发表与领导不同的看法，或者直接指出领导错误，会使领导感到难堪，秘书的意见也就很难被接受。相反，在非正式场合，如共进午餐或陪同领导出差时，不存在"怕丢面子"的问题，秘书所提意见常常能被领导重视和采纳。

当然每位领导经历、修养、性格、习惯各不相同，对上述策略的运用不能千篇一律，而应灵活掌握。但无论对什么样的领导，秘书必须明确：参谋咨询的目的是使领导采取意见，改正错误，避免工作上的损失。秘书的意见再正确、动机再纯正，如果不被领导采纳，也就谈不上任何价值。

相关链接

「中国式秘书」

一定程度上与领导唱唱"对台戏"

办公室主任是个双重性角色，他既是秘书班子的"大班长"，又是协助领导决策的"参谋长"。

作为"大班长"以贯彻和领会领导意图为使命，以领会和贯彻的准确性和彻底性作为评价其工作优劣的基本指标。

作为"参谋长"，则要依靠独立的精神和智慧的头脑为领导服务，以提出多少真知灼见作为评价其工作优劣的根本标志。办公室主任既要认真领会领导意图，又要勇于直言，使领导兼听而明。

实践训练

1. 案例分析

孟尝君门客冯谖，在他们第一次见面时，孟尝君询问冯谖有什么爱好及特长，与多数夸夸其谈的门客不同，冯谖淡然地说他没有什么喜好，也没有什么才能。孟尝君大笑之余还是留下了他。

做门客的时间长了，冯谖觉得孟尝君给自己的伙食标准太低，便靠着柱子弹击着自己的长剑唱道："长铗归来乎！食无鱼。"有人将这事报告孟尝君，孟尝君让给他鱼吃，待遇按中等门客标准。不久，冯谖又弹铗而歌："长铗归来乎！出无车。"门客都嘲笑他不知足，并报告孟尝君。孟尝君又给他配了车，让他享受上等门客待遇。过了一段时间，冯谖再次敲起他的长铗："长铗归来乎！无以为家。"周围的人都认为他是个贪得无厌的人，可孟尝君却颇有度量，派专人为冯谖老母送去衣食。这样，冯谖不再发牢骚了。

到年底，孟尝君想挑选懂会计的门客代他到薛邑（封土）收债，冯谖主动申请前往。孟尝君很高兴地同意了。冯谖收拾停当之后，向孟尝君辞行，并请示"收完债，您需要买些什么东西吗？"孟尝君顺口答道："先生看我家里缺什么，就买什么吧！"

冯谖驱车来到薛邑，派人把所有负债之人都召集到一起，核对完账目后，他便假传孟尝君命令，当面烧掉了所有债据，把所有债款赏给负债诸人，百姓感激，皆呼万岁。

冯谖返回求见孟尝君，孟尝君没料到他回来得这么快，半信半疑地问："债都收完了吗？"

冯谖答："收完了。"

"那你给我买了些什么回来呢？"孟尝君又问。

冯谖不慌不忙地回答："您让我看家里缺什么就买什么，我考虑到您有用不完的珍宝，数不清的牛马牲畜，美女也站满庭院，缺少的只有'义'，因此我为您买回了'义'。"

孟尝君不知所云，忙问"买义"是什么意思。冯谖就把以债款赏赐老百姓的事说了，并说："您以薛为封邑，却像商人一样刻薄地盘剥那里的百姓，我假传您的命令，免除了他们所有欠债，并把债据都烧了。"孟尝君听罢，心里很不高兴，但事情既然已经这样了也只得悻悻地说："算了吧！"

一年后，孟尝君失宠，被新即位的齐王赶出国都，只好回到薛邑。往日的门客大多各奔东西，只有冯谖还跟着他。当车子距薛邑还有上百里远时，薛邑百姓便已扶老携幼，夹道相迎。

孟尝君好生感慨，回头对冯谖说："先生您为我所买的'义'，今天终于看见了！"

冯谖说："狡兔有三窟才能高枕无忧，您现在还只有一条退路，让我再为您凿两窟吧。"

经过冯谖努力，秦、魏等国虚位以待，以重金厚礼聘孟尝君做相国。齐王听说后，追悔不已，连忙赐物谢罪，恢复了孟尝君相位。冯谖让孟尝君乘机请求齐王赐先王礼器并在薛地建立宗庙。等一切就绪后，冯谖向孟尝君回道："三个洞穴都已凿成，您姑且高枕而卧，过安乐的日子吧。"孟尝君后来又做了几十年相国，没有丝毫的过失，离不开冯谖的计谋。

分析与讨论：

（1）冯谖使用了哪些参谋咨询的方法？

（2）在孟尝君的事业发展中，冯谖的参谋作用体现在哪些方面？

（3）这一案例对你的启示是什么？

2. 实务训练

完成本单元项目任务2。

📄 知识小结

审慎、稳健驾驭组织系统是每位管理者的基本诉求。这就要求为领导服务的综合性办公部门和秘书能站在全局高度，在大事、要事上及时提供决策的依据性信息，发挥参谋助手作用，围绕工作重点、难点、热点为决策者出谋划策。

同时，参谋咨询活动渗透于秘书工作的方方面面，烦琐的日常事务性工作中同样融入了秘书的参谋咨询等智力劳动。本模块介绍了办公部门参谋咨询活动的特点、作用、内容与基本方法，旨在培养相关职业技能。

📄 阅读资料

做好参谋助手的几点体会

"国之废兴，在于政事；政事得失，由乎辅佐"。党委办公室是沟通上下的桥梁，联系左右的纽带，传递信息的中枢，是协助领导决策的"外脑"和处理日常事务的手足。这就要求在党委办公室工作的同志应具有较高的出谋划策、参与决策的能力，这种"谋事"能力的强弱，在一定意义上决定了各级党委工作的质量和水平。我曾在威海市委秘书长的岗位上工作了三年多，对怎样做好参谋助手，有几点切身体会与大家一起交流和探讨。

1. 要主动出击，善于谋在前，力求参得准

办公室工作要围绕领导的需要转、围绕中心工作转、围绕发展大局转，所以现代秘书学的许多论著在秘书工作特点的论述中，都把"被动性"作为秘书工作的特点之一。比如要举办什么活动、召开什么会议、准备什么材料，都取决于领导的需要。但被动性强不等于无所作为，在实际工作中，"在服务中把握主动""从被动中争取主动"这两句口号已被越来越多的秘书工作者所认知、所接受。

曾经读过这样一个故事：有三只青蛙掉进了鲜奶桶里。第一只青蛙想："这是神的意志。"于是它一动不动，静静地等待着死亡。第二只青蛙想："这桶太深了，没有希望出去了。"于是它在绝望中慢慢死去。第三只青蛙想："糟糕，怎么掉到桶里了，但只要我还能动，就要奋力向上跳。"它不停地跳，慢慢地，牛奶的表层凝固了，青蛙的后腿碰到了坚硬的表层，于是它奋力一跃，终于跳出了奶桶。这个故事说明，一味被动无出路，主动一步天地宽。当好参谋助手，就要善于在时间上争主动，在参谋上争主动，在"补位"上争主动。主动出击要注意把握好"三性"。

（1）把握规律性。办公室工作中常规性的和规律性的工作不少，因此，不要消极等待领导安排，而应主动着手，提前介入，早做准备。

（2）把握灵活性。一方面要善于抓主要矛盾，即善于分类排队，分清主次轻重，不能不加选择，眉毛胡子一把抓，否则其结果必然是螃蟹吃豆腐，吃得不多，抓得挺乱。另一方面要善于抓突破口，对领导临时交办的任务、应急事件和突发事件等非确定性的工作，重要的是要有灵活应变能力，善于寻找并抓住工作的突破口、切入点，做到巧筹划，分清轻重缓急；巧运作，忙而不乱；巧用兵，调动各方面积极性。

（3）把握前瞻性。给领导当参谋，必须要有超前意识，做到领导未谋有所谋，领导未闻有所知，领导未示有所行。把信息调研提供在市委研究之前，把工作预案拟定在市委决策之前，把督促检查做在决策落实之前。只有这样，才能参得上、参得准。在为领导当参谋时，要消除那种认为自己水平低、见识浅、参谋不上的顾虑，增强主动性。此外，从人生成长进步的角度讲，大家也应当增强主动性，要主动想事、主动谋事、主动干事。

2. 要不断创新，用新思路、新方法解决新问题

在长期的工作实践中，办公室形成了一系列好传统、好作风，这是成事之基、立身之本，任何时候、任何条件下都不能丢弃，而且要继承并发扬光大。但时代在进步，形势在发展，办公室的工作职责也随之发生了很大变化，工作任务越来越重，领导要求越来越高，工作领域越来越宽。面对这些新变化，我们还有一些不适应，如思想观念上的不适应、知识结构上的不适应、办事效率上的不适应等，服务的"供给线"与领导的"需求线"还有一定距离。这些不适应，说明我们的工作需要创新，通过创新来激发更大的活力。办公室工作要把创新作为主攻方向，努力用新思路、新方法来解决遇到的新问题。

（1）创新思想观念。美国一家制糖公司，每次向南美洲运方糖时都因方糖受潮而遭受巨大损失。结果有人考虑，既然方糖用蜡密封还会受潮，不如用小针戳一个小孔使之通风，经实验，果然取得意想不到的效果。据媒体报道，发明者申请了专利，这项专利的转让费高达100万美元。观念是人们观察事物的基本观点，是个总开关，观念不同，结果会大相径庭。

（2）创新服务方法。由被动服务向主动服务转变，由滞后服务向超前服务转变，由常规型服务向创新型服务转变。既要注意做好当前工作，又要善于搞好超前服务；既要认真完成领导交办的事项，又要创造性地开展工作。要克服什么事都按老章程、按惯例办的做

法，善于应变求新，不断拓展工作领域，延伸工作触角，做到情况在一线掌握、措施在一线落实问题在一线解决。

（3）创新工作机制。机制很重要，机制对，事半功倍；机制不对，事倍功半。要将办公室每一项工作视为一条"生产线"，像现代企业一样建立起科学化的工作流程，进行程序化管理，链条式推进，一环扣一环，实现办文流程制度化，办会流程清晰化，办事流程规范化，确保各项工作有序衔接，高效运转。

3. 要认认真真做好每件事

有一个"100-1=0"的公式，是说办100件事，如果办砸了1件，就等于前功尽弃。要当好参谋助手就要把"100-1=0"作为办公室的工作标准，力求实现"三零"标准：即办文零毛病，办到无可挑剔；办事零失误，办到恰到好处；办会零差错，办到规范有效。要当好参谋助手，就要认认真真做好每件事。

（1）大事无纰漏。人们常说："重大问题，万无一失。"办公室工作人员在承办重大事情的时候，一定要慎之又慎，确保周全。在重大问题上，如果稍有纰漏后果将不堪设想。所以，在重大问题的承办上要能经受住考验，受得起重托，担得起大任。

"谋定而动，三思而行"。做好大事要多谋划，把环节和细节想清楚。每当我们受领一项重大任务时，都要进行周密思考，把有多少工作、怎样展开、达到什么目的、采取哪些措施、如何调集力量等，想清楚、列出来，按照轻重缓急排一排，然后再进行分工，逐一完成。如筹备重大会议，对会标、鲜花、音响、灯光、录像、照相、录音、座位摆放、名签、服务、警卫、休息室、接站送站、食宿安排等一大堆具体事，每个环节都要考虑周全，分工明确；下达会议通知内容也不能有纰漏，会议名称、内容、时间、地点、人员、着装、携带材料、联系电话、联系人等，都是下通知前必须反复核准的要素。

（2）小事要细心。简单的事能做好就是不简单，平凡的事能做好就是不平凡。以十分的准备迎接三分的工作并非浪费，而以三分的准备迎接十分的工作，却注定会带来不可逆转的失败。前几年，我曾看到这样一则报道：乌鲁木齐市某单位在印刷挂面包装袋时误将"乌鲁木齐"印成了"鸟鲁木齐"。只差一点，就导致10万个挂面包装袋成为废品，给企业造成了重大的经济损失。西方也有一个谚语，说的是断了一个马蹄钉，绊倒了马，摔伤了将军，输掉了战争，最后亡了国家。这些都说明小的差错可能会造成难以弥补的大损失。

在党委办公厅（室）工作中，一个数字、一个符号、一个字词的差错，就可能影响到党委、政府意图的理解和贯彻。关键的人名、地名、事实差错会扭曲真相，有时甚至会造成严重的工作失误或政治事故。因此，大家一定要树立"办公室工作无小事"的观念，做到不让领导交办的事项在自己手中拖延，不让正在处理的事情在自己手中积压，不让各种差错在自己这里发生，不让办公室的形象在自己这里受到损害。

（3）熟事不大意。俗话说，"淹死的都是会水的"。会水的人往往自认为有本领，什么暗礁险滩都敢去游，常常被无情的河水夺去宝贵的生命。这警告人们对熟悉的事情千万不要大意，大意就要出问题。办公室工作不少是常识性的和程序性的，年复一年，周而复始。许多事实证明，越是对自己很熟悉的事情，越容易产生麻痹心理，也就越容易出差错。毛泽东同志曾说过：世界上怕就怕"认真"二字。这是做好办公室工作的"真经"。防止和避免工做出差错，没有捷径，靠的是事业心、责任心，认真对待每一项工作；靠的是有心、用心和细心，认真做好每一件事情。

（刘玉党．秘书工作．2006．03）

参 考 文 献

[1] 谭一平. 现代职业秘书实务. 北京：中国人民大学出版社，2007.

[2] 王育. 秘书实务. 北京：高等教育出版社，2003.

[3] 蔡超，杨锋. 现代秘书实务. 广州：暨南大学出版社，2006.

[4] 王萍，张卫东. 现代文秘工作实务. 北京：机械工业出版社，2007.

[5] 葛红岩. 新编秘书实务. 北京：高等教育出版社，2007.

[6] 杨树森. 谈谈秘书工作的参谋咨询问题. 上海：秘书杂志社，2007.

[7] 余世雄. 职业经理人常犯的 11 种错误. 北京：北京大学出版社，2003.

[8] 廖金泽. 秘书万事通. 深圳：海天出版社，2003.

[9] 范立荣. 秘书国家职业资格培训教程. 北京：海潮出版社，2004.

[10] 赵映诚. 文书工作与档案管理. 北京：高等教育出版社，2003.

[11] 谭一平. 秘书工作案例分析与实训. 北京：中国人民大学出版社，2007.

[12] 陆瑜芳. 秘书实务. 上海：上海社会科学出版社，2006.

[13] 柳青，蓝天. 有效沟通技巧. 北京：中国社会科学出版社，2003.

[14] 徐静，周渔村. 秘书实训. 北京：高等教育出版社，2003.

[15] 杨群欢. 秘书理论与实务. 北京：中国财政经济出版社，2005.

[16] 柯平，高洁. 信息管理概论. 北京：科学技术出版社，2002.

[17] 谭详金，党跃武. 信息管理导论. 北京：高等教育出版社，2000.

[18] 张凯. 信息资源管理. 北京：清华大学出版社，2005.

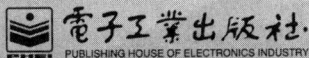